KB057010

요수·패수는 북경에 있다

: 고구려 평양성, 안시성, 요동성 위치 비정

요수·패수는 북경에 있다
: 고구려 평양성, 안시성, 요동성 위치 비정

초판인쇄   2022년 10월 18일
초판발행   2022년 10월 24일

지 은 이   박   동
발 행 인   김 효 상
펴 낸 곳   도서출판 하이클래스
출판등록   제 367-2017-000004호
주   소   대전광역시 유성구 궁동로10번길 1
전   화   042-823-7848

ISBN 979-11-978136-9-6 93910

값 20,000원

요수·패수는 북경에 있다

: 고구려 평양성, 안시성, 요동성 위치 비정

박 동 지음

도서출판 하이클래스

목 차

제 **4**장
요동성, 안시성, 평양성의 위치 비정

제 **5**장
고구려의 건국지와 건국 시기 비정

저자 서문

요수와 패수는 중원 세력과 조선 및 고구려의 국경으로서 한국 고대사의 최고 최대 쟁점 중 하나로 부상하여 수많은 논쟁이 제기되어 왔다. 그럼에도 아직까지도 정확한 위치 비정이 이루어지지 못하고 있다. 요수와 패수가 별개로 있는 것인지 아니면 같은 곳을 가리키는 것인지에 대해서도 정확하게 논증된 바가 없다.

그동안 이병도씨를 필두로 하는 강단사학에서는 요수를 현재의 요하로, 패수를 청천강으로 비정해왔다. 그런데 문제는 이러한 이병도(1976)의 주장에 입각해 중원의 모든 기록은 한사군(漢四郡)이 모두 한반도에 있었고, 만리장성도 요하 동쪽의 요양에 있었다는 식으로 왜곡되어 있으며, 여기서 더 나아가 만리장성을 현재의 압록강 일대까지 쌓고 있다는 사실이다. 요수와 패수의 위치 비정 문제는 이제 단순한 학문적 논쟁의 영역이 아니라 북한 유사시 국경 분쟁으로 비화될 쟁점으로까지 발전하고 있다. 따라서 이러한 이병도

(1976) 류의 허구적 논리를 하루 빨리 극복하고 요수와 패수, 그리고 고구려 평양성 등의 위치를 올바로 비정하는 일이 시급한 국가적 과제로 부상하고 있다.

그럼에도 불구하고 민족사학의 관점을 견지하는 사람들도 여러 가지 상이한 견해를 제기하고 있는 실정이다. 하나는 요수와 패수를 현재의 요하로 비정하는 관점이 있다. 다른 하나는 요수와 패수가 난하에 있었다고 보는 것이다. 또 다른 하나는 백하와 조하가 만나는 조백하가 요수이고 패수라는 관점이 있다. 그리고 영정하를 요수 또는 패수로 보는 주장도 있다. 끝으로 하북성 보정시를 가르며 흐르는 역수가 패수라는 주장이 존재한다.

이렇듯 요수와 패수에 대해서는 많은 사람들이 각자의 관점에서 나름대로의 근거를 제시하면서 논쟁을 벌여왔다. 그런데 논쟁의 근거로 제시되는 것들이 대부분 고대의 중원 지도를 사용하거나 아니면 『수경주』 등 일부 사료, 각종 사서의 「지리지」에 의존하는 경우가 대부분이다. 이뿐만 아니라 사서에 대한 임의적 해석을 통해 자신들의 논리를 강화하고 있는 것으로 나타나고 있다.

그런데 필자는 이와 다른 방식으로 요수와 패수, 요동과 낙랑, 현토, 고구려의 요동성과 안시성, 평양성 등의 위치를 비정하였다. 그것은 바로 연나라 진개 침공 시기 조선·요동의 원래 위치와 후퇴 위치, 위만조선의 성립과 한무제의 조선 침략, 사마의의 공손씨 토벌, 수나라의 고구려 침략, 당나라의 고구려 침략 전쟁 등의 기록을 기본으로 삼고 여타 사서의 기록 등을 통해 이를 보완하는 방식이다. 중원 세력과 한민족 세력의 전쟁 등 정치군사적 힘의 관계(power relation)의 변화를 중심으로 이들의 수축과 팽창의 지점을 추적하여 최종 위치를 비정한 것이다.

이와 관련하여 중요한 쟁점은 다음의 네 가지이다. 첫째, 연나라 장수 진개의 침공으로 인해 진번·조선 세력이 빼앗긴 땅이 어디까지인가 하는 것이다. 그리고 둘째, 수양제와 당태종이 고구려를 침공할 때 군대를 집결시킨 지점이 어디인가 하는 것이다. 셋째, 요수와 사실상 연결된 요택의 위치가 어디냐 하는 것이다. 넷째, 장새, 즉 장성과 연결된 요새에서 나와 흐르는 패수가 어디인가 하는 것이다.

이러한 네 가지 이슈를 중심으로 요수와 패수의 위치를 재비정한 결과 요수와 패수는 같은 곳을 가리키는 것이었고, 북경 동쪽을 흐르는 조백하(=조선하)가 바로 요수와 패수인 것으로 최종 확인되었다. 이뿐만 아니라 요수의 바로 맞은 편 천진 일대에 요택이 위치하고 있었다. 이에 따라 요수와 패수의 위치 비정을 위해서는 조연 전쟁, 조한 전쟁, 고수 전쟁이나 고당 전쟁 등에 대한 보다 정밀한 분석과 이해가 필수적이라고 말할 수 있다. 진개가 조선에게 빼앗은 영토는 난하 일대까지이다. 상곡에서 난하 일대까지는 약 1,000리가 넘는다. 이후 조선왕 부와 준의 도읍 왕험성은 하북성 창려현 일대에 위치하고 있었다. 그런데 위만이 왕험성을 요동군 북쪽으로 천도하기에 이르른다. 한무제가 공격한 왕험성은 위만의 왕험성이었다. 장새는 연장성과 연결해 쌓은 요새를 가리키는 것으로 연나라가 진나라에 멸망되기 전까지 상곡군 조양에서 고북구 일대를 거쳐 요동성의 치소인 양평까지 연장성이 쌓여 있었다. 따라서 고북구의 요새에서 흘러나오는 패수는 조하와 백하가 합쳐진 조백하를 가리킨다는 것을 알 수 있다. 조선과 중원의 전쟁에서 중원 세력은 모두 북경 일대에서 집결하여 요택과 요수를 건너 침공을 하였다.

조선은 중원 세력들과 끊임없는 대립과 갈등을 거쳐 산서성에서 하북성 보정시 일대로 후퇴한 것으로 확인된다. 그리고 서기전 296년 연나라 진개의 공격으로 난하를 건너 창려 일대로 밀려난 것으로 나타난다. 그러나 중원의 진한 교체기에 발생한 혼란을 틈타 위만조선이 요동 지역을 공격하면서 중원 세력이 요동을 지킬 수 없다는 판단하에 서쪽의 북경 일대로 후퇴를 하게 된다. 그 결과 고대 요동에는 조선과 한(韓) 세력들이 다시 진격하여 빼앗긴 땅의 일부를 회복하였다.

이와 관련하여 『사고전서(四庫全書)』 「경부(經部)」 '우공추지(禹貢錐指)' 권4에는 "청주에서 바다를 건너면 요동과 낙랑, 삼한으로 땅이 나뉘어져 있는데, 그곳이 모두 조선의 주축인 우이족의 땅이었다."라고 기록했다. 우이족은 산동반도를 장악하고 있었던 월지족을 가리킨다. 우이족을 주축으로 하는 한(韓) 세력은 고대 요동 지역에서 공손씨 세력과 다민족 연합정권을 수립한 것으로 나타난다. 공손탁은 요동 태수로 임명된 이후 요동을 중원과 분리하여 독자 영역으로 삼고 요동왕을 칭했다. 이뿐만 아니라 바다 건너 우이 세력이 장악하고 있었던 동래 지역까지 차지하고 영주(營州) 자사를 파견하기까지 했다.

그리고 낙랑군의 해안가에 황하의 퇴적물이 끊임없이 퇴적되면서 광대한 황무지가 조성되자 공손탁과 공손강은 이곳에 대방군을 설치하고, 마한과 함께 백제 건국을 지원한다. 구태백제는 바로 낙랑군의 바닷가에 위치한 대방고지 또는 마한고지에서 건국되었다. 그러나 서기 238년 위나라의 사마의 군대가 공손씨 세력에 대한 정벌에 나서면서 공손씨들은 철저히 토벌되어 버리고 만다. 이후 『사고전서』에 나온 대로 요동에는 우이 마한이 자리를 잡고 있었다.

그런데 중원 북부에서 다시 세력관계가 급변하면서 중원의 서진 세력이 급격히 쇠퇴하고 중원 동북 지역에도 수많은 북방세력들이 밀려 들어왔다. 이 과정에서 4세기 초 고구려

미천왕은 낙랑과 대방, 현토 등을 모두 장악하게 된다. 그리고 광개토왕과 장수왕 시기를 거치며 고구려의 중심축은 다시 고대 요동으로 이동하였다. 요동 건너의 요서와 요택 남쪽의 산동 지역에는 마한의 후계 세력인 대륙백제가 자리잡는다. 이에 대해 「양직공도」에서는 "진(晉) 말기에 고구려가 요동과 낙랑을 차지하자 {백제} 역시 요서·진평현을 장악했다."고 기록했다.

고구려가 요동과 낙랑을 차지하게 된 것은 중원을 침략한 것이 아니라 원래의 건국지를 되찾았다는 것을 의미한다. 『삼국사기』「잡지」'지리4 고구려조'에는 고구려가 초기부터 고대 요동 지역에서 건국하였다는 점을 분명히 제시하고 있다.

『한서지』{『후한서』「군국지」}에서 이르기를 "요동군은 낙양에서 3,600리 떨어져 있으며, 속한 현으로서 무려가 있다."고 했다. 곧 『주례(周禮)』에서 보이는 북진(北鎭)의 의무려산(醫巫閭山)이며, 대요(大遼) 때에 그 아래에 의주(醫州)를 설치하였다. {또 『후한서』「군국지」에서} "현토군은 낙양에서 동북으로 4,000리 떨어져 있고, 속한 현이 셋이며, 고구려가 그중 하나이다."라 하였으니, 곧 이른바 주몽이 도읍한 곳이라고 말하는 흘승골성과 졸본은 아마도 한(漢)의 현토군의 경계이고, 대요국(大遼國) 동경{한대 요동군}의 서쪽이며, 『한지』{『한서』「지리지」}의 이른바 현토의 속현 고구려가 이것일 것이다. 옛날 대요가 멸망하지 않았을 때에 요(遼) 황제가 연경{지금의 북경}에 있었으니, 곧 우리의 조빙하는 사신들이 동경을 지나 요수(遼水)를 건너 하루 이틀에 의주(醫州)에 이르러, 연계(燕薊)로 향하였기 때문에 그렇다는 것을 알 수 있었다.

위의 기록에 따르면 『삼국사기』 찬자는 『한서』 「지리지」와 『후한서』 「군국지」 등의 기록에 입각해 요동군이 낙양에서 3,600리 떨어진 곳에 있었다는 것을 분명하게 인식하고 있었다. 낙양에서 3,600리 떨어진 요동군은 난하의 서쪽 지역을 가리킨다. 그리고 고대 요동군에 무려, 즉 의무려산이 있다고 했다. 현재의 요하 서쪽에 의무려가 있는 것이 아니라 북경 인근에 있었다는 것을 명확히 하고 있는 것이다. 그리고 주몽이 도읍한 졸본은 『한서』 「지리지」에서 말하는 한(漢) 현토군의 속현인 고구려로 비정했다. 그리고 고려의 사신들이 요나라 연경{현재의 북경}에 사신으로 갈 때 요수를 건너 하루 이틀만에 의주(醫州)에 이르고, 연계(燕薊)로 갔다는 것을 분명히 밝히고 있다. 이는 단순한 추정이 아니라 실제로 고려 사신들이 연경을 다녀올 때의 상황에 입각해 서술한 것이다. 이에 따르면 고려에서 사신이 현재의 북경으로 갈 때 동경{고대 요동군}을 거쳐 요수에 다다르고 1~2일 만에 의무려산에 이르며, 곧 연경에 도달했다는 것을 알 수 있다.

『삼국유사』 「제1기이」 '북부여(北扶餘)조'에도 다음과 같이 고구려의 건국지 흘승골성이 의주(醫州) 지역에 있다고 했다.

『고기(古記)』에 이르기를 "『전한서』에 선제 신작 3년{서기전 59년} 임술 4월 8일 천제가 다섯 마리 용이 끄는 수레를 타고 흘승

골성{대요(大遼) 의주(醫州)지역에 있다.}에 내려와서 도읍을 정하
고 왕으로 일컬어 나라 이름을 북부여라 하고 자칭 이름을 해모수
라 하였다. 아들을 낳아 이름을 부루라 하고 해(解)로써 씨를 삼았
다. 그 후 왕은 상제의 명령에 따라 동부여로 도읍을 옮기게 되고
동명제가 북부여를 이어 일어나 졸본주에 도읍을 세우고 졸본부
여가 되었으니 곧 고구려의 시조이다."라고 하였다.

　『삼국사기』와 『삼국유사』의 찬자는 모두 고구려가 고대
요동군에서 건국되었음을 분명하게 인식하고 있었던 것이
다. 따라서 현재의 요하 동쪽을 요동으로 착각 또는 왜곡한
것은 『삼국사기』나 『삼국유사』 이후의 역대 사가들이라고
할 수 있다.
　중원을 통일한 수나라 문제는 고대 요동 지역을 차지하고
있던 고구려 영양왕에게 '요수가 넓다 한들 어찌 장강에 비
하며, 고구려 군사가 많다 한들 진국(陳國)에 비하랴. 장군
하나만 보내도 정복이 가능하니 순순히 타이를 때 항복하
라.'는 취지의 모욕적인 조서를 보낸다. 그 결과 고구려와 수
나라 간 전쟁이 발발하게 된다. 그런데 수문제의 입장에서
충격적인 것은 고구려 영양왕이 수나라를 선제타격했다는
사실이다. 이에 수나라는 연이어 대군을 파견하여 고구려와
전쟁을 치르다 결국 망하고 만다. 그리고 수나라를 뒤이어
당나라 태종이 안시성에서 대패하여 중원의 수치를 더하게
된다.

그런데 이러한 고구려와 수나라, 고구려와 당나라의 전쟁 과정에서 우리가 찾지 못했던 요수와 패수, 그리고 요택 등의 위치에 대한 다양한 정보가 드러나게 된다. 여기서는 각종 사서의 「지리지」나 『수경주』의 기록, 각종 지도 등을 통해서 찾지 못하거나 애매하게 비정된 지점들을 전쟁 수행과정 등에서 나타난 여러 기록들을 통해서 보다 정밀하게 비정할 수 있었다. 아무쪼록 이 책자가 그동안 요수와 패수를 둘러싼 논란을 종결짓는데 조그마한 보탬이라도 될 수 있기를 기대한다. 끝으로 이 책자를 출판하는데 많은 노력을 기울여 주신 하이클래스의 김효상 대표님께 감사드린다.

2022년 10월 공주 토끼울 서재에서
저자 박 동

1장
―――――
연 나 라 장 성 의 위 치 비 정

제1장 연나라 장성의 위치 비정

진개의 조선 침공 시기와 연나라의 위치

  중원 세력과 조선 세력 사이의 기나 긴 대립과 갈등 중 가장 큰 역사적 사건은 진개(秦開)의 조선 공격이다. 이에 대해 『삼국지』 '한조'에서는 "{조선}후 준(準)이 이미 참람되이 왕을 칭하였고, 연나라의 망명한 위만(衛滿)이 공격하여 {그 나라를} 빼앗았다.[侯準既僭號稱王 爲燕亡人衛滿所攻奪]"고 하여, 이 기사에 주석을 달아 『위략』의 기사를 덧붙였다. 『위략』의 기사는 『삼국지』에 주석을 단 배송지가 『위략』을 인용하여 제시한 것이다. 『위략』의 편찬 연대는 대체로 조조(曹操)의 위(魏)나라 말기부터 진(晉)나라 초기로 추정된다.

  『위략』에서 말하길, "옛 기자(箕子)의 후예인 조선후(朝鮮侯)는 주(周)나라가 쇠약해지자 연(燕)이 스스로 높여 왕이라 칭하고 동쪽으로 침략하려는 것을 보고, 조선후 역시 스스로 왕호를 칭하고 군사를 일으켜 연나라를 역으로 공격하여 주(周) 왕실을 받들려 하였는데, 그의 대부 예(禮)가 간하므로 중지하였다. 그리하여 예를 서쪽에 파견하여 연나라를 설득하게 하니, 연나라도 전쟁을 멈추고 {조선을} 침공하지 않았다. 그 뒤에 자손이 교만하고 포학해지자, 연나라는 장군 진개를 파견하여 {조선의} 서방을 침공하고 2,000여 리의 땅을 빼앗아 만반한(滿番汗)에 이르는 지역을 경계로 삼았다. 마침내 조선의 세력은 약화되었다."고 하였다.

魏略曰 昔箕子之後朝鮮侯 見周衰 燕自尊爲王 欲東略地 朝鮮侯亦自
稱爲王 欲興兵逆擊燕以尊周室 其大夫禮諫之 乃止 使禮西說燕 燕止
之 後子孫稍驕虐 燕乃遣將秦開攻其西方 取地二千餘里 至滿番汗爲
界 朝鮮遂弱

『사기(史記)』「연소공세가(燕昭公世家)」에 따르면, 연나라
가 왕을 칭한 것은 연나라 역왕(易王) 10년{서기전 323}이
다. 이 시기에 연나라가 동쪽을 침략하려고 하자 조선도 칭
왕을 함과 동시에 연나라를 역으로 공격했다는 것이다. 이
당시 조선에는 산융(山戎){=북융(北戎), 무종(無終)}, 영지(令
支), 불리지(弗離支), 고죽국(孤竹國) 등 여러 방국(方國)들이
있었다.

　진개가 조선을 침공하기 이전에 연(燕)나라는 태행산맥(太
行山脈) 서쪽에 위치하고 있었다.[1] 이 시기 연나라의 위치에
대해서는 『전국책』「연책」과 『사기』「소진열전(蘇秦列傳)」에
자세하게 기록되어 있다. 『전국책』「연책」에는 다음과 같은
기사가 등장한다. 이를 통해 연나라는 대추와 밤이 많이 나

---

[1] 주나라가 성립한 후 주무왕은 서기전 1044년에 동생 소공석을 연나라에 봉
하였으나 연소공 이하 아홉 대의 이름이나 활동 내역이 전혀 존재하지 않는
다. 연소공은 연나라에 부임하지 못한 채 죽었고, 『사기』「연소공세가」는 소
공으로부터 아홉 대를 건너뛰어 혜후(惠候)부터 기록하고 있다. 이후 연나라
는 『사기』「흉노열전」에서 서기전 706년 "산융이 연나라를 넘어 제나라
를 치자 제희공은 제나라 교외에서 그들과 싸웠다.[而山戎越燕而伐齊 齊釐公
與戰於齊郊]"는 기록, 그리고 산융이 연을 공격하자 제환공이 연나라를 구
해주었다. 제환공이 연왕에게 국경지대의 땅을 떼어 주었다는 등의 기록들
로 보아 산동성 북쪽에 위치하고 있었다. 그리고 서기전 541년에 가서야 진
(晉)나라의 도움을 받아 태행산맥 서쪽에 나라를 건국하게 된다. 소진이 합
종 유세를 위해 연나라를 찾게 된 것은 연문공 시기로 이때부터 연나라가 전
국 7웅 중의 한 나라로 등장하게 된다.

고 밭은 갈지 않는 산악지대에 있었다는 것을 알 수 있다. 만일 연나라가 이 시기에 발해만 연안의 화북평원과 요동에 있었다면 산악지대에서 수확하는 대추와 밤을 언급하지도 않았을 것이다.

{소진이} 연나라로 가서 유랑하다가 1년 이후에야 만날 수 있었던 연문후(燕文侯)에게 다음과 같이 유세했다. "연나라의 동쪽에 조선과 요동이 있고, 북쪽으로는 임호(林胡)와 누번(樓煩)이 있으며, 서쪽에는 운중(雲中)과 구원(九原)이 있고, 남쪽으로는 호타하(嘑沱河)와 역수(易水)가 있습니다. 땅은 사방 2,000여 리에 갑옷을 두른 병사가 수십만 명과 전차가 600승, 병마가 6,000필, 비축된 식량은 몇 년을 버틸 수 있습니다. 남으로 갈석(碣石)과 안문(鴈門)의 풍요로움이 있고, 북쪽으로는 대추와 밤이 풍족합니다. 백성들이 밭을 갈지 않아도 대추와 밤이 넉넉하므로 이것이 이른바 하늘이 내려준 창고라는 것입니다.
去遊燕 歲餘而後得見 說燕文侯曰 燕東有朝鮮遼東 北有林胡樓煩 西有雲中九原 南有嘑沱易水 地方二千餘里 帶甲數十萬 車六百乘 騎六千匹 粟支數年 南有碣石鴈門之饒 北有棗栗之利 民雖不佃作而足於棗栗矣 此所謂天府者也

이에 따르면, 연나라는 산악지대에 동서 1,000리, 남북 1,000리 등 방 2,000여 리에 달하는 커다란 땅을 보유하고 있었다. 연문후(燕文侯)는 서기전 361년에 즉위하여 서기전 333년까지 재위했던 연나리의 군주다. 이상익『전국책』「연책」과『사기』「소진열전」의 기사에 따라 이를 지도로 표시하면 아래의 [그림 1]과 같다.

[그림 1] 『전국책』과 『사기』에 따른 연나라와 조선, 고대 요동의 강역도

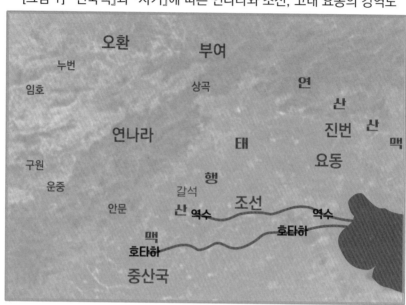

[자료] 필자가 그림

　여기서 갈석산(碣石山)은 현재의 백석산(白石山)으로서 연나라 남쪽에 안문(雁門)과 함께 위치한 것으로 나온다. 안문은 옛 조(趙)나라의 땅으로 산서성 북부에 있었다. 따라서 이는 진황도시(秦皇島市) 일대의 갈석산을 가리키는 것이 아니라는 것을 알 수 있다. 『한서』「한무제본기(漢武帝本紀)」에도 한무제가 갈석산을 넘어 구원(九原)으로 이동한 것에 대한 기록이 있다. 이에 입각해도 한나라 초기에 요서 지역은 갈석산이 위치한 보정시(保定市) 일대라는 것을 알 수 있다.

　태산에서부터 행차를 시작해 다시 동쪽 바닷가로 순행해 갈석(碣石)에 이르렀다. 요서에서 북쪽 변경의 구원(九原)을 거쳐 감천(甘

泉)으로 돌아왔다.
行自泰山 復東巡海上 至碣石 自遼西曆北邊九原 歸於甘泉

위의 [그림 1]에 나타난 바와 같이 진개의 조선 침공 이전에 연나라는 발해만에 진출하지 못하고 있었다. 남쪽에는 제환공 시기 북벌을 야기한 적인(狄人)의 나라 중산국이 있고, 그 동쪽에는 북주(北州)의 제후국들을 대표했던 조선과 고대 요동이 있다. 조선·요동은 태행산맥과 연산산맥이 병풍처럼 가로막은 천혜의 요지인 화북평원에 입지하고 있었다.『사기』「조세가(趙世家)」에서 무령왕은 "지금 중산국은 우리 조나라 뱃속 한가운데 있고, 북쪽으로는 연나라가 있으며, 동쪽으로는 동호(東胡)가 있다."고 말했다. 그렇다면 조나라 동쪽의 동호는 바로 조선을 가리킨다는 것을 알 수 있다.

진개가 동호 또는 조선을 공격한 것은 바로 연나라가 산악지대에 있을 때 이루어졌다. 그렇다면 그 시기는 언제일까? 이에 대해서는 여러 가지 이견들이 존재한다. 왜냐하면 진개라는 인물 자체에 대한 기록이 거의 없기 때문이다. 따라서 연나라와 주변국의 세력관계를 면밀히 검토해서 조선 침공이 가능했던 시기를 가늠해보는 일이 필요하다.

연나라는 사마천이 평가한 바대로 강대국 사이에 끼어 멸망당할 뻔한 적이 여러 번이었던 약체국이었다. 이에 연문후는 소진을 끌어들여 합종(合從)을 통해 진(秦)에 대항하고자 하였다. 연문후가 죽은 후 역왕(易王)이 즉위하자마자 제나라는 연나라를 공격해 10개의 성을 빼앗아갔다. 이후 소진이 제나라를 설득하여 빼앗긴 10성을 되찾는다. 역왕 10년에 연나라가 칭왕을 하면서 조선을 침공하려고 하자 조선이 이에 강경 대응하면서 상호대치 정국이 전개된다.

역왕이 죽고 아들 쾌왕(噲王)이 즉위했으나 재상 자지(子之)가 남면하면서 왕의 일을 행사하는 국정농단을 자행하였다. 극도의 국정혼란 속에서 연나라 태자 평(平)이 자지를 공격하게 되는데, 이 과정에서 수만 명이 죽었다. 이 틈을 타 제나라가 연나라를 공격해 군주 쾌와 자지를 모두 죽였다.『사기』「연소공세가」의 기록에 따르면, 이후 연나라 장수 진개가 조선에 인질로 잡히는 신세가 된 것으로 나오는데, 연나라의 혼란기에 조선도 연나라를 공격했던 것으로 분석된다.

서기전 312년 연소공이 즉위하면서 연나라의 위약함을 한탄하며 거의 무너져 가던 연나라를 위해 몸을 낮추고 현자를 끌어 모으기 시작한다. 연소공의 국정목표는 오로지 치욕을 안긴 제나라에 복수하는 것이었다. 이에 따라 악의(樂毅), 추연(鄒衍), 극신(劇辛) 등 당대의 최대 전략가들을 끌어 모으는데 성공하였다. 그리고 국정의 모든 역량을 제나라를 공격하는데 집중하기 시작한다.

이상의 연나라 정세를 감안하면 제나라를 거의 함락 직전까지 내몰고 갔던 서기전 284~279년 사이에 연나라 장수 진개가 조선을 공격하는 것은 불가능하다. 제나라가 다시 되살아나는 것을 막기 위해 국정의 모든 동력을 쏟아 부었기 때문이다. 그렇다면 진개의 조선 침공은 조(趙)나라 무령왕

(武靈王)이 호복(胡服)을 입고 중산국을 공격하기 시작한 서기전 305년~284년 사이에만 가능했다는 것을 알 수 있다.

하북성 석가장(石家莊)시를 중심으로 성립된 중산국은 조나라의 가슴속 우환거리가 되어 끊임없이 조나라의 공격을 받게 된다. 『사기』 「조세가」에는 조나라 무령왕이 중산국을 정벌하기 위해 호복을 입고 말 타고 활을 쏘는 조선의 호복기사(胡服騎射) 습속을 따랐다고 했다. 서기전 296년 조나라에 정벌되기 직전까지 중산국은 조선과 국경을 맞대고 있던 방계 국가였다. 그런데 조나라가 중산국을 정벌한 즈음에 연나라가 조선을 공격한 것으로 파악되기 때문에 서기전 296년 무렵 조(趙)·연과 조선·중산이 같은 시기에 대규모 전쟁을 치른 것으로 분석된다. 그 결과 중산국은 조나라에 정벌당하고 조선과 고대 요동 세력은 연나라 진개에게 밀려 하북성 진황도시(秦皇島市) 창려현 동쪽 지역으로까지 퇴각해야만 했다.

연나라는 독자적으로 조선을 공격하기 어려웠기 때문에 조나라와 연합하여 중산국과 조선을 동시에 공격했던 것으로 분석된다. 중산국이 멸망한 것은 서기전 296년이므로 진개가 조선 침공을 완료한 것도 같은 시기로 파악된다. 진시황(秦始皇)을 시해하려 한 진개의 손자인 진무양(秦舞陽)이 활동한 시기가 서기선 227년 무렵이므로 진개는 서기전 4세기 초~서기전 3세기 말 무렵에 활동한 인물이라는 것을 알 수 있다.

그런데 진개의 조선 및 요동 침략이 완료되어 요동을 차지하고 있는 시기를 파악할 수 있는 구체적 기록이 『사기』「초세가(楚世家)」에 등장한다.

초경양왕(楚頃襄王) 18년 … {제(齊)나라는} 서쪽으로 조(趙)나라와 국경이 맞닿아 있고, 북쪽으로는 연(燕)나라에 도달하게 되니, 세 나라{초, 조, 연}는 마치 새가 날개를 펼치는 듯하여 합종의 맹약을 기다릴 필요도 없이 자연히 성사될 것입니다. 북쪽으로 유람하여 연나라의 요동(遼東) 땅을 한 번 보신 연후 남쪽으로 월나라의 회계산(會稽山)에 오르실 수 있으니, 이것이 활을 쏘는 두 번째 즐거움입니다.
西結境於趙 而北達於燕 三國布鶴 則從不待約而可成也 北遊目於燕之遼東 而南登望於越之会稽 此再発之樂也

여기서는 초나라 경양왕 18년인 서기전 281년에 '연나라의 요동(燕之遼東)'이라는 기사가 등장한다. 이는 연나라가 이 시기에 조선과 고대 요동을 이미 차지하게 되었다는 것을 의미한다. 따라서 진개가 조선과 고대 요동을 공격한 시기는 서기전 281년 이전으로 보는 것이 타당하다. 위에서 살펴본 바와 같이 서기전 296년 중산국의 멸망과 더불어 조선도 동북쪽으로 후퇴한 것으로 분석된다. 연나라 장수 진개가 조선과 고대 요동 지역을 공격한 것에 대해서는 『삼국지』 '한조'에서 인용한 『위략』의 기록뿐만 아니라 아래에 제시된 바와 같이 『사기』「흉노열전」에도 그 기록이 등장한다.

그 후 연나라에 현명한 장수 진개가 있어 호에 인질로 잡혀갔는데 호가 그를 매우 신임했다. 연에 돌아온 후 동호를 습격해 격파하니 동호가 1,000여 리를 물러났다. 형가와 함께 진왕을 암살하려 했던 진무양이란 이가 진개의 손자다. 연나라 또한 장성을 쌓아 조양(造陽)에서부터 양평(襄平)에 이르렀고, 상곡(上谷), 어양(漁陽), 우북평(右北平), 요서(遼西), 요동군(遼東郡)을 설치해 호를 막았다.

其後燕有賢將秦開 爲質於胡 胡甚信之 歸而襲破走東胡 東胡卻千餘里 與荊軻刺秦王秦舞陽者 開之孫也 燕亦築長城 自造陽至襄平 置上谷漁陽右北平遼西遼東郡以拒胡

시기상으로 보면 『사기』「흉노열전」의 기록이 『위략』에 비해 1차 사료에 해당한다고 볼 수 있다. 그것은 서기전 3세기 말 진개의 조선 침공이 사마천이 활동하던 서기전 2세기와 훨씬 더 가깝기 때문이다. 더구나 사마천은 연나라 역사를 총괄적으로 평가할 수 있을 정도로 연나라에 대해서 정확하게 이해하고 있었다. 이에 반해 『위략』의 기사는 『삼국지』에 주석을 단 배송지가 『위략』을 인용하여 제시한 것이다. 『위략』의 편찬 연대는 대체로 조조(曹操)의 위(魏)나라 말기부터 진(晉)나라 초기로 추정되어 『사기』보다 약 350여 년 이후에 기록된 것이다. 따라서 『위략』 자체가 사마천의 『사기』 등을 참조하여 기록한 제2차 자료로 보는 것이 타당하다.

진개의 조선 침공에 따른 실지의 범위와 조선의 후퇴 위치

『사기』「흉노열전」에서 진개는 동호(東胡)에 인질로 잡혀 갔다가 조선의 지형과 지세 및 내부 상황, 무기 재질 등을 자세히 파악한 후 연나라로 돌아갔다. 『위략』에서는 당시 조선의 자손이 교만하고 포학해졌다[子孫稍驕虐]고 했는데, 이는 조선이 연나라에게 항복을 권유해야 한다거나 또는 연나라를 침공해야 한다는 등 국론이 분열된 것을 가리키는 것으로 해석된다. 이처럼 조선이 혼란스러운 상태에 빠진 가운데 진개는 연나라 군대를 동원해 동호를 습격하여 1,000여 리를 퇴각시켰다고 한다. 그 결과 연나라는 그 지역에 상곡, 어양, 우북평, 요서, 요동 등 5개의 군을 설치하고 장성을 쌓았다. 『사기』 그 자체에서 이미 동호가 1,000리 물러난 곳에 연장성을 쌓고 5군을 설치했다고 기록하고 있다. 따라서 『위략』의 기록을 추가할 이유조차 없다. 『위략』의 기록은 『사기』「흉노열전」의 기록을 부연 설명한 것에 불과하기 때문이다.

『사기』「흉노열전」의 기록을 세부적으로 살펴보면 다음과 같다. 첫째, 호(胡)에 인질로 잡혀갔던 진개가 연나라로 돌아와 동호(東胡)를 습격해 1,000여 리 후퇴시켰다(東胡卻千餘里). 둘째, 연나라 역시 장성을 쌓아 조양에서 양평에 이르렀다(燕亦築長城 自造陽至襄平). 셋째, 상곡(上谷), 어양(漁陽), 우북평(右北平), 요서(遼西), 요동군(遼東郡) 등 5군을 설치해 호(胡)를 막았다(置上谷漁陽右北平遼西遼東郡以拒胡). 『위략』의 기사가 없더라도 『사기』의 기록만으로도 진개가 동호를 1,000리 퇴각시켰으며, 그 안에 연장성을 쌓고 5군을 설치했다는 것을 알 수 있다. 조양에서 양평까지는 1,000리였던 것이다. 그리고 그 안에 상곡군, 어양군, 우북평군, 요서군, 요동군 등이 포함되어 있었다. 따라서 『사기』 기록 하나만으로도 요하까지 5군을 늘려 놓은 중원의 모든 기록들이 허구라는 것을 파악할 수 있게 되는 것이다. 『사기』의 기록은 너무나 분명한 것이어서 이론의 여지가 없다.

이병도(1976: 68)는 양평이 현재의 요양이라고 주장했지만 이는 『사기』 「흉노열전」의 기록과 전혀 맞지 않는다. 『사기』에서는 동호가 1,000리 후퇴한 곳인 조양에서 양평까지 연장성을 쌓았고, 그 내부에 5군을 설치했다고 기록하고 있다. 그런데 난데 없이 요하의 동쪽인 요양을 들먹이는 것은 사서의 심각한 오독이 아닐 수 없다.

『사기』의 진개 관련 기사 이후 350년이 지난 후 작성된 『위략』의 기록이 『사기』와 다른 점은 첫째, 진개를 파견하여 {조선의} 서방을 침공하여 땅 2천리를 빼앗았다는 것, 그리고 둘째, 만반한에 이르는 지역을 경계로 삼았다는 것뿐이다. 땅 2천리는 거리와 다르다. 땅은 직선 거리가 아니라 사각형의 면적을 가리키는 것이기 때문이다. 정사각형일 경우 고대의 땅 2,000리는 동서 1,000리 + 남북 1,000리이다. 따라서 『위략』은 진개가 벌인 새로운 전쟁을 기록한 것이 아니라 사마천의 『사기』 「흉노열전」에서 기록한 1,000리 퇴각을 거리가 아니라 땅으로 바꾸어 기록한 것일 뿐이다. 그리고 여기서는 연장성이나 5군에 대한 언급 자체가 없고 단지 만반한을 경계로 삼았다는 것뿐이다. 『위략』에서 연나라가 별도의 전쟁을 벌여 조선 세력의 2,000여 리 땅을 또 다시 취했다고 하더라도 이것은 거리로는 1,000리에 불과하다. 이 경우에도 요하를 넘어설 수 없다. 따라서 연장성과 5군은 『사기』가 기록한 바 그대로라는 것을 알 수 있다. 『위략』의 기록이 새로운 것은 동호가 곧 조선이었다는 것을 분명히하 였다는 점이다. 사마천은 조선을 흉노의 일파로 보았지만 『위략』에서는 이를 수정하였던 것이다.

진개가 동호에 인질로 잡혀간 것을 보면 연나라가 그 이전 에 동호, 즉 조선 세력에게 함락되어 인질을 보낼 수밖에 없 었다는 것을 알 수 있다. 진개는 단순한 포로가 아니라 인질 이었다. 동호의 입장에서는 산악지대의 연나라 땅을 취해봐 야 실익이 없었으므로 연나라 유력 세력의 자제를 인질로 잡 아갔다. 그런데 동호의 구성은 조선, 요동세력, 한(韓), 고구 려, 부여, 말갈, 숙신 등 수많은 씨족과 민족들로 이루어진 것으로 분석된다. 따라서 조선 세력들이 힘 한번 써보지 못 하고 1,000여 리 밀려난 것은 조선 내부의 분열이 가장 중 요한 요인이었을 것으로 파악된다.

이때 진개는 조선 세력들 사이의 분열이 발생한 상황을 파 악한 후 연나라로 돌아가서 군대를 이끌고 조선 세력들에게 일격을 가했던 것이다. 조선·요동 세력과 연나라는 상시적 으로 전투상태를 유지하고 있었기 때문에 빼앗은 땅을 온전히 차지할 수는 없었다. 그래서 장성을 쌓고, 5군을 설치했다. 그러나 진나라가 중원을 통일하면서 연나라는 멸망했다. 그 결과 진나라의 중심부로부터 요동 지역은 너무나 먼 곳이 되어 버렸다.

어쨌든 조선은 중원에서 동호로 불리웠다.『사기』「화식열전(貨殖列傳)」에는 전한 시기에 연나라가 동북쪽으로 호(胡)와 경계를 접하고 있고, 북쪽으로는 오환 및 부여와 이웃해 있으며, 동쪽으로 예맥, 조선 그리고 진번이 있다고 했다. 그렇다면 호는 동호(東胡)를 의미하는 것이고, 동호와 조선은 같은 나라이다. 이에 대해서『전국책』「연책」과『사기』「소진열전」에서는 통칭하여 조선과 요동이라고 불렀다. 같은 시기의 연나라와 조선과 요동에 대해『사기』「소진열전」에서는『전국책』「연책」을 인용하여 조선과 요동이라고 한 반면,『사기』「화식열전」에서는 전한 시기에 동북쪽의 호(胡) 그리고 동쪽의 예맥, 조선, 진번으로 불렀고,『사기』「흉노열전」에서는 동호(東胡)라고 달리 불렀다.

사마천은 원래 이 지역에 있었던 동호를 조선이 아니라 흉노로 보았다. 그것은 이후 한무제가 조선을 공격하고, 서기전 108년 조선이 멸망한 것을 두고『한서』「위현전(韋賢傳)」에서 "동쪽의 조선을 정벌하고 현토군과 낙랑군을 세워 흉노의 왼팔을 잘랐다.[東伐朝鮮 起玄樂浪 以斷匈奴之左臂]"고 표현한 것을 통해 잘 알 수 있다. 한나라 조정에서 조선을 흉노의 일파로 규정하고 있는데 사마천이 홀로 이를 부정할 수

있겠는가? 동호는 서기전 11세기 『일주서(逸周書)』에서 성
주지회(成周之會)2)에 참석한 것으로 나오며, 서기전 7세기
『관자』에서도 북방 동이족으로 등장한다. 따라서 동호는 곧
조선을 가리킨다는 것을 알 수 있다.

　여기서 중요한 것은 연나라가 그 후에 연장성을 쌓았다는
사실이다. 진개의 조선침공 시기를 서기전 296년으로 보면
연나라가 멸망한 서기전 222년까지 약 70여 년간 요동 지
역을 장악하고 있었던 것으로 분석된다. 이 기간 동안 동호,
즉 조선이 1,000리 물러난 곳에 연나라는 조양(造陽)에서부
터 양평(襄平)에 이르는 장성을 쌓고, 상곡군, 어양군, 우북
평군, 요서군, 요동군 등 5군을 두어 흉노로 불리운 동호를
방어하였던 것이다.

　이러한 진개의 조선 침공과 관련하여 이병도(1976: 68)는
아래와 같이 연장성의 동단이 지금의 요양(今 遼陽)이라고
주장했다.

　　여기(『사기』 「흉노열전」)에 의하면, 연장진개는 일찍이 인질로서
　　동호에 가 있다가 돌아와 동호를 정벌하여 (북으로 쫓고) 1,000여
　　리를 개척하였다는 것이며, 또 그 후 연은 거기에 상곡·어양·우북
　　평·요서·요동의 5군을 두고 제1의 상곡군치인 조양(今 河北省懷
　　來縣)에서 마지막 요동군치인 양평(今 遼陽)에 이르기까지 장성을
　　쌓아 호족들을 막았다는 것이다.

──────────────
2) 성주지회는 주나라가 은나라를 멸망시킨 후 서기전 11세기에 서주의 성왕
　이 개최한 제후대회(諸侯大會)를 말한다. 『일주서』 「제59편」 '왕회'에 성주
　지회의 참석자 등에 대해 자세하게 기록되어 있다. 여기에 수많은 동이족
　들이 참석한 것으로 나타난다.

연나라 장성 이후의 진나라 장성은 현재의 난하의 서쪽에서 끝이 났다. 그런데 이병도(1976)는 갑자기 연나라 시대에 지금의 요하(遼河)보다 동쪽인 요양까지 장성을 쌓았다고 주장하고 있는 것이다. 하북성 회래현의 조양에서 현재의 요양까지는 2,000리가 넘는다. 『사기』의 1,000여 리를 부풀려 2,000여 리가 넘는 곳까지 밀려났다고 자의적으로 해석하고 있는 것이다. 물론 조선은 한반도의 평양에 위치한 것을 가정으로 하고 있다. 이 단계에서 이병도(1976)의 관심은 어떻게 하면 『사기』에서 기록한 거리를 조선 평양으로까지 연결할 것인가 하는 것이었다. 이에 따라 연나라가 공격한 동호는 조선과 관련이 없는 오환(선비)의 전신으로 흉노의 동쪽 편에 있어서 동호라고 불리웠다고 주장한다. 그리고 "이때 진개의 경략은 비단 동호에만 그치지 않고, 一步更進{한 걸음 더 나아가}하여 조선에도 미치어 그 서부의 땅을 많이 빼앗았다."고 사서에 있지도 않은 내용을 추가한다. 이러한 이병도(1976: 68)의 주장은 여전히 한국 강단사학의 근거가 되고 있으므로 보다 자세히 인용하여 살펴보도록 하자.

이것이 위략에 {그 서방을 침공하고 2,000여 리의 땅을 빼앗았다는} 「攻其西方, 取地二千餘里」의 설이 나온 소이어니와, 여기 소위 「二千餘里」는 그 전부가 조선의 서부지방이라고 생각되지 않는나. 왜냐하면 한위(漢魏) 시대의 1리는 약 고래 우리나라의 1리(翁)와 비슷하므로, 아래에 말할 만반한(진개의 동침 종점)까지의 2,000여 리를 서(西)로 환산시키면, 그 지역은 요하를 넘어 동호의 구주

지(舊住地), 거의 전체에 미치는 까닭이다. 그러므로 나는 이 2,00
여 리 중에는 실상 『사기』의 {동호가 1,000여 리 퇴각했다는}「東
胡卻千餘里」의 리수도 포함된 것으로 보는 동시에 『위략』의 찬자
혹은 그 이전 기록자가 이것을 망각하였던 것이라고 생각된다.
즉, 이 2,000여 리(이것은 실은 이천수백리인지 모르겠다)의 계산
은 저 상곡군의 조양에서 동으로 만반한까지의 개략의 리수인 듯
하니, 그 일반(一半, 실은 일반이 좀 넘지만)은 동호의 지, 다른 일
반은 조선 서부 지방에 해당한 것이라고 보아야 하겠다. 그리고
동호와 조선과의 경계는 지금 요하 상류 부근이었을 것이다. 그런
즉 연의 신치(新置) 오군 중 상곡·어양·우북평·요서의 4군은 본시
각태반 동호의 주지에 속하고, 끝으로 일군인 요동군만이 조선의
서부 지방에 속하였던 모양이다.

　위의 이병도(1976: 68~70)의 주장인즉슨 연나라와 실상
국경을 맞댄 것은 조선이 아니라 흉노의 일족인 동호였고,
동호가 빼앗긴 1,000리(『사기』)와 조선이 빼앗긴 2,000리
(『위략』)는 두 기록의 찬자가 뭔가 착오를 일으켜 잘못 계산
한 것이고, 모두 합해 3,000리까지는 안되고 2천 수백리 정
도일 것이라는 것이다. 그런데 그것을 동호와 절반씩 빼앗긴
것으로 보아 조선의 요동은 요하 동쪽이었으므로 그곳에서
조선 서쪽까지 약 1,000여 리를 빼앗겼다는 것이다. 그러니
까 조선이 동호보다 그렇게 많은 땅을 빼앗긴 것은 아니라는
주장을 하고 있는 것이다.

[그림 2] 이병도(1976)의 연나라 진개 침공에 따른 실지와 연장성 위치 주장

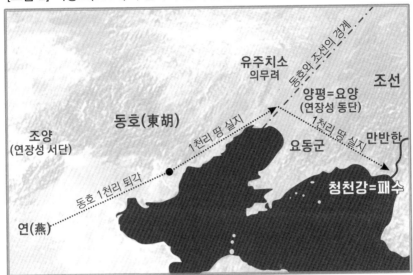

자료: 이병도(1976: 68~70)에 근거하여 필자가 그림

위의 [그림 2]는 이병도(1976: 68~70)의 주장에 기초하여 작성된 것이다. 이에 따르면 수많은 모순점이 드러난다.

첫째, 『사기』「흉노열전」에 따르면, 연나라 장수 진개가 동호를 습격해 호가 1,000여 리를 물러났는데, 연나라는 그곳에 장성(長城)을 쌓아 조양(造陽)에서부터 양평(襄平)에 이르렀고, 상곡(上谷), 어양(漁陽), 우북평(右北平), 요서(遼西), 요동군(遼東郡)을 설치해 호(胡)를 막았다고 했는데, 위의 [그림 2]는 『사기』의 기록과 정면 배치된다는 사실이다. 동호가 1,000리 퇴각한 곳에 연장성을 쌓고 5군을 설치한 것인데 어떻게 요하가 요수가 되며, 요하 동쪽이 요동군이 될 수 있느냐는 것이다. 위의 [그림 2]에서 보면, 동호가 퇴각한

1,000리는 정확하게 난하 일대를 가리킨다. 『사기』의 기록을 자의적으로 해석해서 요동군을 요하 동쪽으로 이동시켜 버린 것이다.

둘째, 『위략』에서 말한 연나라와 조선이 국경을 맞대고 있지 않다는 것이다. 『전국책』「연책」과 『사기』「소진열전(蘇秦列傳)」에는 모두 "연나라의 동쪽에 조선과 요동이 있다. [燕東有朝鮮遼東]"고 했다. 진개가 조선을 침공해서 2,000여 리의 땅을 빼앗을 수도 없다. 즉, 위와 같은 구도라면 연나라와 조선이 싸울 이유 자체가 없었던 것이다. 한마디로 역사 기록과 무관한 사이비 주장인 것이다.

셋째, 연나라가 무슨 수로 북경 북서쪽의 조양에서 요하의 동쪽 요양까지 장성을 쌓을 수 있었느냐 하는 것이다. 중국 만리장성의 동단은 길어봐야 난하를 넘어서지 못하였다. 그러나 최근까지 중국은 이병도(1976)의 주장에 근거하여 중장비를 동원하여 연장성을 계속 북한 쪽으로 신축하고 있는 중이다.3)

넷째, 『위략』에서 말한 땅 2,000리와 『사기』에서 퇴각한 1,000여 리의 거리가 사실상 합쳐져 있다는 것이다. 선으로 표시되는 거리와 사각형으로 표시되는 땅의 척도가 혼재되어 있는 것이다. 2,000리 땅을 거리로 간주하고 있는데, 위

───────────────

3) 이병도씨를 비롯한 강단사학자들의 문제점은 한민족의 축소된 영토조차 중원에 넘겨줄 빌미를 제공하고 있다는 점이다. 중국은 북한 유사시에 그 땅을 차지하기 위해 혈안이 된 상태이다. 이병도(1976)의 허구적 주장을 하루빨리 극복해야만 하는 이유는 바로 여기에 있다.

의 지도에서 2,000리 땅은 어디를 가리키는지 알 수 없다. 이것이 과연 실증사학인지 회의감이 들게 된다. 이것은 이병도(1976)가 『사기』와 『위략』의 기사를 해석하는 데 있어서 고의적 왜곡을 자행했다는 것으로 볼 수밖에 없다.

거리와 땅의 척도와 관련하여 『사기』와 『위략』의 기록은 분명한 차이가 존재한다. 즉 『사기』에서는 "동호가 1,000여 리 퇴각했다.[東胡卻千餘里]"고 해서 1,000여 리의 거리를 물러났다는 것을 분명히 하고 있다. 그리고 『위략』에서는 "조선의 땅 2,000여 리를 빼앗았다.[取地二千餘里]"라고 분명히 적고 있다. 거리와 땅은 예나 지금이나 완전히 다른 척도임에도 불구하고 이병도씨는 이를 같은 것으로 간주하고 합쳐 버린 것이다. 서울에서 부산까지의 거리가 약 1,000리라고 한다면 그것은 직선{一}을 나타낼 뿐이다. 그런데 땅이라고 하면 동서와 남북의 거리, 즉 사각형의 면적 {口}을 별도로 계산해야 한다.

거리와 땅의 척도를 달리하여 필자가 분석한 결과 『위략』의 기사는 『사기』의 기사를 수정하고 보완한 것에 불과한 것으로 나타났다. 왜냐하면 『위략』에서 말하는 땅 2,000리는 동서 거리와 남북 거리를 곱한 것이 아니라 동서 거리와 남북 거리를 더한 사각형 면적이고 이는 동서 1,000리와 같은 의미이기 때문이나. 즉 되각의 개념은 직선거리이고 땅은 동서 거리와 남북 거리를 더한 사각형 면적을 의미하므로 1,000리 퇴각이나 2,000리 땅은 같은 것을 뜻하는 것이다.4) 그리고 『위략』의 작성자가 별도의 사료가 있는 것도 아닌 상태에서 수백 년이 지난 후 사마천이 『사기』에 기록한 것과 별도의 전쟁 기사를 새롭게 쓴다는 것도 납득할 수 없는 일이다.

그럼에도 국내 강단사학자들은 이병도(1976: 68~70)에 근거하여 동호와 조선이 별개의 존재이고 2회에 걸쳐 공격당해 거리와 땅의 면적을 모두 합쳐 약 3,000여 리 떨어진 청천강 유역까지 밀려났다는 모순되고 근거도 없는 주장을 고수하고 있다. 그 결과 현재 백도백과 등 중국측 자료에 연나라 영토가 대부분 한반도에까지 걸쳐져 있는 것으로 그려져 있다. 그러나 『사기』 「흉노열전」과 『위략』의 기사를 면밀히 대조해보면, 두 기사는 동일한 사건을 기록한 것으로 밖에 해석할 수 없다. 설령 두 번에 걸친 침공이 이루어졌다고 하더라도 요하를 넘어설 수 없다. 땅과 거리는 완전히 다른 개념이기 때문이다.

연나라는 진개가 두 번에 걸쳐 조선을 공격할 정도로 강성하지도 않았고, 조선이 그렇게 약하지도 않았다. 『위략』에서 "마침내 조선의 세력이 약화되었다.[朝鮮遂弱]"고 했는데, 이것도 일시적인 현상에 불과하다. 연나라가 제나라를 거의

---

4) 『사기』 「흉노열전」에서는 연나라 진개가 동호를 습격하여 1,000여 리 퇴각시켰다고 했으므로 동서 길이 또는 남북 길이 중 하나는 1,000리이다. 『위략』에서는 동서와 남북의 길이를 모두 1,000리라고 보아 2,000리의 땅이라고 기록한 것이다. 중원의 고대 사서에는 땅의 면적을 방(方)이라 하여 동서 길이 더하기 남북 길이로 나타냈다. 현재는 동서 길이 곱하기 남북 길이로 평방(平方)이라 한다.

함락 직전까지 몰고 갔지만 이내 영토를 모두 회복한 것처럼 조선도 실지를 회복한 것으로 파악되기 때문이다. 결정적으로 『사기』 「흉노열전」의 기록에 따르면 동호가 1,000리 퇴각한 곳에 연장성을 쌓았고, 5군을 설치하였던 것이다.

먼저, 『사기』 「흉노열전」에서는 "동호가 1,000여 리를 물러났다.[東胡卻千餘里]"고 한 것으로 나온다. 군대가 퇴각하는 것은 직선거리{길이}로 계산한다. 그런데 『위략』의 기사에는 "2,000여 리의 땅을 빼앗았다.[取地二千餘里]"는 표현이 등장한다. 이는 군대 등이 퇴각하는 거리의 개념이 아니라 공격을 통해 획득한 땅을 사각형의 면적으로 계산한 것이다.

『춘추좌전』, 『관자』, 『전국책』, 『사기』 등 중원의 고대 사서에서는 거리를 나타낼 때 리(里)를 사용하였다. 그런데 땅은 거리와 표기 방법이 다를 수밖에 없다. 선이 아니라 면이기 때문이다. 따라서 사방을 뜻하는 방(方)이라는 개념을 사용하였다. 즉 땅이 1,000리인 경우 '지방(地方) 1,000리(里)'라고 해서 사각형의 면적을 뜻하는 '방(方)' 자를 포함시켜서 동서 거리와 남북 거리를 합쳐 1,000리라고 표기한 것이다. 이 경우 정사각형이면 동서 거리와 남북 거리는 각각 500리로 거리 1,000리의 절반에 불과하다. 물론 고대 시대에 이러한 표기는 면적에 대한 정확한 표현이 아니다. 원래 땅의 면적은 동서+남북=방(方)이 아니라 동서×남북=평방(平方)이 맞기 때문이다.

따라서 『사기』의 1,000여 리 후퇴는 정사각형의 경우

2,000여 리의 땅과 같다. 결국 『위략』은 진개의 조선 공격으로 획득한 땅을 부연 설명한 것에 불과하다. 그럼에도 불구하고 이병도(1976)를 필두로 하여 한국의 강단사학에서는 연의 진개가 동호 또는 '조선을 공격하여 1,000리 후퇴했다.'는 기록과 '2,000리의 땅을 취했다.'는 것을 모두 거리로 보고 합산하여 진개가 평양 인근 청천강까지 쳐들어왔다고 해석하고 있는 것이다. 조선이 평양에 있어야 하기 때문에 거리와 면적조차 구분하지 않고 무턱대고 3,000여 리{이병도씨에 따르면 조선의 리는 지금과 차이가 있어 약 2천 몇백 리} 후퇴했다고 하면서 조백하 북쪽 현토군에 있었던 위만조선의 왕험성을 한반도 평양으로 옮겨다 놓은 것이다. 그 결과 중국의 각종 포털 사이트에서는 아래의 [그림 4]에 나타난 것처럼 연나라가 한반도까지 영토를 확장한 것처럼 하여 연나라 강역이 잘못 표시된 지도들을 양산하고 있는 실정이다.

그렇다면 『위략』에서 진개가 2,000여 리의 땅을 빼앗은 이후 경계로 삼은 만반한(滿番韓)은 어디를 가리키는 것일까? 이에 대해 이병도(1976: 70~71)는 한(漢)나라 시대의 지리서인 『한서』 「지리지」 '요동군조'의 속현인 문현(文縣)과 번한현(番汗縣)이 곧 만반한이라고 주장한다. 그의 주장을 소개하면 다음과 같다.

> 『위략』의 소위 '만반한(滿番韓)'이 연의 요동군의 동단에 소재하였음은 더 말할 것도 없고, 또 그것이 한(漢)대에 이르러서도 같은

위치에 있었을 것은 넉넉히 추측할 수 있다. 실제 『한서』 「지리지」를 보면, {한대의} 「요동군(遼東郡)」 속현 조에는 문현(文縣)과 번한현(番汗縣)의 두 현명이 차례로(나란히) 나타나고 있다. 그러면 『위략』의 '만반한'이 바로 이 '문·번한(文番汗)'에 틀림없음은 누구나 쉽게 알 수 있다. '만(滿)'과 '문(文)'은 근사한 음이요, 반한과 번한은 완전히 동음이다. 문과 번한이 연(燕)대에도 역시 이 현으로 되어 있었는지, 혹은 일현이었던 것이 진(秦)·한대에 이르러 이현으로 나뉘었는지 그것은 알 수 없으나, 설령 원래부터 이현이다 하더라도 그것이 연칭될 정도이면 서로 인접해 있었을 것은 가능한 일이다. 위의 한지(漢志){『한서』 「지리지」} '번한현' 조에는 다음과 같은 설명이 주기되어 있다.

"{반한현에 있는} 패수가 요새 밖에서 나와서 서남쪽으로 흘러 바다로 들어간다. 응소가 말하길 '한수가 요새 밖에서 나와서 서남쪽으로 흘러 바다로 들어간다.'고 하였다.[沛水出塞外 西南入海 應劭曰 汗水出塞外 西南入海]" 허신(許愼)의 설문(說文){『설문해자(說文解字)』}에도 "패수는 요동군 번한현의 요새 밖에서 나와서 서남쪽으로 흘러 바다로 들어간다.[沛水出遼東番汗塞外 西南入海]"라고 보인다. 이들 기사에 의하면 번한현은 패수란 하수 유역에 위치하고, 또 거기에는 장새{성새}가 있어, 그 새외에서 패수가 흘러 다시 서남류하여 바다로 들어간다는 것이다."

여기서 이병도{1976: 70~71}는 '만'과 '문'의 음이 유사하므로 만은 문현(文縣)을 가리킨다고 했다. 그런데 우리말로도 발음이 근사하기는커녕 완전히 다를 뿐만 아니라 『위략』의 기록자기 중국인임을 감안해 중국식 발음을 살펴보면 '만(滿)'의 발음은 '만[mǎn]'이고, '문(文)'의 발음은 '웬[wén]'이다. 전혀 다르다. 따라서 『위략』의 만반한이 문·번한과 다르다는 것은 누구나 쉽게 알 수 있다. 번(番)과 반(潘)

은 중국의 여러 곳에 등장하는 지명인데, 『한서』의 여러 곳에서 반(番)과 반(潘)이 함께 '반(潘)'으로 발음된다고 강조하고 있어 발음이 같다는 것을 알 수 있다.

문제는 지명의 이름에 대한 해석의 오류에 그치지 않고 매우 자의적인 지명 비정으로 이어진다는 사실이다. 이병도(1976: 71)는 『사기』와 『위략』에 대한 자의적 해석에 의거해 다음과 같이 결론을 내린다.

> 기술(既述)한 『사기』에 「漢興…復修遼東故塞, 至浿水爲界」라 한 요동고새가 바로 번한새임을 알 수 있고, 따라서 沛水와 浿水가 서로 지근한 거리에 있음도 이에 의해서 알 수 있거니와, 沛·浿 양수의 위치를 상고하는 것이, 곧 번한현의 위치와 요동군의 동계(東界)를 밝히는데 첩경이 될 것이다. 그러면 沛·浿 양수는 지금의 어느 강하에 해당하는가. 이에 대해서는 내가 이미 오래전에 발표한 바와 같이 패수(沛水)는 지금의 박천강(博川江), 패수(浿水)는 전자와 병행하여 하류에 서로 합친 지금의 청천강(淸川江)에 틀림없다. 따라서 번한현의 위치를 지금의 평안북도 박천군에 비정하는 결론을 얻게 되었다.

이와 같은 결론은 애당초부터 현재의 평양을 중원의 사서들에서 말하는 평양으로 상정하고 꿰어 맞춘 것에 불과하다. 즉, 낙랑군재평양설을 뒷받침하기 위해 자의적이고 허무맹랑한 비정을 하기에 이르렀던 것이다.

필자가 보기에 만반한(滿番韓)의 '만(滿)'은 위만(衛滿)의 '만(滿)'을 가리키는 것으로 보는 것이 타당해 보인다. 중원의 사서에 위만은 그냥 만으로 기록되어 있는 경우가 많다.

『사기』「조선열전(朝鮮列傳)」에서 위만이 조선을 장악한 이후 "진번(眞番)과 임둔(臨屯)을 복속시켰다.[眞番臨屯 皆來服屬]"고 했고, 『한서』「지리지」 '요동군'에 조선왕 만의 도읍 험독(險瀆)이 있다는 기록으로 보아 진번은 위만이 조선왕이 된 후 회복한 지역을 가리킨다고 할 수 있다. 이에 따른다면 만반한에서 '만'은 위만의 '만'을 나타내고 반한(番汗)의 '반(番)'은 『사기』에 나온 진번(眞番)을 가리킨다고 말할 수 있다. 고대 기록을 찾아보면 '번(番)'과 '반(潘)'의 중국 발음은 같다. 따라서 만반한은 당초 진개가 공격하여 차지한 요동 지역을 가리키며, 위만 시기에는 나중에 회복한 번한 지역을 가리킨다고 보는 것이 타당하다. 위만의 험독성은 요동군 북쪽 접경인 현토군에 위치하고 있었다. 위만 정권이 들어설 때 기층대중(基層大衆)은 진번과 조선의 토착인과 연나라와 제나라 망명자로 구성되어 있었다.

진개의 침공시 만반한이 고대 요동 지역을 포함한다고 하더라도, 연의 위치는 장성이 쌓여진 지역까지일 뿐이다([그림 3] 참조). 그런데 이 지역만 해도 동서 남북으로 따지면 2,000여 리이고, 진개의 침공 이전 연나라의 땅 2,000여 리를 합하면 진개의 침공 이후 연나라는 총 4,000여 리가 넘는 광대한 지역을 차지하고 있었다. 따라서 춘추전국 시기의 연나라를 한반도에까지 끌어다 그려 놓은 지도는 이병도(1976)와 그 추종자들 외의 어디에서도 근거를 찾아볼 수 없는 역사왜곡이라고 말할 수 있다.

[그림 3] 진개의 침공 이후 조선의 이동 위치 비정

자료: 필자가 그림

『위략』의 기록에 대한 국내의 과장된 억지 해석은 지금까지 중국의 역사왜곡으로 이어지고 있다. 연안을 따라 길게 늘려서 북한의 평양과 대동강까지 연나라의 영역을 표시하고 있는 것이다. 그런데 이는 정치·군사적으로도 성립이 불가능하다. 사마천이 평가한대로 강력한 세력이 존재하는 상황에서 뱀처럼 길게 늘여진 땅을 지킬 수는 없다. 연나라가 왜 장성을 쌓았겠는가? 그 땅을 지키고자 한 것이다. 따라서 연나라의 영역 확대는 장성을 넘어서는 것이 아니라 연장성 일대로 보는 것이 타당하다. 진개의 공격으로 취한 2,000여

리는 동서 1,000리, 남북 1,000리로 진(秦)나라가 장성을 쌓은 곳이다. 이에 따르면, 진개는 연나라의 땅을 2배나 늘린 것이 된다.

사마천이 『사기』 「흉노열전」 이외의 기사에서 진개의 조선 공격에 대해서 다시 언급하지 않은 것은 진개의 공격이 일회성 공격에 그쳤기 때문이라는 것을 잘 보여준다. 사마천이 보기에 진개는 조선의 허점을 간파하고 공격한 '현명한 장수(賢將)' 정도여서 열전에 따로 기록하지도 않았다. 일진일퇴를 거듭하는 동북방의 정세에서 진개의 업적이 그렇게 크다고 평가하지 않은 것이다. 그런데 더욱 이상한 것은 『전국책』 「연책」에는 진개라는 이름 자체가 등장하지 않는다는 사실이다. 진개에게 빼앗겼던 땅 중 요동 지역은 진한(秦漢) 시기에 이르러 다시 조선에 회복된다.

위만이 복속시킨 진번은 원래 요동에 있었다. 『사기』 「조선열전」에 대한 주역에서 응소는 "현토는 본래 진번국이다. [玄菟本眞番國]"고 했다. 또한 『한서』 「지리지」에서도 응소의 말을 인용하여 현토군이 옛날의 진번(眞番)이라고 했다. 『사기』 「조선열전」에 따르면, 전국시대 연나라 장수 진개의 침공이 성공하면서 [그림 4]에 나타난 것처럼 진번의 동쪽까지 장성과 요새를 쌓았다. 진번은 조하와 연장성이 만나는 지역을 가리킨다. 그런데 진나라가 연을 멸망시킨 뒤 요동 밖의 변경(遼東外徼)에 소속시키다가 한(漢)대에 이르러 너무 멀어 패수에 이르는 곳을 경계로 하여 한(漢)의 후국인 연

나라에 복속시켰다고 했다. 따라서 만반한은 서쪽으로 이동
한 것을 알 수 있다{[그림 3] 참조}.

조선왕 {위}만(滿)은 옛날 {전국시대의} 연나라 사람이다. 연나라
전성기에 비로소 처음으로 진번·조선을 침략하여 복속시키고, 관
리를 두어 장새를 쌓았다. 진나라가 연나라를 멸망시킨{서기전
222년} 후에는 {진번·조선을} 요동외요(遼東外徼)에 소속시켰다.
한(漢)나라가 건국된 후에는 그곳{요동외요}이 멀어 지키기 어려
우므로, 다시 요동고새(遼東故塞)를 수리하고 패수에 이르는 곳을
경계로 하여 {한나라 군국인} 연에 복속시켰다. 연왕 노관이 반란
을 일으키고 흉노로 들어가자 {위}만도 망명을 하였다. 1천여 명
의 무리를 이끌고 상투를 틀고 만이의 복장을 입고서 동쪽으로 나
아가 요새{요동고새}를 빠져나가 패수를 건너 진나라 때의 옛 공
지인 상하장(上下鄣)에 거주하였다. 점차 진번과 조선의 만이 및
옛 연나라와 제나라의 망명자들을 복속시켜 왕이 되어 왕험성에
도읍하였다.
朝鮮王滿者 故燕人也. 自始全燕時 嘗略屬眞番朝鮮 爲置吏 築鄣塞.
秦滅燕 屬遼東外徼. 漢興 爲其遠難守 復修遼東故塞 至浿水爲界 屬
燕. 燕王盧綰反 入匈奴 滿亡命 聚黨千餘人 魋結蠻夷服而東走出塞
渡浿水 居秦故空地上下鄣 稍役屬眞番朝鮮蠻夷及故燕齊亡命者 王
之都王險.

위에서 **장새(鄣塞)**는 진한 시기에 국경 지대의 험한 요충지에
축성한 방어용의 작은 성이나 요새를 말한다. 백도백과에 따르
면 장새는 일반적으로 만리장성이 축성된 선을 따라 그 남쪽에
설치되었다. 옛 연나라 시기에 연장성을 쌓은 후 조하가 흐르는
북경시 밀운구의 고북구 일대에 국경 요새를 쌓은 것으로 분석

된다. 고북구 장성은 와호산(臥虎山) 장성, 번룡산(蟠龍山) 장성, 금산령(金山嶺) 장성, 사마대(司馬台) 장성 등 4개의 성단으로 구성되어 있다. 하북성 승덕시 풍녕현에서 난평현, 북경시 밀운구에 이르는 지역은 북경과 내몽고를 연결하는 요충지로서 북방세력이 중원으로 진입할 때 반드시 지나야만 했던 통로였다. 이곳에 장성을 쌓고 요새를 추가로 축성하였다는 것을 알 수 있다. 백도백과에 탑재된 각종 홍보자료에 따르면 고대 시대에 고북구를 장악하기 위한 쟁탈전이 매우 빈번하게 발생하였다고 한다. 전국시대 연나라의 북쪽 국경은 조양에서 고북구 일대를 거쳐 요동의 양평까지 축조한 연장성을 통해 구축되었다.

그러나 문제는 조선 및 한과의 국경인 난하 일대였다. 이곳까지는 장성이 축성되지 못했기 때문에 진나라에서는 난하 서쪽 요동 바깥의 변경지대에 강줄기를 따라 목책이나 돌로 쌓은 요새 등 **요동외요(遼東外徼)**를 만들어 그 내부의 진번·조선 영역을 포괄하고 있었던 것으로 해석된다. 장새가 만리장성을 따라서 축성된 작은 성이나 요새라고 한다면, 요동외요는 강을 따라 만들어진 강변 요새라고 말할 수 있다. 여기서 요동외요는 난하 일대를 수비하던 강변 요새를 가리키는 것으로 분석된다. 연장성과는 별개로 난하의 흐름을 따라 조성된 것이다. 그런데 중원에서 진승과 오광의 반란이 일어나면서 천하대란이 발생하자 고조선은 구토 회복을 위해 요동외요를 넘어 요동의 일부 지역을 장악한 것으로 나타난다. 이와 관련하여 『염철론』 '비호편'에는 "대부가 이르기를, 지난 날 사방의 이(四夷)가 모두 강해져

서 나란히 노략질과 포악행위를 저질렀습니다. 조선은 국경 요
새(徼)를 넘어와 연나라의 동쪽 땅을 겁박했습니다.[大夫曰 往
者 四夷俱強 幷爲寇虐 朝鮮逾徼 劫燕之東地]"라고 했다([그림 4]
참조).

[그림 4] 진한 교체기의 조선과 연의 국경 변천

[자료] 『사기』 「조선열전」에 근거해 필자가 그림

　　마찬가지로 **상하장(上下鄣)**도 난하 서쪽의 고대 요동지역에
있었던 한나라 때의 요새로 보인다. 상하장은 진나라 때에는
공지로 조선과의 완충지대였던 것으로 보인다. 그런데 위만이
이곳에 거주했다는 것은 이곳이 이미 준왕의 치하에 들어왔다
는 사실을 의미한다. 따라서 준왕 시기에 이미 요동의 상당 부

분이 조선에 회복되었다는 것을 알 수 있다. 더 나아가 한나라 시기에 고대 요동 지역이 너무 멀어 요동 서쪽에 **요동고새(遼東故塞)**를 수리하고 패수를 국경으로 삼았다고 한다. 요동고새는 요동 서쪽에 만들어 놓은 요새이다. 그런데 요동외요까지의 거리가 너무 멀어 스스로 서쪽으로 후퇴했다는 주장은 타당성을 가질 수 없다. 오히려 고조선 세력이 옛 영토를 되찾기 위해 끊임없이 쳐들어오자 후퇴했다고 보는 것이 타당하다. 이에 따라 준왕의 고조선에 의해 조선의 실지가 회복된 것으로 분석된다. 멀어서 후퇴했다는 주장은 사마천의『사기』가 보여주는 춘추필법의 전형이라고 말할 수 있다.

준왕의 요동 지역 회복은 서기전 210년 진시황 사망 이후 진승과 오광의 반란 등으로 중원에 대란이 발생하였으며, 유방과 항우의 오랜 전쟁으로 요동 지역에 힘의 공백이 발생함에 따라 가능한 것이었다. 고조선 세력이 다시 고대 요동 지역으로 진입하자 한나라에서는 패수 서쪽에 요동고새를 수리하고, 패수로 국경을 삼았다고 했다.

한나라 위만이 망명한 경로는 옛 연나라가 장악했던 지역에서 서쪽으로 이동한 요동고새 → 패수 → 진나라 이후 비어 있었던 조선과의 완충지대인 상하장 등의 순으로 이루어져 있다. 이에 따르면 요동고새는 패수의 서쪽에 위치하고 있다는 것을 알 수 있고, ⏋ 나음이 패수이다. 또한 상하장은 난하의 서쪽 고대 요동 일대를 가리킨다는 것을 알 수 있다.『삼국지』'한조'에서 인용한『위략』에 따르면 위만은 난하 동쪽의 창려

현에 도읍한 조선왕 준을 설득하여 서쪽의 변방에 거주하게
해주면 조선의 번병이 되겠다고 했다.

진(秦)나라가 {중원의} 천하통일을 이룬 뒤, 몽염을 시켜 장성을
쌓게 하여 요동에까지 이르렀다. 이때 조선왕 부(否)가 왕이 되었
는데, 진나라의 습격을 두려워한 나머지 정략상 진나라에 복속은
하였으나 조회에는 나가지 않았다. 부가 죽고 그 아들 준(準)이 즉
위하였다. 그 뒤 20여 년이 지나 {중원에서} 진{승}과 항{우}가 기
병하여 천하가 어지러워지자, 연·제·조의 백성들이 괴로움을 견
디다 못해 차츰 차츰 준에게 망명하므로, 준은 이들을 서부 지역
에 거주하게 하였다. 한(漢)나라 때에 이르러 노관으로 연왕을 삼
으니, 조선과 연은 패수를 경계로 하게 되었다. {노}관이 {한을} 배
반하고 흉노로 도망간 뒤, 연나라 사람 위만도 망명하여 오랑캐의
복장을 하고 동쪽으로 패수를 건너 준에게 항복하였다. 그리고 서
쪽 변방에 거주하도록 해주면 중원의 망명자를 거두어 조선의 번
병이 되겠다고 준을 설득하였다. 준은 그를 믿고 사랑하여 박사에
임명하고 규를 하사하며, 1백리의 땅을 봉해 주어 서쪽 변경을 지
키게 하였다. [위]만이 [중국의] 망명자들을 유인하여 그 무리가
점점 많아지자, 사람을 준에게 파견하여 속여서 말하기를, "한나
라의 군대가 열 군데로 쳐들어오니, [왕궁]에 들어가 숙위하기를
청합니다."하고는 드디어 되돌아서서 준을 공격하였다. 준은 만과
싸웠으나 상대가 되지 못하였다.
及秦幷天下 使蒙恬築長城 到遼東. 時朝鮮王否立 畏秦襲之 略服屬秦
不肯朝會. 否死 其子準立. 二十餘年而陳·項起 天下亂 燕·齊·趙民愁
苦 稍稍亡往準 準乃置之於西方. 及漢以盧綰爲燕王 朝鮮與燕界於浿
水. 及綰反 入匈奴 燕人衛滿亡命 爲胡服 東度浿水 詣準降. 說準求居
西界, {收}中國亡命爲朝鮮藩屛. 準信寵之 拜爲博士 賜以圭 封之百里
令守西邊. 滿誘亡 亡字下 似少一字黨 衆稍多 乃詐遣人告準 言漢兵
十道至 求入宿衛 遂還攻準. 準與滿戰 不敵也.

위만이 가리킨 조선의 서쪽 변방은 고대 요동지역을 가리킨다. 이곳은 준왕이 도읍하고 있었던 창려현보다 훨씬 더 광활하고 더 많은 사람을 부양할 수 있는 풍요로운 땅이었다. 그런데 준왕은 사려깊지 않게 위만에게 100리의 땅을 봉해주어 고조선의 서쪽 경계를 지키게 했다. 이 경우 중원의 망명자들은 자연스럽게 위만에게 망명하는 결과가 빚어지게 되고 이들의 규모가 크게 확대되면서 위만은 마침내 준왕을 몰아내고 조선왕이 될 수 있었던 것이다. 위만은 상나라 계통의 동이족 출신이었기 때문에 한씨 준왕의 축출에도 불구하고 조선의 관리나 백성들은 위만의 찬탈행위를 용인했다.

이상의 내용을 정리하면 조선은 옛 연나라에게 요동과 진번의 땅을 모두 빼앗겼다. 연나라는 빼앗은 땅에 5군을 설치하고 북방의 조양에서 양평까지 연장성을 쌓아 연의 영토로 만들고자 했다. 그러나 진시황의 통일 정권이 15년도 안되어 붕괴되자 중원에 다시 천하대란이 발생하게 된다. 이에 따라 조선 세력은 서진하여 옛 요동 지역의 상당 부분을 회복하게 된다. 이때 연나라에서 망명한 위만이 조선왕 준을 속여 요동 지역을 장악하고 세력을 키워 마침내 조선왕에 등극하게 된다. 위만은 이후 중원세력과의 협의에서도 탁월한 외교력을 발휘하고, 다른 한편으로 군사적으로도 위력을 발휘해 진번과 임둔을 복속시키는 등 고조선의 영토를 상당 부분 회복하게 된다.

효혜·고후{서기전 195~180}의 시대를 맞이하여 천하가 처음으로 안정되었다. 요동 태수는 곧 {위}만을 외신으로 삼을 것을 약속하여, 국경 밖의 만이를 지켜 변경을 노략질하지 못하게 하는 한편, 여러 만이의 군장이 천자를 만나고자 하면 막지 않도록 하였다. 천자도 이를 듣고 허락하였다. 이로써 {위}만은 군사의 위세와 재물을 얻게 되어 그 주변의 소읍들을 침략하여 항복시키니, 진번과 임둔도 모두 와서 복속하여 [그 영역이] 사방 수천 리가 되었다.5)
會孝惠·高后時天下初定 遼東太守卽約滿爲外臣 保塞外蠻夷 無使盜邊 諸蠻夷君長欲入見天子 勿得禁止. 以聞 上許之 以故滿得兵威財物 侵降其旁小邑 眞番·臨屯 皆來服屬 方數千里.

연나라 장성과 5군의 위치 비정

진개의 침공으로 인해 조선은 일시적으로 하북성 진황도시 창려현(昌黎縣) 일대로 후퇴한 것으로 파악된다. 『사기』「흉노열전」에 따르면, 연나라가 장성을 쌓은 것은 조양(造

---

5) 위만이 국경 밖의 만이 관리권과 천자 면담권을 갖게 되면서 그 영역이 수천 리가 되었다고 한 것에 대해『사기정의』는 다음과 같이 주석했다. "『사기정의』: 괄지지에 이르기를, 조선, 고려, 맥, 동옥저 등 5국의 땅을 가리킨다. 나라의 동서는 1,200리, 남북은 2,000리이다{땅이 방 3,200리}. {한나라} 수도 동쪽에 있으며, 동쪽으로 400리에 대해가 있고, 북으로 영주에 이르러 920리가 경계이며, 남으로 600리에 신라국, 북으로 1,400리에 말갈국이 있다.[正義: 括地志云 朝鮮高驪貊東沃沮五國之地 國東西千二百里 南北二千里 在京師東 東至大海四百里 北至營州界九百二十里 南至新羅國六百里 北至靺鞨國千四百里]." 이에 따르면 효혜·고후{서기전 195~180} 시기에 이미 조선, 즉 한(韓) 세력만이 아니라 고구려가 존재하고 있었다는 것을 알 수 있다. 그리고 위만조선의 남쪽에 신라가 있다고 했는데, 이때 신라는 요동반도에 위치하고 있었다.

陽)에서 양평(襄平)까지이고, 그 안에 상곡(上谷), 어양(漁陽), 우북평(右北平), 요서(遼西), 요동(遼東) 등 5군을 설치하였던 것이다.

『한서』「지리지」에는 이들 5군에 속한 여러 현들에 대한 설명이 제시되어 있다. 그런데 이를 그냥 읽다보면 어디가 어디인지 방향감을 찾는 것조차 쉽지 않다. 그래서 이들 5 군의 위치를 비정하기 위해서는 『사기』에서 기록한 연장성의 위치, 즉 '조양에서 양평까지'라는 대목에 주목할 필요가 있다.

『통전(通典)』에 따르면, 연의 장성이 시작되는 조양은 상곡군성(上谷郡城)이 있었던 회융현(懷戎縣)이고, 전한 시대의 반현(潘縣)으로 비정된다. 그리고『한서』「지리지」에 따르면 양평은 요동군으로 나온다. 『사기색은』에서도 위소가 말하길 "(양평은) 지금 요동군의 치소다.[(襄平) 今遼東所理也]"라고 했다. 『자치통감』에서도 "양평현은 한의 요동군 치소로 공손연이 도읍한 곳이다."라고 기록했다. 이에 따르면 연장성이 축성된 조양과 양평의 지역은 각각 상곡군과 요동군의 속현임을 알 수 있다. 요양(遼陽)은 양평과 함께 요동군에 속한 현인데 양평보다 북쪽에 위치한 것으로 비정된다. 조양에서 양평까지의 장성은 산악지대에 위치하는 것으로 나타나 태행산맥과 연산산맥을 따라 축성된 것을 알 수 있다.

[그림 5] 연나라 진개의 공격 이후 축성된 연 장성과 5군의 위치 비정[6]

자료: 필자가 그림

위의 [그림 5]에서 조양은 현재의 북경 북서쪽에 위치하고, 양평은 북경 북동쪽의 연산산맥 일대에 위치하는 것으로 비정된다. 이를 통해서 우리는 연장성이 북방의 부여와 오환의 침공을 방어하고, 동쪽은 난하와 조백하를 통해 강을 조선 세력과의 경계로 삼았다는 것을 알 수 있다. 조양에서 난하까지의 거리는 대략 1천여 리에 달한다.

연산산맥과 난하가 방어막을 이루는 곳에 5군이 설치되었다. 먼저, 상곡은 연장성의 서단인 조양의 인근으로 북경 북

---

6) 백도백과에서 '연국(燕國)'을 검색하여 지도를 참조하여 필자가 연 5군의 위치를 비정함.
자료 출처: https://baike.baidu.com/item/%E7%87%95%E5%9B%BD/32366 (검색일 2020. 5. 5.).

서쪽으로 비정된다. 어양은 북경 북쪽에서 북경 북동쪽으로 비정된다. [그림 5]에 표시된 어양의 서쪽에 해당한다. 그리고 우북평은 하북성 보정의 완현(完縣) 일대로 비정된다. 『한서』 「지리지」 '우북평군'에 "준미현, 류수(濡水)가 남쪽으로 흘러 우북평군 무종현(無終縣)에 이르러 동쪽으로 흘러 경수(庚水)로 들어간다.[俊靡, 濡水南至無終東入庚]"고 했다. 백도백과에 따르면 류수(濡水)는 영정하의 옛 명칭이다. 영정하는 이밖에도 상간하(桑干河), 노구(盧溝), 혼하(渾河)[7], 무정하(無定河) 등으로도 불리웠다. 그리고 요동과 요서는 요수를 기준으로 동쪽과 서쪽을 가리키는 것으로서 조백하를 기준으로 서쪽이 요서, 동쪽이 요동이다.[8]

연나라는 진나라처럼 중원의 노동력을 총동원할 수 있는 나라가 아니었기 때문에 단기간에 먼 거리를 축성할 수 없었다는 것은 누구나 알 수 있다. 따라서 연산산맥의 지형을 최대한 활용하여 장성을 쌓았던 것이다.

정리하면 연나라는 조선·요동을 차지한 서기전 296년부터 진나라에 멸망당한 서기전 222년까지의 약 74년 동안 빼앗은 땅을 지키기 위해 장성을 쌓았다. 이 때 연장성 안에 5군을 설치하였다. 5군 중 상곡은 북경(北京)의 북서쪽, 어양은

---

7) 현재 혼하(渾河)는 요녕성 지역으로 지명이 이동되어 있다.
8) 『한서』 「지리지」에는 이 시기 무종(無終)이 요동군이 아니라 하북성 보정 완현 일대의 우북평군에 속한 것으로 나온다. 우북평군은 요동의 동쪽이 아니라 하북성 보정시 일원에 위치하고 있었던 것이다. 그 결과 수양제의 공격대상인 좌우 24군에 무종을 비롯한 우북평군 자체가 나타나지 않는 것이다. 그런데 현재 무종도 요동으로 위치가 이동되어 있다.

북경 북동쪽, 우북평은 하북성 보정시(保定市) 등으로 비정되며, 요서나 요동도 그 인근 지역으로 볼 수 있다. 요동과 요서의 구분은 요수(遼水)를 기준으로 한 것인데, 요수의 위치는 고대 강들의 백과사전인 『수경주(水經注)』를 통해서도 파악할 수 있다. 『수경주』「대요수(大遼水)」조에서는 "요수가 우측에서 백랑수(白狼水)와 만난다.[遼水右會白狼水]"고 하였다. 옛 사람들은 북쪽을 기준으로 동쪽을 좌(左)라 하고 서쪽을 우(右)라고 했다. 따라서 남쪽 기준으로 요수는 우측을 흐르는 강이다. 백랑수는 백하를 가리키는 것으로 보인다.

2장

요수와 패수의 위치 비정

제2장 요수와 패수의 위치 비정

수양제 및 당태종의 고구려 침공 관련 기록

『삼국사기』「고구려본기」 '영양왕조'와 『수서』 '고구려조', 『자치통감』 등에 따르면 서기 598년 고구려군이 먼저 요서를 공격하고 수와 전쟁을 개시한 것으로 기록되어 있다.

> 9년(서기 598년)에 왕이 말갈의 무리 10,000여 명을 이끌고 요서(遼西)를 침공하였다.[9] 영주총관 위충이 이를 격퇴시켰다. 수문제가 {이 소식을} 듣고 크게 노하여 명을 내려 한왕(漢王) 양량과 왕세적을 나란히 원수로 삼고 수군과 육군 300,000명을 거느리고 와서 {고구려를} 쳤다.
>
> 九年 王率靺鞨之衆萬餘 侵遼西 營州揔管韋冲擊退之. 隋文帝聞而大怒, 命漢王諒·王世績並爲元帥, 將水陸三十萬來伐 (『삼국사기』「고구려본기」 '영양왕조')

---

9) 『자치통감』에서는 『수서』를 인용하여 말갈이 고구려의 북쪽에 있었다고 기록하고 있다. 말갈은 모두 7종이 있는데, 첫째는 율말부로 고구려와 접하고 있다. {『신당서』에 따르면 율말부가 나중에 대조영의 발해국의 기초가 된다. 『삼국유사』에서는 속말(粟末)말갈이라고 했다.} 둘째는 백돌부로 율말부의 북쪽에 있고, 셋째는 안차골부라 하는데, 백돌부의 동북쪽에 있다. 넷째는 불열부로 백돌부의 동쪽에 있으며, 다섯째는 호실부로 불열부의 동쪽에 있다. 그리고 여섯째는 흑수부로 안차골부의 서북쪽에 있고, 일곱째는 백산부라 하는데 율말부 동남쪽에 있다. 흑수부는 강하고 튼튼했는데 옛 숙신씨였다고 한다. 요서군의 치소는 유성이고, 수나라는 영주총관부를 설치하였다. [隋書: 靺鞨在高麗之北 凡有七種 : 其一號 粟末部 與高麗接 ; 其二曰伯咄部 在粟末之北 ; 其三曰安車骨部 在伯咄東北 ; 其四曰拂涅部 在伯咄東 ; 其五曰號室部 在拂涅東 ; 其六曰黑水部 在安車骨西北 ; 其七曰白山部 在粟末東南. 而黑水部猶為勁健 , 即古之肅慎氏也. 遼西郡治柳城 , 隋置營州總管府.]

고수 전쟁이 발발한 직접적 원인은 선비족의 수나라가 강남 6국 중 하나인 진(陳)나라를 멸망시키고 중원을 통일한 이후 수문제 양견(楊堅)이 서기 597년에 고구려 영양왕에게 다음과 같은 모욕적 조서를 보내왔기 때문이다. 『수서』'고구려조'에 기록된 그 내용을 축약하여 제시하면 다음과 같다.

> 왕은 요수(遼水)가 넓다 한들 장강(長江)과 어찌 비교하며, 고구려 군사가 많다 한들 진국(陳國)만 하겠는가? 짐이 만약 포용하여 길러 주려는 생각을 버리고 왕의 지난 날의 허물을 문책하고자 하면 한 명의 장수로도 족하지 무슨 많은 힘이 필요하겠소! 간절히 깨우쳐 주어 개과천선의 기회를 허락하노니, 마땅히 짐의 뜻을 헤아려 스스로 많은 복을 구하기 바라오.
> 王謂遼水之廣何如長江? 高麗之人多少陳國? 朕若不存含育 責王前愆 命一將軍 何待多力! 慇懃曉示 許王自新耳 宜得朕懷 自求多福.

영양왕은 이에 분노하여 대책을 논의한다. 신채호(1998: 243)의 『조선상고사』에는 이 상황을 다음과 같이 기록하고 있다.

> 영양왕이 이 모욕적인 글을 받고 크게 노하여 여러 신하들을 모아 회답의 글을 보낼 것을 의논하니, 강이식(姜以式)이 "이같이 오만무례한 글은 붓으로 회답할 것이 아니요 칼로 회답할 것입니다."하고 곧 개전하기를 주장하니 왕이 그의 말을 좇아 강이식으로 병마원수를 삼아서 정병 5만을 거느리고 임유관10)으로 향하게 했다.

  그 결과 고수 전쟁이 발발하게 된다. 『자치통감』{서기
598년}과 『삼국사기』 「고구려본기」 '영양왕조'에는 제1차
고수 전쟁에 대해 다음과 같이 기록하고 있다.

  여름 6월에 문제가 조서를 내려 왕의 관작을 삭탈하였다. 한왕 양
  량의 군대는 임유관을 나갔는데, 장마를 만나 군량 운반이 이어지
  지 않아 군중에 먹을 것이 떨어졌으며, 거듭 전염병을 만났다. 주
  라후는 동래에서 바다로 나가 평양성11)으로 향하였는데, 역시 바
  람을 만나 배가 대부분 표류하거나 침몰하였다. 가을 9월에 〔수
  의〕 군대가 돌아갔는데 죽은 자가 10명 중에 8~9명이었다. 왕
  역시 몹시 두려워하여 사신을 보내 사죄하고 표(表)를 올려 '요동
  (遼東)의 똥덩어리 땅[糞土]의 신하 모(某)'라 칭하였다. 황제가 그
  제서야 군사를 물리고 처음처럼 대하였다.12)
  夏六月 帝下詔 黜王官爵 漢王諒軍出臨渝關 値水潦 餽轉不繼 軍中
  乏食 復遇疾疫 周羅睺自東萊泛海 趣平壤城 亦遭風 舡多漂沒 秋九月
  師還 死者十八九 王亦恐懼 遣使謝罪 上表稱 '遼東糞土臣某.' 帝於是
  罷兵 待之如初 {『삼국사기』 「고구려본기」}

  이에 따르면 제1차 고수 전쟁은 고구려 영양왕의 선제공

---

10) 『자치통감』{서기 645년}에는 임유관이 한나라 때의 요서군에 있었다(漢遼
    西郡有臨渝縣)고 기록하고 있다. 북경 쪽에서 동쪽으로 임유관을 지나면 요
    택(遼澤)이 나온다.
11) 『자치통감』{서기 598년}에서는 "『수서』에 평양성이 동서 6리이고 산을 따
    라 굴곡이 졌으며, 남쪽으로 패수에 임하고 있다 했다 [隋書：平壤城東西六
    里, 隨山屈曲, 南臨浿水。杜佑曰：平壤城則古朝鮮國王險城也]"고 한다.
12) 이 기록에서 영양왕이 '요동의 똥덩어리 땅의 신하 모(某)'라 했다는 기록
    은 『수서』의 기록을 그대로 전재한 것이다. 따라서 제1차 고수 전쟁에서 대
    승한 고구려가 수나라의 신하를 칭했다는 것은 고구려를 모욕하는 일로 믿
    을 수 없다.

격으로 시작되었다. 그런데 수나라의 30만 대군 중 육군은 장마와 군량부족, 전염병, 그리고 수군은 풍랑을 만나 배가 침몰하여 불가항력으로 자연의 힘에 의해 자멸한 것처럼 기록되었다. 그러나 양량의 군대는 요수를 건너기도 전에 요택에 들어가 군량 공급도 받지 못하고 고구려군에게 철저히 도륙되어 30만 중 90%에 가까운 군대가 전멸하기에 이르른 것으로 분석된다. 이에 대해서는 『구당서』'고구려조'에 당 태종이 요택에 이르러 수나라 군사들이 요수를 건너려다 때를 잘못 만나 종군 병사들의 해골이 산야에 널려 있는 것을 보고 이를 수습하는 조주를 내렸다는 기록이 있다.

아울러 『자치통감』{서기 599년}에 한왕의 참모인 고경(高熲)이 황제가 군권을 그에게 맡기자 양량이 나이가 어리다는 이유로 그가 말하는 것을 대부분 채용하지 않았다고 한다. 이에 양량은 전쟁에서 패전 후 돌아오자마자 황후에게 울면서 말하였다. "저는 요행히 고경에게 죽는 것을 모면하였습니다." 이를 통해 고경이 아주 수비적으로 전투에 임했으며, 양량을 철저히 무시하고 독단적으로 군을 움직임으로써 10%의 병력이나마 고구려군의 공격으로부터 살아남게 할 수 있었다는 것을 알 수 있다.

이상의 각종 기록에서 전쟁의 중요 지점인 요서, 요동, 요수, 평양성, 요택 등이 등장한다. 그런데 제1차 고수 전쟁에서는 요동과 요서, 요수의 위치를 알 수 있는 추가 기록이 나타나지 않는다. 그런데 『삼국사기』「고구려본기」와 『자치통감』「수기5 양제 대업 7년{611년}」에 따르면 611년 2월에 수양제는 다시 고구려 토벌을 선언하는 조서를 내렸다. 그리고 『삼국사기』「고구려본기」에 나타난 것처럼 같은 해 4월에 탁군{涿郡, 현재의 탁주시}에 병력을 집결시킨다. 그리고 탁군에 임삭궁(臨朔宮)이라는 행궁(行宮)을 설치한다. 수양제는 이미 서기 608년에 고구려 침략을 위한 군수물자의 운반을 위해 낙양에서 탁군 일대까지 영제거(永濟渠)라는 운하를 건설한 상태였다.

> [22년{서기 611년}] 여름 4월에 거가가 탁군(涿郡)의 임삭궁(臨朔宮)에 이르자, 사방의 군사가 모두 탁군에 모였다.
> 夏四月 車蓋至涿郡之臨朔宮 四方兵皆集涿郡.

서기 612년 수양제는 아래의 『삼국사기』「고구려본기」에 기록된 바와 같이 고구려 침공을 알리는 조서를 반포하고 출정하였다. 모두 113만 명에서 200만 명에 달하는 병력이 출동하였으며, 군량을 나르는 자는 그 두 배에 달하였다고 하니 현대 이전의 세계 전쟁사에서 이처럼 많은 군대가 동원된 경우를 찾아볼 수 없을 정도였다.

> 23년(612) 봄 정월 임오에 황제가 조서를 내려 말하기를, "고구려의 작은 무리들이 혼미하고 공손하지 못하여 발해와 갈석 사이에 모여 들면서 요(遼)·예(濊)의 경계를 자주 잠식하였다. … 지금 마땅히 법령을 내려 행군을 시작하고 군대를 나누어 [정해진] 길에 이르는데, 발해를 덮어 우레와 같이 진동하고 부여를 지나면 번개같이 쓸어버릴 것이다. 방패를 나란히 하고 갑옷을 살피며 군사들

에게 경계하게 한 후에 행군하고, 세 번 영을 내리고 다섯 번 훈계하여 반드시 승리함을 기약한 후에 싸울 것이다. 좌(左) 12군은 누방, 장잠, 명해, 개마, 건안, 남소, 요동, 현토, 부여, 조선, 옥저, 낙랑 등의 길로 나아가고, 우(右) 12군은 점제, 함자, 혼미, 임둔, 후성, 제해, 답돈, 숙신, 갈석, 동이, 대방, 양평 등의 길로 나아가되, 진군을 멈추지 않고 길을 인도하여 평양에 모두 집결하라.”라고 하였다. 모두 1,133,800명인데 2,000,000명이라고도 일컬었으며, 군량을 나르는 자는 그 배가 되었다.

二十三年, 春正月壬午, 帝下詔曰 "高句麗小醜 迷昏不恭 崇聚勃·碣之間 荐食遼·濊之境. … 今宜授律啓行 分麾屆路 掩渤海而雷震 歷扶餘以電掃. 比干按甲 誓旅而後行 三令五申 必勝而後戰. 左十二軍 出鏤方·長岑·溟海·蓋馬·建安·南蘇·遼東·玄菟·扶餘·朝鮮·沃沮·樂浪等道 右十二軍 出黏蟬·含資·渾彌·臨屯·候城·提奚·踏頓·肅慎·碣石·東聰·帶方·襄平等道 絡驛引途 摠集平壤." 凡一百十三萬三千八百人, 號二百萬, 其餽輸者倍之.

수양제의 200만 대군은 매일 1군씩 40리 거리를 두고 진군하였는데, 40일 만에 모두 출발할 수 있었고, 선두와 후미의 북과 호각소리가 서로 들리고 깃발이 960리에 뻗쳤다고 한다. 이때까지 이렇게 거대한 군대가 동원된 전례를 찾아볼 수 없다. 북경 남쪽의 탁군에서 출발한 이 군대가 한반도의 평양으로까지 진군하는 일이 가능할까? 조선의 사신이 의주에서 북경까지 말을 타고 빠르게 오는데도 3개월 이상이 걸렸다고 하니 수양제의 군대가 한반도 평양으로 향했을 수가 없다. 그렇다면 요하의 동쪽까지 진군했을까? 그곳도 1개월 이상이 소요되는 거리이다. 그렇다면 대릉하 또는 난하? 그곳까지도 1,000리가 넘는다. 이러한 어마어마한 군대

를 출정시키고 수양제는 출발지에서 무운을 비는 제사를 지
냈다.

남쪽 상건수(桑乾水) 가에서는 토지의 신[社]에게 의제[宜]를 지냈
고, 임삭궁(臨朔宮) 남쪽에서는 상제(上帝)에게 유제[類]를 지냈으
며, 계성(薊城) 북쪽에서는 마조(馬祖)에게 제사를 지냈다.
宜杜於南桑乾水上 類上帝於臨朔宮南 祭馬祖於薊城北.

북경에서 1,000리 떨어진 난하 일대로 군대를 보내고 북
경 일대의 상건하(=영정하)에서 제사를 지내는 것이 상식적
으로 이해가 가는 행동인가? 즉 부산에서 서울로 진격하는
군대를 위해 부산에서 제를 지낸다는 것이 타당할 수 없는
것이다. 수양제의 군대는 바로 조백하, 즉 조선하 너머의 고
구려를 공격하기 위해 출발한 것이다.
 이뿐만 아니라 당태종의 고구려 침공군의 집결지도 북경
남쪽의 계(薊)[13]와 인근한 유주(幽州)인 것으로 나타나고 있
다.『자치통감』과『삼국사기』「고구려본기」'보장왕조'에는
다음과 같이 기록되어 있다.

[3년(644) 11월에] [여러 군대가] 유주(幽州)에서 대대적으로 집
결하였다. … "고구려의 [연]개소문은 군주를 시해하고 백성을 학
대하므로, 인정상 어찌 참을 수 있겠소? 이제 유주(幽州)와 계주
(薊州)를 순행하고, 요동[遼]과 갈석[碣]에서[14] [연개소문의] 죄를

---

13) 백도백과 검색에 따르면 "계현고성은 지금의 북경시 서남쪽(대흥구, 大興
   區)에 있다.[薊县故城在今北京市区西南部 (大兴区)]"고 한다. 현재 계현
   (薊縣)은 천진시 북쪽으로 위치가 이동되어 있다.
14) 문죄요갈(問罪遼碣)에서 요갈은 요동과 갈석으로 해석하는 것이 타당하다.

묻고자 하니, 지나는 곳의 군영에서 낭비가 없도록 하시오.”
大集於幽州 … “以高句麗蓋蘇文弑主·虐民 情何可忍 今欲巡幸幽·薊
問罪遼·碣 所過營頓 無為勞費.”

여기서 유주는 현재의 북경시로 비정되며, 계는 계현을 가
리키는 것으로 북경 서남쪽의 탁주 인근으로 비정된다.[15]
『한서』「지리지」에는 연나라 땅 중 “계현(薊縣)은 남쪽으로
제(齊), 조(趙)나라와 통하고 발해와 갈석 사이에 있는 큰 도
회(都會)였다.”고 기록하고 있다. 따라서 수양제가 출발한 탁
군보다 약간 북쪽에 위치한 것으로 파악된다. 수양제 군대와
당태종 군대가 고구려를 침공하기 위해 탁군과 유주, 계주에
집결한 이 사실만으로도 요수의 위치를 찾을 수 있다. 당태
종의 군대는 유주에서 집결한 이후 벌써 그 인근에서 공성용
사다리인 운제와 충격으로 성벽을 깨뜨리는 충차를 제작한
다. 북경에서 이를 끌고 난하나 대릉하 또는 요하, 심지어 한
반도 평양까지 끌고 간다는 것이 성립가능한 일인가?

〔3년(644) 11월에〕 {여러 군대가} 유주(幽州)에서 대대적으로 집
결하였다. 행군총관(行軍摠管) 강행본(江行本)과 소감(少監) 구행
엄(丘行淹)을 보내 먼저 많은 장인(匠人)을 감독해 안라산(安羅山)

요수에서 고구려의 죄를 묻는다는 표현은 어색하므로 요동이 맞다. 이 경
우 요동은 요수의 동쪽, 즉 조백하의 동쪽이고, 갈석은 진황도시의 갈석산
을 가리키는 것으로 해석된다. 수양제의 우(右) 12군 중에 갈석이 있다. 연
나라 진개의 공격으로 조선이 창려 일대로 후퇴하면서 갈석산의 지명도 이
동한 것으로 분석된다.
15) 현재 계주는 북경 남쪽에서 북경 동쪽으로 지명이 이동되어 있는 상태이
다. 무종도 하북 보정시에서 북경 동쪽으로 지명이 이동되어 있다.

에서 운제(雲梯)와 충차(衝車)를 제작하도록 하였다. 이때 원근에
서 용사로서 병사 모집에 응한 자와 공성(攻城) 기계를 바친 자가
매우 많았는데, 황제가 직접 증감하고, 그 중에서 편리한 것을 취
하였다.

大集於幽州 遣行軍總管江行本·少監丘行淹 先督衆士 造梯·
衝於安羅山 時遠近勇士應募及献 攻城噐械者 不可勝数 帝皆親加損益 取
其便易

무엇보다, 수나라와 당나라가 고구려를 침공하기 위해 탁
군이나 유주, 계주에 병력을 모이도록 한 것은 그곳에서 공
격대상인 고구려가 가까운 곳에 위치하고 있었기 때문이라
는 사실을 보여준다. 탁군은 아래의 [그림 6]에 나타난 바와
같이 북경시와 하북성 보정시 사이에 위치한다. 바이두 지도
를 확대해 검색해보면 탁군 바로 너머에 상건수(桑乾水=桑
干河), 즉 영정하(永定河)가 흐르고 있다는 것을 알 수 있
다.16) 수나라, 당나라 군대는 탁군 인근에 위치한 영정하의
북쪽에 위치하고 있었던 것이다. 만일 공격 지점이 현재 한
반도의 평양이라면 탁군에 행궁을 설치하고 병력을 집결시
킬 하등의 이유가 없었을 것이다. 그보다 훨씬 더 먼 곳인 요
동반도 너머에 집결하는 것이 군사전략적으로 타당한 조치
이기 때문이다.

---

16) 백도백과에서 영정하의 흐름을 추적하면 상류 이름이 상간하(=상건수)라
   는 것을 알 수 있다. 영정하의 옛 이름 중 하나가 상간하이다.

[그림 6] 고수 전쟁 및 고당 전쟁 시 수당군의 집결지와 요수 위치 비정

[자료] 필자가 그림

    더구나 수양제는 탁군에 행궁을 설치함과 동시에 남쪽 상건수, 즉 영정하 가와 계성 북쪽에서 무운을 비는 제사를 지냈다. 현재 북경에서 요녕성 요양까지의 직선거리는 약 600km에 달한다. 산과 강을 구불구불 지나야 하는 고대 시대에는 실제 거리가 1,000km도 더 넘었을 것이라는 점은 쉽게 추정할 수 있다. 이는 서울에서 부산까지의 왕복 이동 거리 817km보다도 더 먼 곳이다. 만일 이곳에서 도보로 2,500리나 되는 요녕성의 요양을 공격하기 위해 이런 행동을 했다면 정상적 행위로 볼 수 없다. 서울과 부산의 왕복거

리보다 더 먼 곳에서 무운을 비는 제사를 지낸다는 것이 상식적으로 이해할 수 있는 행동인가?

이뿐만 아니라 수양제 이후 당태종은 탁군보다 북동쪽에 해당하는 유주, 계주에서 집결했다. 따라서 하북성 보정시 인근을 흐르는 역수(易水)나 영정하는 요수의 후보지가 될 수 없다는 것을 알 수 있다. 한반도의 평양은 고려의 대상조차 될 수 없다. 조선시대에만도 사신이 의주에서 중국 북경을 한 번 가는데 3개월 이상이 걸렸다고 하는데[17], 수양제나 당태종이 미치지 않고서야 한반도의 평양을 공격하기 위해 북경 일대에 군대를 집결시킨다는 것은 상상조차 불가능한 일이다. 조선 사신들이 북경을 다녀올 때에는 험한 길 때문에 목숨을 내걸었다고 한다. 이뿐만 아니라 현재의 요하(遼河)도 고려 대상이 될 수 없다. 아울러 고구려가 난하 건너편에 있었다면 탁군이 아니라 요동에 집결하는 것이 훨씬 타당한 선택으로 보여 난하도 요수가 될 수 없다. 이 경우 요수의 후보지는 조백하 하나로 압축되게 되는 것이다.

수양제의 군대는 좌 12군은 누방, 장잠, 명해, 개마, 건안, 남소, 요동, 현토, 부여, 조선, 옥저, 낙랑으로, 그리고 우 12군은 점제, 함자, 혼미, 임둔, 후성, 제해, 답돈, 숙신, 갈석, 동이, 대방, 양평 등의 길로 가되 모두 평양에 집결하도록 하였다. 『한서』 「지리지」의 기록과 비교해보면 이들 공격 지점

---

17) 추사 김정희가 의주에서 심양을 거쳐 연경까지 가는데 1,600km가 넘어 100여 일이 소요되었다고 한다. 그나마도 이는 말을 타고 매우 빠르게 이동한 경우에 해당한다.

은 건안, 남소, 부여, 옥저, 숙신, 갈석 등을 제외하고는 절대 다수가 낙랑군과 요동군, 현토군에 집중되어 있다는 것을 알 수 있다. 현토군의 치소인 옥저, 그리고 말갈족의 땅인 숙신의 경우도 평양성 인근 지역에 위치한 것으로 비정된다. 부여는 현토군의 북쪽에 있다. 건안, 남소도 모두 요동에 있었다. 이를 통해 수나라 군대의 목표 지점인 평양성이 이 안에 있다는 것을 알 수 있다. 요서군이나 어양군, 우북평군은 공격 목표에 설정된 곳이 하나도 없다. 따라서 요서군, 우북평군, 어양군은 고구려의 강역이 아니었다는 사실을 확인할 수 있다.

정리하면 수양제와 당태종의 고구려 침략군은 북경 남서쪽에 집결하여 요택을 지나 요수를 건너고자 하였던 것이다. 요수 건너에 고구려의 요동, 낙랑, 현토가 위치하고 있었기 때문이다. 제2차 고수 전쟁 시 수나라군은 영정하 일대의 탁군에 집결하였고, 당태종 군대는 유주와 계에 집결하였다. 따라서 영정하나 역수는 요수가 될 수 없다. 그리고 난하도 군사전략적 관점에서 요수의 후보지가 될 수 없다. 요하나 한반도의 대동강은 거론의 대상조차 될 수 없는 것이다. 이러한 군사전략적 집결지의 위치 하나만으로도 요수는 조백하(潮白河)를 가리킨다는 것을 알 수 있다.

이뿐만 아니라 사서의 기록에 나타난 강물의 길이도 모두 상이한데, 이를 통해서도 조백하가 대요수라는 사실을 보여준다. 백도백과 검색 결과에 따르면 영정하 747킬로, 조백하 467킬로, 난하 888킬로, 요하 1,345킬로, 압록강은 926 킬로이다. 그런데『한서』「지리지」'요동군'에 "망평, 대요수 가 요새 밖을 나와 남쪽으로 안시에 이르러 바다로 들어가는 데 1,250리를 흐른다.[望平, 大遼水出塞外 南至安市, 入海 行 千二百五十里]"고 했다. 중원의 고대 1리의 길이가 지금보다 약간 짧았다는 점을 감안하면 영정하는 약 1,900리에 달하 고, 조백하 약 1,200리, 난하 2,200~2,300리, 요하 3,400 리, 압록강은 2,300~2,400리에 달한다. 따라서『한서』「지 리지」의 대요수 길이와 가장 유사한 강은 조백하라는 것을 알 수 있다. 난하는 중간에 여러 강물이 유입하지만 난하 그 자체의 길이는 대요수와는 거리가 멀다는 것을 알 수 있다.

또한 조백하와 더불어 가장 강력한 요수의 후보지인 난하 가 요수가 될 수 없는 이유는 난하 하류의 물색이 검은색이 라는 것이다. 난하의 옛 이름은 목욕물(澡)을 뜻하는 난수 (澡水)였는데, 이는 난하의 발원지에 온천이 많아서 붙여진 이름이라고 한다. 난하가 흐르는 승덕시 일대는 청나라 황제 들이 즐겨 찾던 휴양지이다. 박지원이 쓴『열하일기』의 열하 (熱河)가 바로 난하를 가리킨다. 백도백과에 따르면 난하의 중하류{발해에서 600~700리 지점}에서 청룡하가 유입되는 데, 청룡하의 옛 이름은 칠수(漆水)로서 물색이 검다고 한다. 그런데 요수는 물색이 오리머리(鴨頭) 색이어서 압록수라고 불리웠다. 압두는 아주 맑은 푸른색이다. 따라서 난하의 물 색은 요수와 거리가 멀다.

끝으로, 난하가 요수(=패수)라고 한다면 연나라 진개의 조선 침공으로 조선이 난하 너머로 밀려난 이후 위만조선 시기에 요동이 너무 멀어 패수를 경계로 하여 서쪽으로 이동한 사실을 설명할 수 없다. 조선은 진개의 공격시 1,000리 떨어진 곳(『사기』「흉노열전」의 기록), 땅으로는 방(동서 길이 + 남북 길이) 2,000리(『삼국지』'한조'가 인용한 『위략』의 기록)를 빼앗기고 하북성 창려현 일대로 후퇴했다. 이후 준왕이 위만에게 나라를 빼앗겼는데, 위만은 조선의 강역을 최대한 확장시켰다.

사서의 요수와 패수 관련 기록

진개의 공격으로 하북성 창려현 일대로 조선세력이 밀려난 이후 연나라는 조양(造陽)에서 양평(襄平)에 이르는 장성을 쌓았다. 연장성은 연산산맥(燕山山脈)을 기초로 한 것이다. 연장성 내부를 흐르는 강은 조백하가 유일하다. 따라서 요서와 요동을 가르는 요수는 백하와 만나는 조백하(潮白河)를 가리킨다는 것을 알 수 있다. 조백하는 조하(潮河)와 백하(白河)라는 두 강물이 합쳐진 이름이다. 송나라 때 관찬병서인 『무경총요(武經總要)』전집(前集) 권26하 「북번지리」'연경주군12'에는 "동북쪽으로 백서하를 지나 70리를 가면 단주에 도달하는데 … 조선하를 지나 90리를 가면 고북하구에 도달한다.[東北過白嶼河七十里至檀州 … 過朝鮮河九十里, 至古北河口]"고 적고 있다. 『구당서』「지리지」에는 "단주는 후한 때 사해현이며, 어양군에 속한다.[檀州後漢虒奚縣 屬漁陽郡]"고 했다. 즉 단주는 어양군에 속하므로 북경 동북쪽을 가리키고, 이곳으로 조선하, 즉 조하(潮河)가 흐르고 있다는 것을 알 수 있다(심백강, 2021: 19~39). 아울러 현 북경의 동북쪽 밀운의 북쪽 조하의 상류에 고북구(古北口)가 위치해 있다.

『사기』「조선열전」에는 "한(漢)나라가 일어났으나 너무 멀어 지키기 어렵기 때문에 요동의 옛 요새를 다시 수리하고 패수(浿水)에 이르러 경계로 삼아 연에 속하게 했다"고 기록하고 있다. 이 때의 요새는 연나라가 차지했던 연산산맥 서쪽에 위치한 곳이라는 것을 알 수 있다. 한나라 시대에는 요동 지역을 포기하고 패수로 경계를 삼았다. 패수가 한나라와 조선의 경계가 된 것인데, 이때 패수는 요동과 요서를 가르던 대요수, 즉 조백하를 가리킨다는 것을 알 수 있다.

두우의 『통전(通典)』 기록에 따르면, 연의 장성이 시작되는 조양은 상곡군성(上谷郡城)이 있었던 회융현(懷戎縣)이고, 전한 시대의 반현(潘縣)이다.

진 태강지지에서 말하기를 북지군에서 북쪽으로 900리 가면 오원새에 이르고, 또 북쪽으로 900리 나가면 조양에 이른다는 곳이 바로 이곳이다. 『사기』에서 말하길 연나라는 조양에서 양평까지 장성을 쌓고 상곡군, 어양군, 우북평군, 요서군, 요동군을 두어 동호에 대비하였다. 위소가 말하길 조양은 상곡군에 있다고 하는데 어느 것이 옳은지 모르겠다.
晉太康地志 自北地郡北行九百里得五原塞 又北出九百里得造陽即此

史記云 燕亦築長城 自造陽至襄平 置上谷漁陽右北平遼西遼東郡以備
胡 韋昭云 造陽地在上谷 未詳孰是

그리고 『한서』 「지리지」와 『사기색은』의 위소 주에서도 양평은 요동군의 치소였던 것으로 기록되어 있다. 『한서』 「지리지」에서는 요동군 양평에 목사(牧師)라는 관이 있다고 했다. 이에 따르면 조양과 양평의 지역은 각각 상곡군과 요동군의 속현임을 알 수 있다. 양평과 요양은 인근 지역에 위치하고 있었다. 수양제의 군대는 요수 건너편에 있는 요동성에 집결한다. 그리고 요동성을 포위하였는데, 이곳에서만 몇 달의 시간을 소요했다.

그런데 『한서』 「지리지」를 보면 양평(襄平)과 요양(遼陽)은 모두 요동군에 속하고 있다. 안시(安市)도 요동에 위치하는 것으로 나타나 안시성도 고대 요동군에 있었다는 것을 알 수 있다.

요동군, 진나라가 설치하였다. 유주에 속한다. 호구 수가 5만 5,972개이고 인구는 27만 2,539명이다. 현은 18개이다. (속현으로는) 양평(襄平), 목사(牧師)라는 관이 있다. … 망평(望平), 대요수(大遼水)는 새외에서 발원해 남쪽으로 흘러 안시(安市)에 이르러 바다로 흘러 들어가는데, 1,250리를 흘러간다. … 요양(遼陽), 대량수(大梁水)는 서남쪽으로 흘러 요양에 이르러 요수 아래(遼下)로 흘러 들어간다. 험독(險瀆) [사고(師古)가 말했다. "조선왕 만(滿)의 도읍이다. 물의 험난함에 의지하고 있어 험독이라고 부른 것이다." 신찬이 말했다. "왕험성은 낙랑군 패수(浿水)의 동쪽에 있기 때문에 이로 인해 험독이라 한 것이다."] … 안시(安市). … 서안평(西安平) …

[그림 7] 수양제와 당태종 군의 집중 공격 대상지인 요동의 양평과 요양

자료: 필자가 그림

 이뿐만 아니라 『한서』 「지리지」 '현토군조'에 고구려가 현토에 속한 것으로 나온다. 즉 "고구려(高句麗), 요산(遼山)은 요수(遼水)의 발원지이며 서남쪽으로 흘러 요수(遼隧)에 이르러 대요수(大遼水)로 흘러 들어간다."고 했다. 고구려는 평양성이 위치한 곳으로 요동 북쪽의 현토군에 속하였던 것이다. 『수서』 '고구려조'에는 "국도는 평양성으로 장안성이라고도 하는데, 동북 6리이고, 산을 따라 굴곡이 지고 남쪽이 패수에 닿아 있다.[都於平壤城 亦曰長安城 東北六里 隨山屈曲, 南臨浿水]"고 했다. 위의 기록을 살펴보면 요산에서 요수

가 발원하며, 평양성의 남쪽이 패수이므로 요산에서 발원한 요수가 고구려 평양성 남쪽으로 흐르는 강은 패수로 달리 불렀다는 것을 알 수 있다. 그리고 『사기』「조선열전」에 따르면 한(漢)나라에서는 요동이 너무 멀어 지키기 어려워 요수를 패수라 하여 조선과의 경계로 삼았던 것이다.

그리고 요동성은 요수 건너편의 양평 남쪽에 위치한 성이므로 위의 [그림 7]과 같이 조백하, 즉 요수 바로 건너편에 위치하고 있었다는 것을 알 수 있다. 『독사방여기요』에서도 "한의 양평과 요양 두 현은 요동군에 속한다.[漢襄平遼陽二縣地 屬遼東郡]"고 했다. 따라서 한의 양평은 연장성의 동단인 양평과 같은 곳으로 연산산맥 내에 위치하고 있었다는 것을 알 수 있다.

정리하면, 고구려는 한나라 시기의 요동, 낙랑, 대방, 현토를 모두 장악하고 있었다. 이 지역은 고죽국이 있었던 고대 요동의 당산시(唐山市)[18]와 노룡현(盧龍縣)의 서쪽에 해당한다. 요수는 연산산맥(燕山山脈)을 관통하여 남쪽으로 흐르는 강이다. 『주서(周書)』, 『북사(北史)』, 『수서(隋書)』, 『신당서(新唐書)』에서는 고구려 평양성(平壤城)의 남쪽에 패수(浿水)가 있다고 했다. 『수서』「설세웅전(薛世雄傳)」에는 요동 전

---

18) 백도백과 검색결과에 따르면, 하북성 "당산(唐山)은 당태종 이세민이 고구려를 동정할 때 거가를 멈추고 주둔했다는 데서 그 이름을 얻은 것이다.[唐山因唐太宗李世民東征高句麗駐蹕而得名]"라고 했다. 북경을 출발한 이세민은 당산의 안전지대에서 상당 기간 숙박을 한 것으로 파악된다. 그냥 잠시 머물렀다면 지명으로 불리우지 않았을 것이다. 후대의 당나라 침략군들이 고구려 침공에 성공한 이후 당태종을 위해 지어준 지명으로 분석된다.

투의 장수 중 한 명이었던 설세웅이 평양성에서 대패한 후 백석산(白石山)에서 고구려군에게 포위되어 가까스로 살아 돌아갔다고 기록하고 있다.

요동전투에서 설세웅을 옥저도군장으로 삼았는데, 우문술과 함께 평양에서 대패했다. 백석산으로 돌아오는데, 적{고구려군}에게 백 여 겹으로 포위되어 사방에서 비오듯 화살이 날아왔다. 설세웅은 수척해진 군사들을 방진으로 삼아 힘찬 기병 이백 명을 선발하여 먼저 돌격하니 적이 잠시 물러났다. 이로 인해 남북방으로 공격하 여 끝내 깨뜨리고 돌아왔다.
遼東之役　以世雄爲沃沮道軍將　與宇文述同敗績于平壤　還次白石山
爲賊所圍百餘重　四面矢下如雨　世雄以羸師爲方陣　選勁騎二百先犯之
賊稍却　因而縱擊　遂破之而還

『자치통감』「수기5 양제 대업 6년{서기 612년}」에서도 설 세웅에 대해 "살수에서 패배하자 고려{고구려}는 추격하여 설세웅을 백석산(白石山)에서 포위하니 설세웅은 분발해 공 격하여 그들을 깨뜨렸는데, 이 일로 말미암아 홀로 관직만 면제될 수 있었다."고 기록하고 있다. 여기서 백석산은 하북 성 보정시에 위치한 산이다. 평양성 전투에서 패배한 수나라 군이 보정시 일대로 후퇴했는데, 여기서 고구려군에게 겹겹 이 포위되었다는 것을 알 수 있다. 따라서 평양성은 하북성 보정시에서 멀지 않은 곳에 위치하고 있었다. 평양성이 위치 한 패수 일대는 위만이 패수를 건너 조선으로 왔기 때문에 이를 중원과 조선의 국경으로 보기도 한다. 패수는 요수, 즉 조백하를 가르키는 것으로 분석된다. 백도백과에 따르면, 조백하는 중국의 5대강 중 하나로 상류에 조하와 백하가 있으며, 길이는 467킬로이다.

조백하는 중국의 해하 수계 5대강 중 하나다. 상류에는 두 개의 지류가 있다. 조하는 하북성 풍녕현(豐寧縣)에서 발원하며 남쪽으로 고북구를 거쳐 밀운저수지로 들어간다. 백하는 하북성 고원현에서 나와 흑하와 양하 등을 거쳐 동남쪽으로 밀운저수지로 흘러든다. 저수지를 나와 조하와 백하는 밀운구 하조마을에서 합류해 조백하로 불리운다. 하북성, 북경시, 천진시 등 3개의 성시를 관통한다. 하북성 향하현 이하는 1950년 굴착된 조백신하이다, 영차고 댐에 이르러 영정신하로 유입해 바다로 들어간다. 전체 길이는 467km이고 유역 면적은 1만9354㎢다.
潮白河 中国海河水系五大河之一. 上游有两支：潮河源于河北省丰宁县, 南流经古北口入密云水库. 白河源出河北省沽源县 沿途纳黑河 汤河等 东南流入密云水库. 出库后 两河在密云区河槽村汇合始称潮白河. 贯穿河北省 北京市 天津市三省市. 河北省香河县以下为1950年开挖的潮白新河 至宁车沽闸入永定新河入海. 全长467公里 流域面积19354平方公里.

이뿐만 아니라 『한서』 「지리지」 '낙랑군'에 조선, 대방[19], 패수(浿水) 등이 위치하고 있다. 낙랑군은 요동군의 남쪽인 당산 일대에 위치하였다는 것을 알 수 있다. 조백하가 바로

19) 『한서』 「지리지」 '낙랑군'에 "함자현, 대수(帶水)가 서쪽으로 대방현에 이르러 바다로 들어간다.[含資, 帶水西至帶方, 入海]"고 했는데 이때 대수는 현재 하북성 당산시 남쪽의 천진시 영하구(寧河區)를 거쳐가는 계운하(薊運河)로 비정된다. 대수는 물 흐름이 띠 모양을 이룬다고 해서 붙여진 이름인데, 바이두 지도에서 검색한 계운하의 흐름은 전형적인 띠 모양을 나타내고 있다. 서울 한강은 띠 모양이 아니므로 대수라고 부를 수 없다.

중원세력과 고구려 및 조선 세력의 국경선이었던 것이다. 요수 인근에 양평성이 있고, 요양도 요수 부근에 있었다고 했다. 『자치통감』과 『삼국사기』 「고구려본기」에 따르면 한의 양평성이 바로 요동성이다. 그리고 요양현은 한나라 때의 패수현이라고 불렀던 것으로 나타난다. 이상의 기록을 종합하면 요수가 곧 패수라는 것을 알 수 있다.

요수와 요택의 위치 비정

수나라와 당나라군은 요수 너머의 고구려를 공격하려 할 때 왜 탁군 또는 유주 계현에 집결해야만 했을까? 그것은 천진 일대에 거대한 요택이 형성되어 탁군 이남으로는 요수로 접근하기조차 어려웠기 때문이다. 지금의 천진 일대로는 요수만이 아니라 황하, 영정하, 역수(易水), 호타하(滹沱河) 등이 모두 유입되고 있었다. 수많은 물줄기가 집중되면서 천진 일대에는 거대한 요택이 형성되어 있었던 것이다. 이뿐만 아니라 조백하도 수많은 물줄기가 합류하여 섣불리 여러 물줄기를 건너려 하다가는 고구려군의 매복에 당할 수밖에 없는 조건이었다. 따라서 수당 고구려 침략군들이 요수를 건너려면 요택을 건너야만 했다. 그런데 『한원』 「고{구}려조」에 따르면 요택에서는 『한서』에서 말하는 신기루 현상이 발생했다고 한다.

『신당서』 '고구려조'와 『구당서』 '고구려조', 『삼국사기』 「고구려본기」 등에 기록된 당태종의 고구려 침공 기사를 보면 요수와 요택이 바로 인근에 있었다는 것을 알 수 있다. 먼저, 『구당서』와 『신당서』 '고구려조'에 당태종이 요택에 들어서며 1차 고수 전쟁 희생자들의 유해를 묻어준 기사가 나타난다. 이는 당태종이 직접 전투 현장에 도달하기 이전의 유주에서 요수를 건너기 전에 해당한다.

> {당}태종은 요택(遼澤)에 이르러, "지난날 수(隋)의 군사가 요수(遼水)를 건널 적에 때를 잘못 타서, 종군한 사졸들의 해골이 온 산야에 널렸으니, 참으로 슬프고 한심하다. 해골을 덮어 주는 의리가 무엇보다 우선되어야 하니, [그들의 해골을] 거두어 묻도록 하라."는 조주(詔書)를 내렸다.
> 帝次遼澤, 詔曰:「頃者隋師渡遼 時非天贊 從軍士卒 骸骨相望 偏於原野 良可哀歎 掩骼之義 誠爲先典 其令並收瘞之.」{『구당서』고구려조}

> [貞觀]19년(서기 645년) 4월에 [이]적이 요수(遼水)를 건너니, 고려{고구려}가 모두 성을 에워싸고 지켰다. 태종은 군사들을 크게 위무(犒饋)한 다음 유주(幽州) 남쪽에 장막을 치고, 장손무기에게 조서를 내려 {장병들의 전투의지를 고취시키는} 서사(誓師)를 행하게 한 뒤, [군사를] 이끌고 동쪽으로 향했다. [이]적이 개모성(蓋牟城)[20]을 쳐 함락시켜 20,000호와 식량 100,000석을 얻고, 그 땅을 개주(蓋州)로 삼았다. 정명진은 비사성(沙卑城)을 공격하는데, 밤에 그 서쪽으로 침입하자 성이 궤멸되었다. 8,000명을 사로잡아, 군사를 이끌고 압록수(鴨淥水) 위에서 대기하고 있었다.

---

[20] 개모성은 개마(蓋馬)와 별개의 지역에 위치한 성으로 보아야 할 것이다. 『한서』「지리지」 '현토군'에 고구려, 서개마 등이 있으며, 『후한서』와 당나라 이현의 주석 등에 따르면 개마는 현토군(玄菟郡)의 현 이름으로 개마대산은 지금의 평양성 서쪽에 있다고 했다. 당태종 시기에 이적은 평양성 인근의 성을 함락시킨 것이 없다. 따라서 개모와 개마는 서로 다른 지역이다. 개모성은 요동성 남쪽에 위치한 것으로 요수를 건너면 바로 맞닥뜨리는 성으로 비정된다.

[이]적이 드디어 요동성(遼東城)을 포위하였다. 태종은 요택(遼澤)에 머물며, 조서를 내려 [들판에] 널려 있는 수나라 전사의 해골들을 묻게 하였다.

[貞觀 十九年(서기 645년)]四月 勣濟遼水 高麗皆嬰城守 帝大饗士帳幽州之南 詔長孫无忌誓師 乃引而東 勣攻蓋牟城 拔之 得戶二萬 糧十萬石 以其地爲蓋州. 程名振攻沙卑城 夜入其西 城潰 虜其口八千 游兵鴨淥上. 勣遂圍遼東城 帝次遼澤 詔瘞隋戰士露骼. {『신당서』 고구려조}

『수서』 '고구려조'와 『삼국사기』 「고구려본기」에 따르면 제1차 고수 전쟁에서 고구려를 침공하려 했던 수문제의 30만 대군은 요수를 건너기도 전에 요택에서 고구려군에게 80~90%의 군대가 궤멸한 것으로 나타난다. 당태종의 거가의 이동을 보면 5월 3일에 요택에 도착하였다. 『자치통감』 「당기 13 태종정관 19년{서기 645년}」에는 다음과 같이 기록되어 있다.

경오일(3일)에 거가는 요택(遼澤)에 도착하였는데, 진흙 벌판이 200여 리여서 사람과 말이 왕래할 수 없었다. 이에 장작대장 염입덕이 흙을 덮어서 다리를 만들어 군사들은 지체하지 않고 행군하였다. 임신일(5일)에 요택의 동쪽을 건넜다. 정축일(10일)에 거가가 요수를 건너자 다리를 철거하여 병사들의 마음을 굳건히 하게 하고 마수산에 군진을 세웠다.

庚午 車駕至遼澤 泥淖二百餘里 人馬不可通 將作大匠閻立德布土作橋 軍不留行 壬申 渡澤東 丁丑 車駕度遼水 撤橋以堅士卒之心 軍於馬首山

　당태종의 거가는 4월 10일에 유주(북경)에서 출발하여 5월 3일에 요택에 도착하였다. 그리고 병사들에게 요택에 널려 있는 수나라 병사들의 해골을 수습하도록 하고 자신은 요택을 거쳐 요수를 건넜다. 제1차 고수 전쟁시 수나라군도 요택을 건넜고, 제2차 고수 전쟁에서도 요택을 건넌 것으로 보인다. 그리고 당태종도 진흙 벌판 200리의 요택에 당도하여 이곳을 지나갔다. 이때는 이미 이세적의 군대가 요동성을 포위하고 있던 상황이었다. 따라서 고구려군의 매복 공격을 대비하지 않고 곧바로 5월 5일에 요택의 동쪽(澤東)을 건넌 것으로 기록되어 있다. 당태종의 고구려 침략시 진군 과정과 일정은 다음과 같다.

3월 9일 당태종 정주 도착
4월 10일 유주 출발
4월 20일 북평 도착
5월 3일 요택 도착
5월 5일 요택 동쪽 건넘
5월 10일 요수 도강
5월 17일 요동성 함락
6월 11일 요동 출발
6월 20일 안시성 도착
7월 5일 군영을 안시성 동쪽 고개로 이동
7월 10일 군영을 안시성 남쪽으로 이동
7월 ~ 9월 60일간 안시성 공격용 토산 축성
9월 18일 퇴군 결정

『자치통감』에는 5월 5일에 당태종이 도택동(渡澤東)했다고 기록했다. 이는 요택의 동쪽을 건넜다는 것을 나타낸다. 그런데 이를 요택을 완전히 벗어난 것으로 해석하기에는 무리가 있다. 왜냐하면 요택이 진흙벌판 200리에 달한다고 했기 때문이다. 물론 당나라군 이세적이 요동성을 포위하고 있었기 때문에 요택을 건너는 과정에서 고구려군의 공격을 받지 않은 것으로 분석된다. 이 경우 최단거리로 요택을 건널 수 있다. 그럼에도 제1차 고수 전쟁 당시 수나라 군대가 지나간 요택을 당태종도 거쳐 간 것으로 나오므로 이틀만에 요택을 건넜다고 보기 어렵다.

병사들이 하루에 행군하는 거리를 1사(舍)라고 하는데 30리이다. 따라서 당태종이 말을 타고 이동한다고 하더라도 진흙에 흙다리를 만들며 건넜을 것이므로 요수에 당도하기까지는 더 많은 시간이 소요되었을 것이다. 거가는 5월 10일에야 요수를 건넌 것으로 나타난다. 따라서 요택과 요수를 건너는데 7일이 소요된 셈이다. 이는 요택이 건너기 험난하다는 점을 고려하면 요택을 건너면 곧바로 요수가 나온다는 것을 나타낸다. 요택과 요수는 바로 인접한 곳에 위치하고 있었던 것이다. 더구나 요수를 건너자마자 요동성 공격에 참여한 것으로 보아 요택-요수-개모성-요동성은 바로 인근 지역들이라는 것을 알 수 있다([그림 8] 참조).

[그림 8] 요수와 요택의 위치 비정

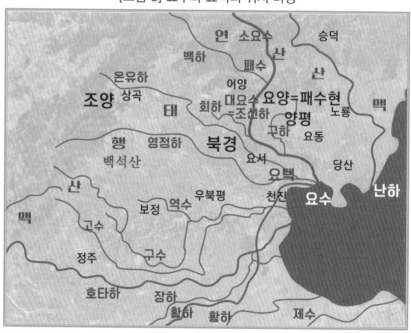

요택은 200리에 달하는 진흙 벌판을 가리키는 것으로 대릉하 하류에 이러한 요택이 형성될 수 없다는 것은 누구나 알 수 있다. 더구나 군사전략적으로 대릉하 하류의 요택을 건너 요녕성 요양으로 진군하려고 유주나 탁군에 군대를 집결시키는 지휘관이 있겠는가? 최근 러시아 푸틴이 우크라이나를 침공할 때에도 탱크부대를 국경지대에 총집결시킨 것을 보면 군대 집결지는 적과 가장 가까운 안전지대여야 마땅하다. 만일 요택이 대릉하 하류에 있었다면 응당 난하 동쪽에서 집결하여 이동하는 것이 타당하다.

당태종이 안시성 전투에서 패전한 이후 퇴군하는 과정에

서도 요택과 요수의 위치를 파악할 수 있는 내용이 등장한다. 『자치통감』의 기록에 따른 당태종 군의 퇴군 과정과 일정은 다음과 같다.

9월 18일 안시성에서 당태종의 퇴군 결정
9월 20일 요동 도착
9월 21일 요수 도강
9월 21일 요택 도착
10월 1일 요택의 한 가운데인 포구와 발착수를 건넘
10월 11일 영주 도착. 유성 동남쪽에서 제사
10월 21일 임유관 통과
11월 7일 유주 도착
11월 16일 역주(易州) 경계 통과
11월 22일 정주 도착

『자치통감』「당기14 태종 정관 19년{서기 645년}」의 기록에 따르면 당태종은 9월 18일에 안시성에서 철군을 결정한 뒤 20일에 요동에 이르렀고, 21일에 요수를 건넜다.

을유일(20일)에 요동에 이르렀고 병술일(21일)에 요수를 건넜다. 요택은 진흙벌판이어서 수레와 말이 통행하지 못하자 장손무기에게 명령하여 1만 명을 거느리고 풀을 잘라서 길에 메우도록 하였고, 물이 깊은 곳에는 수레를 교량으로 삼았는데, 황상은 스스로 나무를 말의 안장걸이에 묶어서 일을 도왔다. 겨울, 10월 초하루 병신일에 황상이 포구(蒲溝)에 이르러서 말을 세우고 도로를 메운 여러 군사들을 독려하여 발착수(渤錯水)를 건너게 하는데[포구와 발착수는 모두 요택의 한 가운데에 있다.], 폭풍 속에 눈이 내리니 사졸들은 옷이 적어서 많은 사람이 죽자 칙령을 내려서 길에다 불을 지피면서 그들을 기다렸다. … 병오일(11일)에 영주(영주는 낙양에서 2910리 떨어져 있다.)에 도착하였다.21) 조서를 내려서 요동(遼東)에서 사망한 사졸들의 해골을 유성(柳城)의 동남쪽에 모아 놓게 한 후 유사에게 명령하여 대뢰(大牢)를 마련하게 하고 황상은 스스로 글을 지어서 제사를 지내고 곡(哭)을 할 때 애도함을 극진히 하였다.

乙酉 至遼東. 丙戌 渡遼水. 遼澤泥潦 車馬不通 命長孫無忌將萬人 翦草塡道 水深處以車爲梁 上自繫薪於馬鞘以助役. 冬 十月 丙申朔 上至蒲溝駐馬 督塡道諸軍渡渤錯水 [蒲溝 渤錯水 皆在遼澤中] 暴風雪 士卒沾濕多死者 敕然火於道以待之 … 丙午 至營州〔營州至洛陽二千九百一十里〕詔遼東戰亡士卒骸骨並集柳東南 命有司設太牢 上自作文以祭之 臨哭盡哀

위의 『자치통감』 기록에 따르면 요동성에서 요수까지의 거리는 하루 거리라는 것을 알 수 있다. 그런데 문제는 요택이다. 9월 21일에 요수를 건넜는데 10월 1일에도 요택의 한 가운데에 있는 포구와 발착수에 머물러 10일 간이나 요택을 벗어나지 못하였다. 이는 고구려군이 당태종 군대의 퇴로를 차단하여 요택으로 몰아 넣었다는 것을 의미한다. 진군 시 요택과 요수를 건너는데 7일 밖에 걸리지 않았는데 10월 11일에야 요택을 벗어나 영주에 도착한 것으로 나타나고 있기 때문이다.22) 고구려군이 퇴로를 막아버리자 요택의 한가

21) 『자치통감』의 지명 비정에 따르면 유성(柳城)현은 영주의 치소이다. 그리고 영주에 회원수착성이 있다. 이세적이 침공시 건넌 요수의 지점은 수양제가 요수의 서쪽 즉 요서에 설치한 통정진이다. 그리고 용도는 수양제가 요수를 건널 때 쌓은 부교를 나타낸다.

86

운데를 가로질러 지날 수밖에 없었던 것이다. 그 결과 처음 진군할 때 요택의 동쪽을 건너는데 이틀 밖에 걸리지 않았고 요수를 건널 때까지의 기간을 모두 합할 경우 7일이 소요되었으나 퇴군 시에는 그보다 무려 3배나 더 많은 20일이라는 시간이 소요되었다. 이를 통해 우리는 당태종 군이 의기양양하게 요택과 요수를 건너갔으나 철군시에는 혹독한 댓가를 치렀다는 것을 알 수 있다.

이와 같은 『자치통감』의 기록을 통해서 우리는 요동에서 요수를 건너면 곧이어 요택에 다다른다는 것을 알 수 있다. 난하를 건널 경우 요택에 곧바로 이르지는 못한다. 수일이 소요될 수 있다. 따라서 난하는 요수도 패수도 아니다. 요택은 황하가 천진 일대로 흐르고, 그 일대에 수많은 강물이 유입되어 사람이 지나다니기 어려운 늪지대를 말한다. 한무제 이후 사마의의 공손연 토벌, 수양제의 고구려 침략, 당태종의 고구려 침략 등에서는 항상 수륙 양동작전이 실행되었다. 이때는 항상 산동 동래 일대에서 수군을 발진시켰고, 육군은 유주, 탁군(북경 일대)에서 출발한 것으로 나타난다. 이뿐만 아니라 산동 청주의 우이 세력들이 요동의 삼한으로 이동할 때에도 배를 사용했던 것으로 나타나고 있다. 요동 낙랑군이나 대방군에서 청주, 즉 산동 지역으로 오가려면 요택 때문에 바나를 경유해야만 했던 것이다. 『사고전서』 '우공추지'

---

22) 『자치통감』의 이 기록에 의하면 낙양에서 요서군에 위치한 영주까지의 거리는 2,910리로 채 3천리가 안된다. 영주는 현재의 북경 남쪽에 위치한 것으로 비정된다.

에도 다음과 같이 기록하고 있다.

> 한나라 말기에 공손탁이 요동을 몰래 차지하여 거처하면서 스스
> 로 청주자사라 칭하고, 바다를 건너 동래의 여러 군을 거느렸다.
> 요임금 시기 청주에서는 응당 바다를 건너야 요동에 갈 수 있었
> 다. 순임금은 12주를 거느렸는데, 청주를 나누어 영주를 만들었
> 고, 영주는 바로 요동이었다.
> 漢末有公孫度者 竊據遼東 自號青州刺史 越海收東萊諸郡. 堯時青州
> 當越海而有遼東也. 舜爲十二州 分青州爲營州 營州即遼東也.

『사기』에는 서기전 108년 한무제가 조선을 침공할 때 수
군 누선장군 양복에게 산동반도에서 요동을 치도록 했다고
한다. 『자치통감』에도 공손탁이 바다를 건너 동래 지역을 장
악했다고 했다. 『삼국지』「위서 동이전」 '서문'에서도 요동의
낙랑군과 대방군을 공략할 때에도 몰래 바다를 건너갔다고
했다. 『수서』에서도 수나라 수군 주장 주라후가 평양성을 공
격하고자 했을 때에도 산동에서 바다를 건너갔다고 기록했
다. 『구당서』에 따르면 당태종 시기에도 요택으로 인해 수군
이 바다를 건너야만 했고, 장량의 수군이 바닷가의 비사성을
습격하는데 성공한다. 이들이 공격하려던 평양성은 한반도
에 있었던 것이 아니라 패수이면서 요수인 조선하 상류에 위
치하고 있었다. 요수의 물줄기는 그 갈래가 여러 개여서 수
많은 이름으로 불리웠다. 그만큼 강줄기가 많았다는 것이다.
　이처럼 200리에 달하는 거대한 요택은 대릉하 유역이나
현재의 요하 유역에서는 형성되기조차 어려운 조건이었다.

한반도에 이러한 늪지대가 존재했다는 기록은 고대에나 현재에도 찾아 볼 수 없다. 중원의 요택은 황하가 여러 강들과 어우러져 엄청난 늪지대를 만든 천진시 일대에 위치하고 있었다. 그 결과 고구려를 공격하려던 수나라나 당나라의 육군은 모두 요택의 한 가운데를 피해 탁군이나 유주에 모여 요수를 건너야 했다. 그 북쪽은 수많은 강줄기와 산악지대로 고구려군의 매복에 걸리면 전멸할 수밖에 없는 조건이었다. 수군은 산동에서 출발해야만 했다. 육군의 경우 고구려군의 매복이나 기후 변화 등에 따라 요택을 건너는데 20일 이상이 소요되기도 하였다. 『한원(翰苑)』「고{구}려조」에는 요택에 대해 다음과 같이 기록하고 있다.

『한서』「지리지」에서 "요동군 망평현에 대요수가 있다."고 말했다. 그 강물은 발원하여 서남쪽으로 흘러 거란국의 황수와 합쳐진다. 또 서남쪽으로 요동성 서쪽 80리를 지난다. 또 남쪽으로 바다에 들어간다. 넓이가 100여 보이다. 『고려기』에 다음과 같이 전한다. "그 강물은 넓이가 100여 보이며, 잔잔하게 흐르고 맑고 깊다. 또 물굽이와 연못, [강의] 지류가 많다. 양쪽 물가에 긴 버들이 자라는데 집을 숨기고 가히 병마를 감출만하다. 양쪽 강변이 아득히 펼쳐져 있는데, 모두 이름하여 요택이라고 한다. [못가에는] 잔풀과 억새풀, 온갖 짐승이 많이 산다. 아침 저녁으로 안개가 드리워졌다가 금방 걷히곤 하는데, 모양이 누치와 같으니 바로 『한서』에서 말하는 신기투가 이것이다."
漢書地理志曰: "遼東郡 望平縣 大遼水." 其水發源 西南流合契丹國黃水 又西南經遼東城西八十里 又南入海 闊百餘步. 高驪記云: "其水闊百餘步 平流清冞[深]. 又多灣潭枝派 兩岸生長柳 家密可藏兵馬 兩畔彌[望] 惣名遼澤. 多生細草雀[萑]蒲, 毛群羽族. 朝夕相[霜]霧, 須

與卷斂 狀若樓雉 卽漢書所謂蜃氣是."

「대청광여도」의 고대 수로 왜곡

중원의 지명을 고대 지도에서 정확히 파악하기 어려운 점 중의 하나는 임의적으로 수로를 왜곡하는 경우가 많다는 사실이다. 대표적으로 「대청광여도」의 순천부(順天府, 현재의 북경시) 일대 수로는 완전히 왜곡되어 있다. 아래의 [그림 9]에서 「대청광여도」를 보면 백랑하가 요수와 만나 어양(魚陽)을 지나 흐르는 것으로 그려져 있다. 물론 이 어양은 『한서』「지리지」의 어양(漁陽)과 한자가 다르다. 그럼에도 많은 사람들이 어양(魚陽)과 어양(漁陽)을 같은 것으로 보고 있다.

『수경주(水經注)』권14 '대요수(大遼水)'에는 "대요수는 새 외의 위(衛) 백평산(白平山)에서 나와 동남쪽으로 흘러서 새로 들어가고, 요동군 양평현 서쪽을 지난다. 또 동남쪽으로 방현 서쪽을 지나 다시 동쪽의 안시현 서남쪽을 지나 바다로 들어간다.[大遼水出塞外衛白平山　東南入塞　過遼東襄平縣西 又東南　過房縣西　又東過安市縣西南入于海']"고 했다. 그리고 "요수는 오른쪽으로 백랑수와 합류한다.[(遼水右會白狼水)" 고도 했다. 그런데 「대청광여도」에는 순천부의 북쪽에서 백랑하가 흐르고 동쪽에서 흘러오는 강과 합류하여 어양(魚陽)으로 내려가는 것으로 되어 있다. 이것만 보면 이 강이 요수인 것이라는 착각이 들게 한다.

[그림 9] 「대청광여도」의 왜곡된 지명과 수로

자료: 「대청광여도」

그런데 어양의 위치가 연산산맥 밖으로 지나치게 동쪽으로 밀려나 있다는 것을 알 수 있다. 원래 어양군(漁陽郡)은 순천부의 북동쪽에 위치한 밀운(密雲)으로 비정되고 있다. 『사기삼가주』「권48」에는 "괄지지에서 말하길 어양고성은 단주 밀운현 남쪽 18리에 있다. 어수{현재의 백하}의 양지이다.[括地志云 漁陽故城在檀州密雲縣南十八里 在漁水之陽也]" 라고 기록하고 있다. 『천부광기(天府廣記)』02에는 "밀운현이 주의 동북 120리에 있으며, 진한시에 어양군이 되었다가 후위가 밀운군을 설치해 백단과 요양, 밀운의 3개현을 거느리게 했다.[密雲縣在州東北一百二十里 秦漢時爲漁陽郡地 後魏置密雲郡 領白檀 要陽 密雲三縣]"고 한다.

『수경주』14에도 "공{조조}이 노룡에서 나와 산을 평평하게 하고 계곡을 메워 500여 리를 갔는데, 유성(柳城)까지 200리 못미치는 곳에서 원상과 답돈의 장병 수만 기가 역습해와 싸웠다. 공은 백랑산에 올라 유성을 바라보다가 갑자기 오랑캐를 만나 그들이 정비하기 전에 늘어서 공격하자 오랑캐 무리들이 크게 무너져 답돈의 목을 베고 오랑캐와 한인 20만 명이 항복하였다.[公出盧龍 塹山堙谷五百餘里 未至柳城二百里 尚與蹋頓將數萬騎逆戰 公登白狼山望柳城 卒與虜遇 乘其不整 縱兵擊之 虜衆大崩 斬蹋頓 胡,漢降者二十萬口]"고 기록했다. 『한서』「지리지」 '요동군'에 답씨(沓氏)가 있는데 이곳이 바로 조조가 답돈을 죽인 곳으로 비정된다.

이들 기록을 보면 어양은 밀운현 일대라는 것을 알 수 있다. 그런데 「대청광여도」에는 별도의 어양이 존재하는 것처럼 그려져 있다([그림 9] 참조). 『한서』「지리지」에서 "어양(漁陽)은 고수{현재의 백하}가 새외에서 나와 동남쪽으로 흘러 천주에 이르러 바다로 흘러 들어가는데, 750리를 흘러간다.[漁陽 沽水出塞外 東南至泉州入海 行七百五十里]"고 했다. 그리고 어양군에 노(路), 옹노(雍奴), 천주(泉州), 요양(要陽), 백단(白檀) 등이 속한다고 했다.

[그림 10] 「대청광여도」의 발해만 인근 수로 흐름도

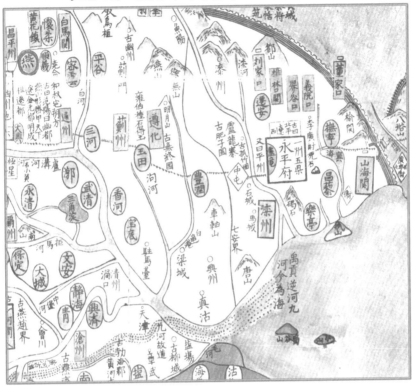

자료: 대청광여도

이뿐만 아니라 만리장성은 원래 연산산맥을 따라 축성되었
는데, 「대청광여도」에 따르면 연산산맥 밖에 존재하는 것으
로 나온다([그림 10] 참조). 전국시대와 진한 시기를 거쳐 수
당 시기에도 만리장성은 연산산맥 밖의 산해관까지 연결되
지 못하고 있었다. 따라서 「내청광여도」의 만리장성 등의 위
치로는 수당 시기 이전의 지명을 비정할 수 없다. 더구나 난
하의 우측에 갈석산이 위치한 것처럼 해서 이후 갈석산 논쟁

이 발생하게 되는 요인을 제공하게 된다. 원래 갈석산은 태행산맥에 위치하는 백석산을 가리키는 것으로서 『상서』 '우공편'에는 "도이가 가죽옷을 가지고, 오른쪽으로 갈석을 끼고 황하로 들어온다.[島夷皮服 來右碣石入于河]"고 기록하고 있다. 즉 갈석산은 반드시 황하와 연결되어야 하는 것이다.

그리고 「대청광여도」의 아랫 부분을 살펴보면 백랑수와 만나는 요수가 난하인 것처럼 보인다. 그런데 난하의 흐름은 「대청광여도」와 전혀 다르다. 난하의 상류는 백하와 만나 Y자 형태를 이루는 조하와 달리 역(逆) U자 형태로 사람의 얼굴 모양이다. 물론 남쪽으로 흐르며 수많은 지류가 합류하지만 큰 틀에서 보면 조백하의 상류와 형태가 완전히 다르다. 따라서 「대청광여도」의 당산과 갈석 사이를 흐르는 난하의 상류는 조하의 상류와 합쳐진 것으로 볼 수밖에 없다. 난하는 상류 부분에서 우측, 즉 서쪽에서 내려오는 백랑하와 합류하지 않는다. 이뿐만 아니라 요동과 요서를 요하를 기준으로 삼고 있다. 요동군의 치소였던 요양을 고대 요동에서 요녕성 요양으로 이동시켜 그 동쪽을 요동이라 표시하고, 그 서쪽을 요서라고 표기하고 있는 것이다.

결론은 요수와 패수 비정시 「대청광여도」는 인용하면 안 되는 지도라는 사실이다. 「대청광여도」가 왜곡됨으로써 조선은 500여 년 동안 중원의 강역에 대한 어떠한 주장도 제기하지 못하였다. 조선의 실학자들도 청나라의 속임수에 넘어가 한민족의 진정한 강역에 대해 제대로 알 수 없었던 것으로 보인다. 박지원(고미숙 외 옮김, 2021)의 『열하일기』
에는 우북평이 요동의 동쪽에 있었던 것으로 기록되어 있다.
이는 청나라에서 조선의 북학파들에게 이동된 지명과 지리
를 주입시키고 있었다는 것을 보여준다. 아울러 명나라의
「연산도(燕山圖)」도 요동 「대청광여도」와 유사하게 왜곡된
강 흐름을 제시하고 있다. 전체적으로 요나라 이후 중국 지
도와 「지리지」는 지명 비정에 근거로 사용하면 안되는 것으
로 분석되었다.

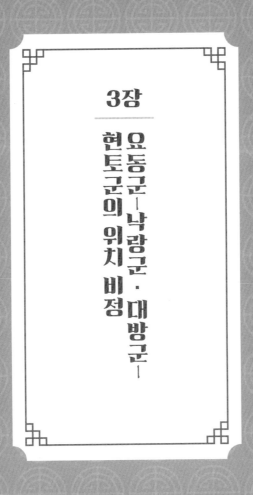

3장

요동군―낙랑군·대방군―
현토군의 위치 비정

제3장 요동군, 낙랑군·대방군, 현토군의 위치 비정

요동군의 위치 비정

사마천의 『사기』 「흉노열전」에 따르면 요동군은 연나라 장수 진개가 차지한 조양에서 양평까지의 연장성 내에 설치한 5군 중 하나이다. 『한서』 「지리지」 '요동군'과 그 속현에 대한 설명은 다음과 같다.

요동군(遼東郡). 진(秦)나라가 설치했다. 유주에 속한다. … 양평(襄平), 목사(牧師)라는 관리가 있다. … 망평(望平), 대요수(大遼水)가 새외에서 발원하여 남쪽으로 안시(安市)를 지나 바다로 흘러 들어가는데, 1,250리를 흘러간다. … 요수(遼隊) … 요양(遼陽), 대량수(大梁水)는 서남쪽으로 흘러 요양에 이르러 요수(遼水)로 흘러 들어간다. … 험독(險瀆), {응소가 말하길 "조선왕 위만의 도읍이다. 강물의 험난함에 의지하고 있어 험독이라 부른 것이다." 신찬(臣瓚)이 말했다. "왕험성(王險城)은 낙랑군 패수(浿水)의 동쪽에 있기 때문에 이로 인해 험독이라 한 것이다." 사고가 말했다. "찬의 주장이 옳다. 浿의 음은 보와 대의 반절음 {배}(普大反)이다."}. 거취, 실위산(室僞山)은 실위수의 발원지이며 북쪽으로 흘러 양평에 이르러 양수(梁水)로 흘러 들어긴디. 안시현, 무차현 동부도위가 다스린다. … 서안평 … 문 … 반한 패수[23]는 새외에

<hr>

[23] 『사기』 「조선열전」의 패수(浿水)에는 여러 가지 주석이 달려 있다. "『사기 집해』에서 이르기를 『한서음의(漢書音義)』에 '浿'는 음이 방과 패의 반절음

서 나와 서남쪽으로 흘러 바다로 들어간다. 답씨.

遼東郡 秦置. 属幽州. … 襄平, 有牧師官. … 望平 大遼水出塞外 , 南
至安市入海。行千二百五十里. … 遼隊. … 遼陽 大梁水西南至遼陽入
遼. … 險瀆 {應劭曰 朝鮮王滿都也 依水險 故曰險瀆. 臣瓚曰, 王險
城在樂浪郡浿水之東, 此自是險瀆也. 師古曰, 瓚説是也. 浿音普大反.
} 居就 室僞山 室僞水所出 北至襄平入梁也. … 安市 , 武次 , 東部都
尉治. … 西安平 … 文 … 番汗 沛水出塞外 西南入海 沓氏.

요동군의 치소는 양평이다. 『사기』 「흉노열전」에는 연장
성이 조양에서 양평까지 축성된 것으로 기록되어 있다. 이병
도(1976: 68)는 양평을 현재의 요양(遼陽)이라고 비정했는
데, 연나라가 장성을 요하(遼河)의 동쪽까지 축성했다는 것
은 연나라가 전국 7웅 중에서도 최약체국이었다는 사실을
고려하지 않은 비현실적 주장이라고 할 수 있다. 조장성과
연장성을 연결하고 확장시킨 진나라 장성도 난하를 넘어서
지 못했다. 양평에는 목사(牧師)라는 관리가 파견된 것으로
나타난다. 후한 말 공손탁이 평주목(平州牧)을 자칭한 것을
보면 양평의 목사가 요동군을 관리했다는 것을 알 수 있다.
　대요수가 장성 인근에 설치한 요새 밖에서 출원하여 안시
현을 지나간다고 했다. 북방의 요새는 북방 세력들이 북경

{배}이라고 했다. 『사기색은』에서도 '浿'는 방과 패의 반절음{배}이라 했다.
『사기정의』에서는 「지리지」에서 이르기를 패수는 요동의 요새 밖에서 나오
며 서남쪽으로 흘러 낙랑현 서쪽에 이르러 바다로 들어간다. 浿는 보와 대
의 반절음{배}이다.[集解: 漢書音義曰 浿音傍沛反.] [索隱: 浿音旁沛反.][正義:
地理志云 浿水出遼東塞外 西南至樂浪縣西入海. 浿普大反.]"고 했다. 이에 따
르면 패수(浿水)는 옛 음이 배수, 즉 '밝수'{밝은 물}이라는 것을 알 수 있다.
조백하와 합류하는 백하와 서로 통한다.

일대로 진출하는 것을 막기 위해 설치된 것으로 조하가 흐르던 고북구 일대를 가리키는 것으로 분석된다. 진한 시기까지 만리장성은 조양에서 고북구를 거쳐 요동의 양평까지 축성되었을 뿐이다. 따라서 장성 인근의 요새는 고북구 일대를 가리킨다고 말할 수 있다.

『한서』「지리지」'요동군'에는 조선왕 위만의 도읍인 험독(險瀆)이 있다. 『한서』「지리지」의 험독에 대해 응소가 주석하기를 "강물의 험난함에 의지하고 있어 험독이라 불렀다."고 했다. 요동군의 북쪽에 위치한 현토군과 접하는 지역에는 조하와 백하가 만나 조백하가 되어 흐르는데, 백도백과에 따르면 1960년대에 화북(華北) 지역 최대 규모의 저수지인 밀운수고(密雲水庫)를 완공해서 북경의 가장 중요한 지표 음용수 공급원으로 활용하고 있다. 북경시 밀운구성 북쪽 13킬로 지점의 연산(燕山) 군산 구릉에 위치하고 있다. 밀운수고의 둘레는 200킬로에 달하고 평균 수심이 30미터이다. 현재 '연산명주(燕山明珠)'로 불리우며 북경의 관광명소 중 하나로 유명하다. 밀운 저수지의 물고기가 특산물로서 북경의 유명한 어향이다. 과거에 조선에서 이곳을 어양(漁陽)으로 부른 것은 바로 이같은 이유 때문이다. 즉, 어수(漁水, 현재의 백하)의 양지에 있다고 해서 어양이라 불렀다. 연나라가 조선을 침공하여 이곳을 차지한 후 어양군을 설치함으로써 중원에 알려졌다. 어양군의 동쪽에 요동군과 현토군이 위치하고 있다.

　여기서 험독은 위만이 상하장에 머물다가 조선왕이 된 이후 진번과 임둔을 모두 차지하고 새롭게 축성한 왕험성으로 분석된다. 위만은 패수가 한나라와의 국경으로 확정되자 요동군으로 진격하여 진번과 임둔 등을 모두 장악하였다. 그런데 요동군 험독에 대한 주석에서 신찬은 낙랑군 패수의 동쪽에 왕험성이 있어서 험독이라고 불렀다고 주장했다. 이러한 신찬의 주석에 따르면 험독은 낙랑군 서쪽을 흐르던 패수와 인접한 곳에 위치한 것으로 분석된다. 험독, 즉 왕험성은 낙랑군 패수와 가까운 요동군에 위치하고 있었던 것이다. 역대 조선왕들은 이곳에서 매우 오랜 기간 동안 도읍하고 있었으며, 요동을 장악한 위만은 창려의 험독에서 천혜의 요새인 왕험성으로 도읍을 옮겼다.

　『사기』「조선열전」에서 "연왕 노관이 [한을] 배반하고 흉노로 들어가자 {위}만도 망명하였다. 무리 천여인을 모아 북상투에 오랑캐의 복장을 하고서, 동쪽으로 도망하여 [요동의] 요새를 나와 패수를 건너 진의 옛 공지인 상하장에 살았다. 점차 진번과 조선의 만이 및 옛 연·제의 망명자를 복속시켜 거느리고 왕이 되었으며, 왕험성에 도읍을 정하였다. [燕王盧綰反 入匈奴 滿亡命. 聚黨千餘人 魋結蠻夷服而東走出塞 渡浿水 居秦故空地上下鄣 稍役屬眞番·朝鮮蠻夷及故燕·齊亡命者 王之都王險]"고 한 왕험성은 창려가 아니라 요동군의 북쪽에 위치하고 있었던 것이다.

　위만의 왕험성은 『한서』「지리지」'낙랑군'에 위치한 것으로 기록된 기자조선의 조선현과는 별개였다. 즉, 험독이 두 군데에 있었던 것이다. 하나는 원래 준왕이 도읍하고 있었던 창려현에 위치하고 있었다. 이와 관련하여 "『사기집해』에서는 서광이 말하기를, 창려에 험독현이 있다.[集解: 徐廣曰 昌黎有險瀆縣也.]"고 주석했다. 그런데 『사기색은』에서는 여러 사람의 다른 의견을 모두 소개했다. "『사기색은』: 위소가 이르기를 고읍의 이름이라 했다. 서광은 창려에 험독현이 있다고 말했다. 응소가 주석하기를 「지리지」에 요동군 험독현이 있는데 조선왕의 옛 도읍이다. 신찬이 이르기를 왕험성은 낙랑군 패수의 동쪽에 있다고 했다.[索隱: 韋昭云 古邑名. 徐廣曰 昌黎有險瀆縣. 應劭注 地理志 遼東險瀆縣, 朝鮮王舊都. 臣瓚云 王險城在樂浪郡浿水之東也.].]"

『사기색은』에서 응소의 주석에 "요동군 험독현이 조선왕의 옛 도읍"이라 했는데, 이는 창려에 험독현이 있다고 한 『사기집해』의 주석과는 매우 커다란 차이가 존재한다. 창려는 난하의 동쪽이고 요동군은 난하의 서쪽에 위치한 곳이다. 따라서 험독이 두 곳에 위치하고 있었던 것이다. 원래 고조선의 부왕과 준왕이 거처하던 곳은 창려의 험독현으로 분석되며, 위만은 한나라가 패수를 경계로 삼자 요동 일대를 모두 차지하여 요동군에 과거 조선왕들이 도읍한 곳에 왕험성을 축성한 것이다. 이후 고구려 동천왕 시기에도 같은 곳에 평양성을 축조하였다. 이병도(1976)는 『삼국사기』 「고구려본기」 '동천왕조'에서 평양성 축조에 대해 기록하면서 『사

기』「조선열전」의 "왕이 되어 왕험성에 도읍하였다.[王之都
王險]"를 그대로 전재한 것을 두고 비웃었지만 『삼국사기』
찬자가 이병도(1976)보다 훨씬 더 정확하게 평양성의 위치
에 대해 알고 있었던 것이다.

　난하 동쪽에 위치한 창려의 험독현은 요동군 북쪽에 위치
한 것으로 비정되는 고구려의 평양성과는 거리가 먼 곳이다.
위만은 준왕을 축출한 후 이곳에 있다가 한나라 요동 태수가
위만조선을 외신(外臣)으로 삼을 것을 약속하며 요동군 동쪽
의 패수를 국경으로 삼자 군사적 위세와 재물을 모두 얻게
되었다. 그리고 진번과 임둔 등 주변의 소국들을 모두 장악
함으로써 그 영역이 사방 수천 리에 달할 정도가 되었다고
했다. 따라서 한나라가 패수를 국경으로 삼고 서쪽으로 후퇴
하자 위만은 요동 지역을 완전히 장악하고 낙랑군 패수 북쪽
의 험독성으로 천도하였던 것이다. 이에 따라 험독의 위치에
대한 두 가지 다른 주장이 제기되기에 이르렀다.

　위만의 왕험성은 나중에 고구려 동천왕이 도읍한 평양성
과 동일한 곳으로 비정된다. 『사기』「조선열전」에 대한 『괄
지지』의 주석에 따르면 "고려{고구려}는 도읍이 평양성이며,
본래 한나라 낙랑군 왕험성이며 또 옛부터 말하기를 조선 땅
이라 한다.[括地志云高驪都平壤城 本漢樂浪郡王險城 又古云
朝鮮地也.]"고 했다. 조선의 왕험성이 곧 고구려의 도읍 평양
성이다. 『후한서』 '예조'에 따르면 "{한무제} 원봉 3년{서기
전 108년}에 이르러 조선을 멸망시키고, 그 땅을 나누어 낙

랑, 임둔, 현토, 진번의 4군을 설치하였다. 소제 시원 5년{서
기전 82년}에는 임둔과 진번을 폐지하여 낙랑과 현토에 합
병하였다. 현토는 다시 {고}구려로 옮겼으며 단단대령 동쪽
의 옥저와 예맥은 모두 낙랑에 속하게 하였다. 뒤에 그 지역
이 넓고 멀리 떨어져 있어서 다시 단단대령의 동쪽 7현을 떼
어 낙랑 동부도위를 두었다.[至元封三年 滅朝鮮 分置樂浪·臨
屯·玄菟·眞番四郡. 至昭帝 始元五年 罷臨屯·眞番 以幷樂浪·
玄菟. 玄菟復徙居句驪. 自單單大領已東 沃沮·濊貊悉屬樂浪.
後以境土廣遠 復分領東七縣 置樂浪東部都尉]"고 한다.

　『후한서』 '예조'에서는 두 차례에 걸쳐 단단대령(單單大
領)에 대해 언급하고 있다. 필자가 바이두 지도와 백도백과
자료를 검색하여 중원의 지형과 산맥 등에 대해 살펴본 결과
단단대령은 연산산맥(燕山山脈)으로 비정된다. 북경 일대는
천산산맥과 연산산맥의 양대 산맥이 90도 각도로 교차하여
병풍처럼 에워싸고 있으며, 그 내부에 영정하(永定河), 조백
하(潮白河), 온유하{溫楡河, 하류는 북운하(北運河)} 등 3대
수계가 집중되어 있다. 이를 양산삼수(兩山三水)라고 부른
다.24) 3대 수계는 하류에서 서로 합류한다.

　이와 관련하여 장안은 『사기』에 대한 주석서인 『사기집
해』에서 조선에 대해 "조선에는 습수, 열수, 선수가 있으며
세 강물이 합쳐져서 열수가 되니 낙랑조선의 이름이 그것을
취한 것이 아닌가 한다.[朝鮮有濕水洌水汕水 三水合爲洌水

─────────────────
24)　https://baijiahao.baidu.com/s?id=1708992706871258853&wfr=s
　　pider&for=pc 검색일 2022. 8. 22.

疑樂浪朝鮮取名於此也]”고 주석했다. 필자가 보기에 습수는 온유하, 열수는 영정하, 선수는 조백하를 가리키는 것으로 비정된다. 백도백과 검색결과에 따르면 온유하의 옛 이름은 습여수(濕餘水)이고[溫楡河 , 古稱溫楡水、濕餘水、溫餘水. 海河流域北運河上源. 位于北京市東北部. 發源于北京市昌平區軍都山麓],25) 조백하와 온유하는 하류에서 영정하에 합류하므로 영정하가 열수이다.26) 영정하의 옛 이름은 류수(灅水) 또는 혼하(渾河)이다[永定河 , 古稱治水、灅水、桑干河、盧溝、渾河、無定河. 是海河流域七大水系之一]. 『한서』「지리지」 ‘우북평군’에서 “준미현, 류수(灅水)가 남쪽으로 흘러 무종(無終)에 이르러 동쪽으로 흘러 강수(庚水)로 흘러 들어간다.[俊靡, 灅水南至無終東入庚]”고 했다. 한대(漢代)의 우북평군과 무종은 영정하가 흐르는 곳에 위치하고 있었던 것이다. 조백하는 조선하(朝鮮河)로 불리웠으므로 선수(汕水)에 해당한다([그림 11] 참조). 종합하면 낙랑조선의 명칭은 조선하에서 취한 것으로 볼 수 있다. 아니면 역으로 낙랑조선이 왕험성 인근을 흐르는 강 이름을 조선하로 붙인 것일 수도 있다.

어쨌든 『후한서』 ‘예조’의 기록에 입각해 한나라 행정구역의 변동 내용을 요약하면 임둔군을 낙랑군에, 진번군을 현토

---

25) https://baike.baidu.com/item/%E6%B8%A9%E6%A6%86%E6%B2%B3/8528830?fr=aladdin, 검색일 2022. 9. 21.

26) 리지린(2019: 106~115)은 『수경주』에서 설명하는 습여수가 습수이며 이 강이 유수(濡水), 즉 난하와 합류한다고 했다. 그런데 이는 북경 북쪽 군도산(軍都山)에서 흘러 나온 습여수가 난하와 합류한다는 것으로 사실상 불가능한 주장이다. 따라서 난하는 열수(洌水)가 될 수 없는 것이다.

군에 합병하였고, 현토군은 다시 고구려현으로 이동했다. 이병도(1976: 106)는 『후한서』의 기록이 잘못되었다며 진번군이 낙랑군에, 임둔군이 현토군에 합병되었다고 거꾸로 주장했다. 그것은 단지 자신이 비정한 위치들과 맞지 않기 때문에 『후한서』의 기록이 틀렸다는 어거지 주장을 한 것에 불과하다. 이는 『후한서』가 기록하고 있는 지역과 전혀 다른 곳을 비정하고 있기 때문에 필연적으로 발생할 수밖에 없는 일이었다. 현토군이 고구려현으로 이동하면서 평양성은 현토군에 위치한 것으로 나타나게 된 것이다. 『후한서』 '고구려조'에 따르면 "한무제는 조선을 멸망시킨 후 고구려를 현으로 만들어서 현토에 속하게 했다.[武帝滅朝鮮 以高句驪爲縣 使屬玄菟]"고 한다. 고구려는 한무제의 조선 침공{서기전 108년} 이전에 조선에 속한 상태로 건국되어 있었던 것이다.

한무제가 서기전 108년 공격한 조선의 왕험성은 이후 한나라에서 설치한 낙랑군에 위치한 성이다.[27] 『후한서』 '예조'에 따르면 "한무제가 조선을 멸망시키고서 옥저 땅으로 현토군을 삼았다. 뒤에 이맥의 침략을 받아 {현토}군을 고구려의 서북쪽으로 옮기고는 옥저를 현으로 고쳐 낙랑군의 동

---

27) 한무제의 조선 침공은 사실상 실패로 끝났다. 그러나 조선 내부에서 내란이 발생해 결국 한나라에 항복한다. 그 결과 무제 원봉 3년(서기전 108년)에 낙랑·임둔·진번의 3개 군이 먼저 설치되게 된다. 그런데 서기전 107년에 왕험성이 붕괴되자 바로 현토군이 추가로 설치되었다. 이로 보아 왕험성은 낙랑군이 아닌 현토군에 속했다고 보는 것이 타당하다. 이에 따라 현토군에 위치한 고구려현을 왕험성으로 비정할 수 있다.

부도위에 속하게 하였다.[武帝滅朝鮮 以沃沮地爲玄菟郡 後爲
夷貊所侵 徙郡於高句驪西北 更以沃沮爲縣 屬樂浪東部都尉]"
고 한다. 이에 따라 고구려현은 현토군에 속하고, 옥저현은
낙랑군 동부도위에 속하게 되었다. 이때 현토의 고구려현이
바로 조선의 왕험성(=험독성)이고 이후 고구려의 평양성이
었던 것이다. 평양성의 위치가 바뀐 것이 아니라 행정구역이
바뀌었을 뿐이다([그림 11] 참조).

[그림 11] 요동군, 험독성, 험독현, 옥저, 예맥의 위치 비정

옥저(沃沮)는 원래 현토에 위치하고 있었다. 옥저의 위치
비정에서 중요한 것은 『사기정의』에서 위만이 차지한

3,200리의 땅 중에 옥저가 포함되어 있다는 사실이다. 아울러 수양제의 좌 12군 중에 옥저가 있다. 이뿐만 아니라 평양성 전투에 참여한 수나라 장수 설세웅이 옥저도군장이었다. 또한 옥저는 현토군의 치소이기도 하였다. 이상의 기록에 따르면 옥저는 승덕에서 호로도시 인근 지역까지에 위치한 것으로 비정된다. 『삼국지』「위서 동이전」에 따르면 예맥은 동옥저의 남쪽에 위치한 것으로 나타나고 있다.

한무제의 조선 침공과 조선의 멸망 이후 요동에는 일종의 힘의 공백상태가 발생하게 된다. 이때 현토 태수로 부임해있던 공손탁이 요동 태수로 부임하면서 고대 요동 지역은 다시 요동치게 된다. 이후 『삼국지』「위서 동이전」 '서문'에는 당시의 요동 상황을 다음과 같이 기록하고 있다.

공손연의 부조 3대가 계속 요동을 차지하자, 천자는 그 곳을 끊어진 지역으로 여겨 [공손씨에게] 나라 밖의 일로 위임시켰다. 그 결과 결국 동이와의 관계가 단절되어 중국과 통하지 못하게 되었다. 경초 연간(A.D.237~239)에 크게 군대를 일으켜 [공손]연을 죽였다. 또 몰래 바다를 건너가서 낙랑군과 대방군을 수습하였다. 그 후로 해외가 안정되어 동이들이 굴복하였다. 그 뒤 고구려가 배반하므로 또 다시 약간의 군대를 파견하여 토벌하면서 지극히 먼 지방까지 추격하니, 오환과 골도를 넘고 옥저를 거쳐 숙신의 왕정을 짓밟고 동쪽으로 대해에까지 이르렀다. [그곳의] 장로가 '얼굴이 이상한 사람이 해가 돋는 근처에 살고 있다'고 이야기 하였다.
而公孫淵仍父祖三世有遼東 天子爲其絶域 委以海外之事 遂隔斷東夷 不得通於諸夏. 景初中 大興師旅 誅淵. 又潛軍浮海 收樂浪·帶方之郡 而後海表謐然 東夷屈服. 其後高句麗背叛 又遣偏師致討 窮追

極遠 踰烏丸·骨都 過沃沮 踐肅愼之庭 東臨大海 長老說有異面之人 近日之所出

　공손연의 부조 3대는 공손탁, 공손강, 공손연을 가리킨다. 이들이 고대 요동에서 할거하던 시기는 서기 190년부터 서기 238년까지이다. 서기 190년에 현토 태수이던 공손탁은 요동 태수로 임명된다. 요동 태수가 된 공손탁은 한(韓)을 비롯한 요동의 동이 세력들과 연합하여 다민족 연합정권을 수립하고 요동을 중원과 단절된 독립 지역으로 탈바꿈시켰다. 원래 요동 지역은 우이족이 주축인 고조선의 영토였다. 따라서 중원의 지배력이 미치지 못하는 상황을 활용하여 공손탁은 요동 지역에서 사실상 한(漢)의 왕노릇을 하였던 것이다.

　아울러 우이 세력은 공손씨를 활용·연합하여 동북 지역에서 한(韓)의 영역을 확보하였다. 특히 공손탁(公孫度)과 그 아들 공손강(公孫康)이 낙랑군 남쪽의 황무지에 대방군을 설치하고, 이곳에 부여왕 구태가 백제를 건국할 수 있도록 한다. 이 지역을 대방고지(帶方故地) 또는 마한고지라고 부르는데, 이곳은 황하가 토해낸 퇴적물로 해안선이 바다쪽으로 확대되어 새로이 확보된 땅을 가리킨다. 구태의 백제(伯濟)는 마한(馬韓)에 속한 나라였다. 마한과 구태백제는 한 몸이었기 때문에 마한백제라고 부르는 것이 타당해 보인다(박동, 2022). 이때 공손강의 부친인 공손탁은 자신의 종녀(宗女)를 백제왕 구태에게 시집보내 혼인동맹을 맺었다. 공손탁이 독자적 힘이 있었다면 혼인동맹을 시도할 필요가 없었을 것이다.

구태백제는 대방고지 또는 마한고지에서 마한에 속한 상태로 건국되었다. 대방고지는 공손탁이 평주에 설치한 지역으로 마한고지이기도 하다. 『삼국지』 '한조'에 따르면, 마한은 서기 2~3세기에 대방 남쪽의 4,000여 리 강역을 보유한 나라였다. 구태백제는 요동 지역에서 마한-공손씨-부여-고구려-선비족-한(漢)이 주도권을 차지하게 위해 치열하게 경합하는 과정에서 건국되었다. 서기 1세기 고대 요동의 정세를 알려주는 가장 중요한 기록은 『삼국사기』 「고구려본기」 '모본왕조'와 『후한서』 「동이열전」 '고구려조'에 등장한다. 그것은 모본왕의 군대가 우북평, 어양, 상곡, 태원 일대를 정벌했다는 기사이다. 이 사건은 다음과 같이 기록되어 있다.

건무 25년{서기 49} 봄에 고구려가 우북평·어양·상곡·태원을 침입하여 노략질하는 것을 요동 태수 제융(祭肜)이 은의와 신의로 초유하니 모두 다시 항복하였다. 그 뒤 고구려왕 궁(宮) {태조대왕}이 태어나면서부터 곧 눈을 뜨고 사람을 쳐다보니, 국인들이 미워하였다. 장성함에 용맹스럽고 건장하여 자주 변경을 침범하였다.
建武二十五年春 句驪寇右北平漁陽上谷太原 而遼東太守祭肜以恩信招之 皆復款塞 後句驪王 宮生而開目能視 國人懷之 及長勇壯 數犯邊境 {『후한서』 「동이열전」 '고구려'조}

{모본왕} 2년{서기 49} 봄에 장수를 보내 한(漢)의 북평(北平), 어양(漁陽), 상곡(上谷), 태원(太原) 등을 습격하였다. 그런데 요동 태수(遼東大守) 제융(祭肜)이 은혜와 신의로 대우하므로 다시 화친을 맺었다.
二年 春 遣將襲漢北平漁陽上谷大原 而遼東大守蔡肜 以恩信待之 乃

復和親 {『삼국사기』「고구려본기」'모본왕 2년'조}

　서기 49년에 고구려 모본왕이 북평{보정시 완현(完縣)}, 어양{북경 북동쪽 밀운(密雲)}, 상곡{북경 북서쪽 회래현(懷來縣)}, 태원{산서성 태원시}을 정벌했다는 것은 초기 고구려가 어디에 위치하고 있었는가를 잘 보여준다. 상곡, 어양, 북평은 모두 연 5군에 속하는 군으로 북경 인근에 위치하고 있다. 따라서 고구려가 한반도에서 이곳까지 군대를 이끌고 왔을 리가 만무하므로 초기 고구려의 위치는 요서 지역에 있었다는 것이 된다.

　이와 관련하여 『수서』「배구열전」에는 "고구려의 땅은 본래 고죽국이다.[高麗之地 本孤竹國也]"고 했다. 또한 『구당서』「배구열전」은 "고구려의 땅은 본래 고죽국이다. 주나라 시대에 기자가 봉해졌다.[高麗之地 本孤竹國也 周代以之封箕子]"고 하였다. 고구려는 요동의 낙랑군과 현토군 인근에 위치하고 있다가 연나라 장성 일대를 모두 공격하였던 것이다. 더구나 태원은 지금의 산서성 태원시(太原市)로 비정되므로 고구려가 산서성까지 진출하고 있었다는 것을 명백하게 보여준다.

　그리고 『삼국사기』「고구려본기」'태조대왕'조에는 "3년{서기 55} 봄 2월에 요서(遼西)에 10성을 쌓아 한나라의 군대에 대비하였다.[三年 春二月 築遼西十城 以備漢兵]"는 기록까지 등장한다. 고구려는 본래 고죽국이 있었던 요동군 일대에 위치하고 있었다. 따라서 초기 고구려는 한나라와 아주 가까운 곳에 위치하고 있었다고 보는 것이 타당하다. 그런데 이후 한나라의 공격으로 요동 동쪽으로 밀려 났다가 서기 105년 후한의 공격으로 요동 공략에 실패한다. 이후 고구려는 현토와 낙랑의 외곽 지역으로 밀려난 것으로 분석된다. 『삼국사기』「고구려본기」와 『후한서』「동이열전 」 '고구려' 조에는 고구려와 한나라 사이의 치열한 쟁탈전이 다음과 같이 기록되어 있다.

[{태조대왕} 53년{서기 105} 봄 정월에] 왕이 장수를 보내 한(漢)의 요동으로 들어가 여섯 현을 약탈하였다. {한의 요동} 태수 경기가 군사를 출동시켜 우리 군대를 막으니, 왕의 군대가 크게 패하였다. 가을 9월에 {한의 요동 태수} 경기가 맥인을 격파하였다.
王遣將入漢遼東 奪掠六縣 大守耿夔 出兵拒之 王軍大敗 秋九月 耿夔
擊破貊人

{태조대왕} 59년{서기 111} 사신을 보내 한에 가서 토산물을 바치고 현토군에 속하기를 요청하였다.
五十九年 遣使如漢 貢獻方物 求屬玄菟

[태조대왕 66년{서기 118}] 여름 6월에 왕이 예맥과 함께 한의 현토군을 습격하는 한편, 화려성을 공격하였다.
夏六月 王與穢貊襲漢玄菟 攻華麗城

{태조대왕} 69년{서기 121} 봄에 한의 유주 자사 풍환, 현토 태수 요광, 요동 태수 채풍 등이 군대를 이끌고 침략해 와서 예맥 거수를 공격하여 죽이고 무기와 군마, 새물을 모두 빼앗았다. 이에 왕이 아우 수성을 보내 병력 2,000여 명을 거느리고 풍환과 요광 등을 맞아 싸우게 하였다. 수성이 사신을 보내 거짓으로 항복하자, 풍환 등이 이를 믿었다. 그에 따라 수성이 험요한 요충지를 근거지

로 삼아 대군을 막고, 몰래 3,000명을 보내 현토와 요동 두 군을
공격하여 그 성곽을 불태우고 2,000여 명을 죽이고 사로잡았다.
六十九年 春 漢幽州刺史馮煥玄菟大守姚光遼東大守蔡諷等 將兵來侵
擊殺穢貊渠帥 盡獲兵馬財物 王乃遣弟遂成 領兵二千餘人 逆煥光等
遂成遣使詐降 煥等信之 遂成因據險以遮大軍 潛遣三千人攻玄菟遼東
二郡 焚其城郭 殺獲二千餘人

[태조대왕 69년{서기 121}] 여름 4월에 왕이 선비족 8,000명과
함께 요수현(遼隊縣)[28]으로 가서 공격하였다. 요동 태수 채풍이
군대를 거느리고 신창현(新昌縣)으로 나와 싸우다가 죽었다. 공조
연인 용단과 병마연인 공손포 등이 온몸으로 채풍을 막다가 모두
진영에서 죽었다. 죽은 자가 100여 명이었다.
夏四月 王與鮮卑八千人 徃攻遼隊縣 遼東大守蔡諷 將兵出於新昌 戰
沒 功曹掾龍端兵馬掾公孫酺 以身扞諷 俱沒於陣 死者百餘人

{서기 121년 후한은} 광양·어양·우북평·탁군·{요동}속국에서
3,000여 명의 기마병을 출동시켜 함께 {요광 등을} 구원케 하였으
나, 맥인이 벌써 돌아가버렸다.
於是發廣陽漁陽右北平涿郡屬國三千餘騎同救之 而貊人已去 {『후한
서』「동이열전 」 '고구려' 조}

후한에서는 광양(廣陽){북경 대흥현}, 어양, 우북평, 탁군,
요동속국[29] 등에서 병력을 출동시켜 고구려에 대항한 것으
로 나타난다. 이상의 기록을 통해서 알 수 있듯이 초기 고구

---

28) 『한서』「지리지」 '요동군조'에는 遼隊에 대해 안사고가 주석하기를 "隊의
    음은 수(遂)라고 했다"고 기록하고 있다. 따라서 요대현이 아니라 요수현이
    맞다.
29) 요동속국에는 험독, 방현, 창려, 도하, 부려, 빈도 등의 6개 현이 소속되어
    있다.

려는 고대 요동의 외곽에 위치하고 있었다. 그리고 고구려는 날로 강성해져 가고 있었기 때문에 한나라에서는 이에 대항할 세력이 필요했다. 그러나 『자치통감』 등에 따르면, 이 당시 유주 지역만해도 황외(荒外) 지역과 맞대고 있어서 재물과 비용이 많이 들어가고 있었다. 따라서 요동은 중원과 절연된 지역으로 간주되고 있었다. 그런데 121년 고구려가 마한, 예맥 세력 등과 현토성을 포위 공격하게 된다. 여기서 중요한 것은 소수 마한 세력이 고구려와 함께 군사행동을 같이 하고 있다는 사실이다.

[태조대왕 69년(서기 121)] 12월에 왕이 마한과 예맥의 기병 1만여 기를 거느리고 현토성으로 나아가 포위하였다. 부여의 왕이 아들 위구태(尉仇台)를 보내 군사 2만 명을 거느리고 한나라 군대와 힘을 합쳐 대항하여 싸우게 하니 우리 군대가 크게 패하였다.
十二月 王率馬韓穢貊一萬餘騎 進圍玄菟城 扶餘王遣子尉仇台 領兵二萬 與漢兵幷力拒戰 我軍大敗 {『삼국사기』「고구려본기」}

{서기 121년} 가을에 궁이 드디어 마한·예맥의 기병 수천 명을 거느리고 현토를 포위하였다. 부여왕이 그 아들 위구태를 보내어 2만여 명을 거느리고 한의 주·군과 함께 힘을 합하여 {궁을} 쳐서 깨뜨리고 500여 명을 참수하였다.
秋 宮遂率馬韓濊貊數千騎圍玄菟 夫餘王遣子尉仇台將二萬餘人 與州郡幷力討破之 斬首五百餘級 {『후한서』「동이열전」'고구려'조}

{태조대왕} 70년{서기 122년} 왕이 마한, 예맥과 함께 요동을 침입하였다. 부여의 왕이 병력을 보내 이를 구하고 {우리 군대를} 쳐부수었다. 마한은 백제의 온조왕 27년{서기 9}에 멸망하였다. {지

금 고구려왕과 함께 병력을 보낸 자는 아마도 멸망한 다음 다시
부흥한 자일 것이다}.
七十年 王與馬韓穢貊侵遼東 扶餘王遣兵救破之 馬韓以百濟溫祚王二
十七年滅 {今與麗王行兵者 盖滅而復興者歟} {『삼국사기』「고구려
본기」}

위의 기사에서 마한은 다시 부흥한 마한이 아니라 원래부
터 고구려와 함께 움직이던 평양 일대의 마한을 가리킨다.
평양마한은 처음 준왕에게 나라를 빼앗겼으나 이내 준왕 세
력을 밀어내고 복국하였는데, 이후 고구려와 손을 잡은 것으
로 나온다. 『삼국유사』에서 최치원이 말한 "마한은 고구려
이다."는 주장은 바로 이 세력을 가리키는 것으로 해석된다.
이에 반해 래이마한은 고대 요동 지역과 요서, 산동 지역, 한
반도 서남부에 있었으며 서기 200년경 래이마한에 속한 구
태백제를 건국한다. 따라서 고구려와 함께 하고 있는 마한은
준왕 세력을 밀어내고 자립위왕한 평양마한으로서 래이마한
과 별개의 세력이다.

마한은 원래 환발해만 지역을 중심으로 연방제 방식으로
성립되어 있었는데, 온조의 십제가 만난 마한은 평양에서 밀
려난 준왕 후손들의 마한으로 추정된다. 준왕 세력은 패퇴하
여 평양에서 남쪽으로 밀려난 이후 한강 유역으로 이동하였
는데, 온조십제 세력의 공격을 받아 멸망하였다. 『삼국사기』
「백제본기」의 마한은 준왕의 마한을 가리키는 것이다. 마한
이 연방제로 운영되어 하나가 아니라는 사실을 이해하지 못

했기 때문에 김부식은 1) 온조가 멸망시킨 준왕 후손의 마한, 2) 고구려와 함께 움직이는 마한, 3) 구태백제를 후원한 래이마한을 구분하지 않고 마한이 서기 9년에 온조왕에게 멸망당했다고 기록했다. 사실 준왕의 한(韓) 세력은 원래적 의미에서 래이마한과는 정치적으로 결속력이 낮았던 것으로 보인다. 왜냐하면 준왕의 마한세력이 멸망했음에도 래이마한이 별다른 지원을 하지 않은 것으로 나타나기 때문이다. 더구나 부여에서 출자한 십제 세력을 공격할 수도 없었을 것으로 보인다. 서기 3세기 중엽『삼국지』'한조'의 마한 55개 국 위치를 비정해 본 결과 한강 유역은 마한이 없는 것으로 확인되었다. 따라서 십제가 그곳을 차지하고 있었다는 것을 알 수 있다(박동, 2022).

　고구려와 함께 한을 공격하는 마한의 존재는 래이마한에게 커다란 딜레마를 가져다 주었을 것으로 판단된다. 따라서 국호 변경 문제가 급속히 제기되었을 것이다. 고구려와 적대적인 관계를 유지해온 래이마한으로서는 한(漢)나라에 자신들이 고구려와 움직이는 마한과 별개라는 것을 밝히지 않으면 안되었던 것이다. 이러한 상황속에서 부여왕의 아들 위구태가 나타나 2만 대군을 이끌고 고구려·마한·예맥 연합군의 공격을 막아내고 대승을 거두게 된다. 구태가 요동 지역에서 위명을 떨치게 된 것이다. 기병 1만을 대파했으니 한에서 부여를 얼마나 소중한 존재로 여겼겠는가? 옥갑을 갖다 바친 이유는 바로 이러한 구태의 위력 때문이었다.

『후한서』 「동이열전」 '부여조'에 따르면, 서기 120년 부여 왕의 아들 위구태가 후한 조정에 조공을 바치자 천자가 인수와 금채를 하사한 것으로 나타난다. 처음 부여는 한나라와 우호관계를 맺는데 우여곡절을 거쳤다. 그것은 위구태왕의 아들 부태가 서기 167년 2만 명의 병력으로 현토를 공격했기 때문이다. 부여는 원래 현토에 속하였으나 한나라 말기에 공손탁이 세력을 확장하는 과정에서 부태의 아들 위구태가 소속을 요동군으로 바꾸게 된다. 그리고 구태왕은 공손탁의 사위가 되었다.

이후에도 고구려는 한나라와 전쟁과 화친을 거듭하는 적대적 관계를 유지하였다. 『삼국사기』 「고구려본기」와 『후한서』에 그와 관련된 기록들이 다음과 같이 등장하고 있다. 대부분이 고구려와 한나라가 전쟁을 치렀다는 것이 주요 내용을 이루고 있다.

[태조대왕 94년{서기 146년}] 가을 8월에 왕이 장수를 보내 한의 요동군 서안평현을 습격하여 대방현령을 죽이고 낙랑 태수의 처자를 잡아왔다.
秋八月 王遣將 襲漢遼東西安平縣 殺帶方令 掠得樂浪大守妻子 {『삼국사기』 「고구려본기」}

{신대왕} 4년{서기 168}에 한(漢)의 현토군 대수(大守) 경림이 침공해 와서 우리 군사 수백 명을 죽였다. 신대왕이 스스로 항복하여 현토에 속하기를 청하였다.
四年 漢玄菟郡大守耿臨來侵 殺我軍數百人 王自降 乞屬玄菟 {『삼국사기』 「고구려본기」}

이러한 시기에 공손탁이 요동 지역에 등장한다. 공손탁은 처음에는 현토 태수였다. 이때 고구려는 공손탁을 도와 부산적(富山賊)을 토벌하는 데 앞장서기도 했다. 부산(富山)은 요녕성 조양시(朝陽市) 건평현(建平縣)에 위치하고 있다. 고구려의 지원에도 불구하고 고구려와 후한 그리고 공손씨들과의 관계는 개선되지 못하였다.

{신대왕} 5년{서기 169}에 왕이 대가인 우거와 주부인 연인 등을 보내 병력을 이끌고 현토 태수 공손탁을 도와 부산적을 토벌하였다.
五年　王遣大加優居主簿然人等　將兵助玄菟大守公孫度　討富山賊
{『삼국사기』「고구려본기」}

공손탁은 서기 190년에 요동 태수가 되면서 요동 지역을 완전히 장악하게 된다. 『자치통감』「한기(漢紀) 권 51」에는 공손탁이 요동 태수로 등장하는 과정이 다음과 같이 기록되어 있다.

중랑장 서영(徐榮)이 같은 군에 살고 있는 옛 기주 자사(冀州刺史)였던 공손탁을 동탁에게 천거하니, 동탁이 요동 태수로 삼았다. 공손탁이 관아에 이르러 법을 가지고서 군 안에 살고 있는 이름난 호족과 대성 100여 집안 사람을 죽여 없애니 군 안에 살고 있는 사람들이 무서워서 몸을 떨었고 마침내 동쪽으로 가서 고구려를 치고 서쪽으로 오환을 공격하였는데, 가까이 지내는 관리인 유의와 양의 등에게 말하였다. "한 왕조의 운명이 장차 끊어지려고 하니 마땅히 여러 경들과 함께 올바른 것을 도모할 따름이오." 이에 요동을 나누어서 요서와 중요군으로 만들어 각기 태수를 두었으며, 바다를 건너 동래(東萊)에 속한 여러 현을 흡수하여 영주 자사(營州刺史)를 두었다. 자립하여 요동후·평주목이 되었으며, 한나라 이조묘{전한을 건국한 고조 유방과 후한을 건국한 광무제의 묘}를 세우고 {한나라의} 제도를 이으며[承製] 교외에서 천지에 제사를 지내고 적전(藉田){국왕이 몸소 농경의 시범을 보이는 논밭}을 가지며, 난로(鸞路)를 탔고 모두와 우기(羽騎)를 설치하였다.

中郞將徐榮薦同郡故冀州刺史公孫度於董卓 卓以爲遼東太守 度到官以法誅滅郡中名豪大姓百餘家 郡中震慄 乃東伐高句驪 西擊烏桓 語所親吏柳毅陽儀等曰 漢祚將絶 當與諸卿圖王耳 於是分遼東爲遼西中遼郡 各置太守 越海收東萊諸縣 置營州刺史 自立爲遼東侯平州牧 立漢二祖廟 承製 郊祀天地 藉田 乘鸞路 設旄頭羽騎

이는 공손탁이 사실상 요동에서 왕노릇을 하고 있었다는 것을 보여준다. 실제로 공손탁은 서기 204년 조조가 표문을 올려 자신을 무위장군(武威將軍)으로 삼고 영녕향후(永寧鄕侯)에 책봉하자 다음과 같이 말했다.

태조{조조}가 공손탁에게 표를 내려서 무위장군이 되었고, 영녕향후로 봉하였는데, 공손탁이 말하길, "나는 요동에서 왕 노릇을 하고 있는데, 어찌 영녕이란 말인가?" 인수(印綬)를 무기창고에 감추어 두었다. 이 해에 공손탁이 죽자 아들 공손강이 자리를 이었지만 영녕향후라는 작위는 그 아우 공손공에게 책봉하였다.

太祖表度爲武威將軍 封永寧鄕侯 度曰 我王遼東何永寧也 藏印綬於武庫 是歲 度卒 子康嗣位 以永寧鄕侯封其弟恭 {「삼국지」「위서」'이공손도사열전'}

　공손탁이 요동에서 사실상 중원과 절연된 상태에서 왕 노
릇을 하게 된 것은 당시 요동의 세력관계를 잘 파악하고 나
름대로 강대한 세력을 구축할 수 있었기 때문이다. 여기에는
마한과 부여가 중요한 역할을 수행하였다. 『진서』「지리지」
'평주(平州)'조에는 동이 9종이 모두 공손씨에게 복속하였다
고 한다.

　평주. … 후한(後漢) 말엽에는 공손탁(公孫度)이 스스로 평주목(平
州牧)이라고 불렀다. 이에 그의 아들 공손강(公孫康)과 공손강의
아들 공손문의{공손연}가 요동을 병합하고 그곳에 의거하니 동이
9종이 모두 복종하여 섬겼다. 위(魏)나라에서 동이교위(東夷校尉)
를 설치하여 양평(襄平)에 거하였고, {이를} 나누어 요동(遼東)·창
려(昌黎)·현토(玄菟)·대방(帶方)·낙랑(樂浪) 등 5개의 군을 평주
(平州)로 하였고, 후에 유주(幽州)와 합하였다.

　平州 … 後漢末 公孫度自號平州牧 及其子康 康子文懿竝擅攘遼東 東
夷九種皆服事焉 魏置東夷校尉 居襄平 而分遼東 昌黎 玄菟 帶方 樂
浪 五郡爲平州 後還合爲幽州

　『삼국지』'부여조'에 따르면, 공손탁은 고구려와 선비족이
강성해지는 와중에 두 세력 사이에 부여가 끼어 있는 상황을
활용하여 부여왕 위구태에게 일족의 딸을 시집보내 혼인동
맹을 맺었다. 부여왕 위구태는 그 이전에 백제(伯濟)를 건국
한 상태였다. 마한이 서기전 296년에 건국된 반면 마한백제
는 서기 200년경에 건국되었다. 그리고 공손탁의 딸과 혼인
한 것은 서기 203년 무렵인 것으로 보인다. 구태는 공손탁

의 사위가 되면서 일약 동이강국으로 부상했다. 실상은 마한 세력들이 자신들의 세력을 구태에게 몰아주었던 것으로 파악된다.

부여는 본래 현토에 속하였다. 한(漢)나라 말기에 공손탁이 나라의 동쪽[海東]에서 세력을 확장하여 외이(外夷)들을 위력으로 복속시키자, 부여왕 위구태(尉仇台)는 {소속을} 바꾸어 요동군에 복속하였다. 이때 고구려와 선비가 강성해지자, 공손탁은 부여가 두 오랑캐의 틈에 끼여 있는 것을 기화로 {부여와 동맹을 맺으려고} 일족의 딸을 {그 왕에게} 시집보내었다.

夫餘本屬玄菟 漢末 公孫度雄張海東 威服外夷 夫餘王 尉仇台更屬遼東 時句麗鮮卑彊 度以夫餘在二虜之間 妻以宗女 {『삼국지』 '부여조'}

구태가 백제를 건국한 곳은 낙랑군의 바닷가에 퇴적지가 형성되면서 비옥한 평야지대가 만들어진 천진 일대의 대방 고지이다. 구태의 군대 2만 명과 마한의 지원, 공손탁과의 혼인동맹 등을 통해 나라의 기틀을 갖추었다. 그런데 이러한 중대 시기에 고구려에서 왕위계승을 둘러싸고 일대 사건이 발생한다. 적장자로서 왕위에 오르지 못한 발기(拔奇)가 반란을 일으키고 3만여 명을 데리고 공손탁에게 의지하기에 이르른 것이다. 『삼국지』 '고구려조'에는 다음과 같이 기록하고 있다.

건안 연간{서기 196~219}에 공손강이 군대를 보내어 고구려를 공격하여 격파하고 읍락을 불태웠다. 발기는 형이면서도 왕이 되지 못한 것을 원망하여, 연노부의 대가와 함께 각기 하호 3만 명을 이끌고 공손강에게 투항하였다가 돌아와서 비류수 유역에 옮겨 살았다. {지난 날} 항복했던 호족도 이이모를 배반하므로 이이모는 새로 나라를 세웠는데 오늘날 {고구려가} 있는 곳이 이곳이다. 발기는 드디어 요동으로 건너가고, 그 아들은 고구려에 계속 머물렀는데, 지금 고추가 박위거가 바로 그 사람이다. 그 뒤에 다시 현토를 공격하므로 현토군과 요동군이 힘을 합쳐 {고구려에} 반격하여 크게 격파하였다.

建安中 公孫康出軍擊之 破其國 焚燒邑落 拔奇怨爲兄而不得立 與涓奴加各將下戶三萬餘口詣康降 還住沸流水 降胡亦叛伊夷模 伊夷模更作新國 今日所在是也 拔奇遂往遼東 有子留句麗國 今古雛加駮位居是也 其後復擊玄菟 玄菟與遼東合擊 大破之

위의 기록에 따르면, 연노부의 하호 3만 명을 거느리던 발기는 드디어 요동으로 옮겨가게 된다. 그런데 『삼국지』 '부여조'에 따르면, 본래 현토군에 속하였던 부여가 공손탁 시기 소속을 요동군으로 바꾸었다는 기록이 등장한다. 이때 공손탁이 위구태의 부여가 고구려와 선비 사이에 끼어 있는 것을 기화로 그 일족의 딸을 시집보내 부여와 동맹을 맺은 것이다. 이를 통해서 우리는 발기가 이끌고 온 3만 명의 백성들이 구태의 백제와 같은 요동 지역에 속하게 되었다는 사실을 알 수 있다. 이는 발기가 이끌고 온 3만 명의 백성이 구태 세력과 연계될 수밖에 없었다는 사실을 보여준다. 『삼국지』 '한조'는 이 상황을 다음과 같이 기록하고 있다.

건안 연간{서기 196~220}에 공손강이 둔유현 이남의 황무지를 분할하여 대방군으로 만들고, 공손모·장창 등을 파견하여 한(漢)

의 유민을 모아 군대를 일으켜서 한(韓)과 예(濊)를 정벌하자, {한·예에 있던} 옛 백성들이 차츰 돌아오고, 이 뒤에 왜와 한은 드디어 대방에 복속되었다.

建安中 公孫康分屯有縣以南荒地爲帶方郡 遣公孫模張敞等收集遺民 興兵伐韓濊 舊民稍出 是後倭韓遂屬帶方

이는 고구려에서 투항한 3만 명의 백성이 둔유현(屯有縣) 이남에 설치된 대방군에 속하게 되었다는 것을 표현한 것이다. 이때 한(韓)과 예(濊)의 백성들이 돌아왔다고 기록한 것이다. 여기서 왜와 한이 대방에 복속되었다고 했는데, 여기서 왜(倭)는 춘추전국시대에 오(吳)나라와 월(越)나라가 멸망한 이후 발해만 연안 지역에 산재했던 세력들을 가리킨다. 왜는 한과 함께 한민족의 주요 구성세력이 되었는데, 왜의 실체에 대한 이해가 부족해서 예(濊)와 맥(貊) 그리고 한(韓)만이 한민족의 구성 세력인 것처럼 이해해왔다. 그러나 『후한서』를 보면 중국의 나라 밖 동이의 구성 세력 중에 왜가 포함되어 있었다는 것을 알 수 있다. 여기서 왜는 오나라가 멸망한 이후 새로이 오씨로 성씨를 바꾼 사람들을 가리키는데, 이들은 현재 한민족의 주요 구성세력 중 하나이다.

어쨌든 3만 호가 참여했기 때문에 새로 건국된 나라의 왕인 구태는 고구려의 왕권 경쟁에서 밀려난 발기가 아닌가 하는 주장이 제기되고 있다. 이와 관련된 내용을 『삼국사기』「고구려본기」를 통해 보다 구체적으로 살펴보면 다음과 같다.

〔산상왕 원년{서기 197년 5월}〕 발기는 {상황이} 어려운 것을 알고 처자를 거느리고 요동으로 도망가서 태수 공손탁을 보고 알리기를, "나는 고구려 왕 남무의 친동생입니다. 남무가 죽고 아들이 없자 나의 동생 연우가 형수 우씨와 모의하고 즉위하여 천륜의 의를 무너뜨렸습니다. 이 때문에 분하여 상국에 투항하러 왔습니다. 엎드려 바라건대 병사 3만 명을 빌려주어, 그들을 쳐서 난을 평정할 수 있게 해주소서."라고 하였다. 공손탁이 그에 따랐다.

發歧知難 以妻子奔遼東 見大守公孫度告曰 某高句麗王男武之母弟也
男武死 無子 某之弟延優與嫂于氏謀即位 以廢天倫之義 是用憤恚 來
投上國 伏願假兵三萬 令擊之 得以平亂 公孫度從之

발기는 태조대왕의 아우로서 이때 나이가 많았던 것으로 보인다. 그 아우에게 "네가 차마 지금 늙은 형을 해칠 수 있겠느냐?"고 꾸짖자 그 동생 계수가 나서 말하길, "연우가 나라를 양보하지 않을 것은 의롭지 못하나 한때의 분노로 자기 나라를 멸망시키려 하니 죽은 후 무슨 낯으로 조상을 보겠는가?"하고 대답했다. 이에 발기는 수치스러워 자결했다고 한다. 발기가 자살을 했는지 여부는 확인하기 어렵지만 고구려에서 데리고 나온 3만여 명의 백성과 공손탁이 빌려준 또 다른 3만여 명의 병력은 어디로 간 것일까? 후한 시기 요동을 비롯한 지역의 인구는 꾸준히 감소하여 3만여 백성과 3만 병력은 엄청난 세력규모라고 할 수 있다.

물론 3만여 병력은 공손탁에게 환원되었다고 하더라도 3만여 백성은 공손탁에게 의탁하였지만 엄연히 고구려의 백성들이다. 이들은 고구려에 복귀하지 못하고 처음에는 비류수 일대에 있었다. 부여왕 위구태는 2만여 명의 병력을 보유하고 있었고, 요동에서 명장으로 위명을 떨치고 있었다. 그렇다면 이들 백성들과 병력들이 구태백제 건국의 원동력이 되었을 것으로 판단된다. 3만여 명이 현재의 요수 중상류 지역으로 비정되는 비류수에서 굶으면서 살 수는 없는 일이었으므로 이들은 당시 대방고지를 장악하고 있던 한(韓)에 귀속되었던 것이다.

『삼국사기』와 『후한서』에는 서기 121년 고구려가 마한, 예맥과 함께 현토성을 포위 공격하자 부여왕의 아들 위구태가 2만여 병력으로 이를 크게 격파한 것으로 기록되어 있다. 이 경우 위구태가 20대 초반의 나이라고 하더라도 나중에 공손탁의 딸 또는 종녀와 혼인한 시기는 공손탁이 활동하던 시기인 서기 190~204년 기간이므로 혼인이 불가능하다.

따라서 서기 121년의 위구태와 서기 2세기 말 위구태는 서로 다른 인물이라는 것을 알 수 있다. 서기 2세기 말의 위구태는 그 이전의 위구태의 위명을 활용하여 같은 이름을 쓴 것으로 보는 것이 타당하다. 일종의 위구태 2세라고 볼 수 있는 것이다. 그렇다면 위구태는 부여왕과 백제왕을 겸한 것으로 볼 수 있다.

위구태는 처음에 백제라는 일종의 부여 분국을 건국하였다. 그러나 백제는 마한에 속한 상태였다. 그렇다면 구태백제의 성장은 마한의 절대적인 후원을 받았음을 알 수 있다. 새롭게 건국된 백제의 운명은 당시 대방고지를 장악하고 있던 양대 세력, 즉 마한과 공손씨 세력에 의해 전적으로 결정 될 수밖에 없었던 것이다.

백제의 유래를 명확하게 보여주는 사료는 바로 『양직공 도』이다. 여기에는 "백제가 옛적의 래이마한에 속한 나라였 다.[百濟舊來夷馬韓之屬]"라고 했다. 백제는 산동 지역과 고 대 요동 지역에 위치했던 래이마한의 후원하에 건국된 것이 다. 래이족은 산동반도에서 우이족과 융합된 종족으로 동북 쪽으로 이동하여 고조선에서도 양이(良夷)30)로서 역할한 것 으로 분석되므로 백제가 건국된 요동 지역 낙랑군의 대방고 지에는 래이족이 주축세력을 이루고 있었던 것으로 파악된 다. 중국의 각종 사서를 보면 백제는 이곳에서 마한에 속한 나라로 건국되었다. 『삼국지』에도 마한 55개국 중 한 나라 로 백제(伯濟)가 등장한다. 이 백제가 나중에 백제(百濟)로 발전한 것이다.

이처럼 공손씨가 요동을 장악하고 있을 때 동이족들은 공 손씨와 동맹을 맺고 동북 지구에 다민족 연합정권을 형성한 것으로 평가할 수 있다. 특히 마한과 부여, 백제 등과 한족 (漢族) 공손씨 세력은 북경시 남쪽에서 하나의 커다란 동맹 세력을 형성하였던 것으로 나타난다. 서기 2세기 말 ~ 3세 기 초에는 공손탁이 동래(東萊)의 여러 현을 차지하고 영주

---

30) 중국학자 묘위(2010)는 "양이해석(良夷解釋)"에서 양이가 낙랑이(樂浪夷) 라고 했다. 공조(孔晁)도 『일주서(逸周書)』「왕회편」에 대한 주석에서 "양이 는 낙랑이이다.[良夷, 樂浪之夷也]"고 했다. 양이는 우이족과 융합된 래이족 으로서 동북으로 이동하여 고조선의 선민인 낙랑이가 된 것이다. 양(良)과 래(萊)의 상고음(上古音)은 서로 통했다.

자사(營州刺史)를 두는 등 사실상 자립을 한 상태였다. 공손
탁은 동이족과 연합하여 중원을 도모할 야심까지 드러낼 정
도였다.

　이러한 요동의 상황을 파악하게 된 위명제(魏明帝) 조예
(曹叡)는 사마의(司馬懿)에게 공손씨의 요동 지역을 토벌하
라고 명한다. 사마의는 진군에 100일, 전투에 100일, 휴식
에 60일을 그리고 회군에 100일 등 360일이면 속전속결로
공손씨 세력을 토벌하겠다고 화답했다. 이 경우 사마의가 군
대를 거느리고 한반도의 평양으로 갈 수는 없는 일 아닌가?
사마의 군대가 축지법을 사용하지 않는 한 한반도까지 이동
하는 것은 불가능하다. 조선 시대에 의주에서 북경까지 사신
단이 도착하는데 걸린 기간이 3개월 이상이라고 했다. 따라
서 사마의가 보기 4만 명으로 낙양에서 출발하여 100일만
에 도착한 곳은 낙양에서 3,000여 리 떨어진 고대 요동이
다. 고대 요동의 공손연을 공격하여 승리함으로써 공손씨 세
력은 서기 238년 토벌되어 사라진다.

[경초(景初)] 2년 봄에 조정에서는 태위 사마의(司馬懿)를 보내 공
손연을 토벌하도록 했다. 6월, 군대가 요동(遼東)에 도착하니, 공
손연은 장군 비연과 양조 등을 파견해 보병과 기병 수만 명을 요
수(遼隧)에 주둔시켰으며, 주위에 20리 이상 참호를 팠다. 사마의
의 군대가 도착한 후, 공손연은 비연에게 명령하여 맞아 싸우도록
했다. 사마의는 장군 호준 등을 보내어 그들을 쳐부수게 했다. 사
마의는 군대에 명령을 내려 주위에 참호를 파도록 하고, 군대를
이끌고 동남쪽으로 달려가다가, 동북쪽으로 급히 방향을 돌려 즉

시 양평(襄平)으로 달려갔다. 비연 등은 양평(襄平)이 무방비 상태로 있음을 걱정하고 밤중에 달아났다. 사마의의 군대는 수산31)으로 나아갔으며, 공손연은 또 비연 등을 다시 보내어 위나라 군사와 사력을 다해 싸웠다. 다시 공격해 크게 무찌르고, 드디어 성 아래까지 진군하여 주위에 참호를 팠다. 마침 30여 일간 장맛비가 내려 요수(遼水)가 불어났으므로, 운송선이 요수 입구(遼口)에서 성 아래까지 직행했다. 비가 그치자, 사마의는 흙산을 쌓고 누대를 만들어, 그 위에서 연발식 화살을 성안으로 쏘았다. 공손연은 급박해졌다. 성안에는 양식이 다 떨어져 사람이 사람을 잡아먹을 지경에 이르렀으며 죽은 자가 매우 많았고, 장군 양조 등은 투항했다. 8월 병인일 밤에 길이가 수십 장 되는 큰 유성이 수산의 동북쪽에서 양평성 동남쪽으로 떨어졌다. 임오일에 공손연은 무리들이 궤멸하자 그 아들 공손수와 함께 수백 기로써 포위망을 뚫고 동남쪽으로 도주했고 대군이 급하게 추격했다. 마침 유성이 떨어진 곳에서 공손연 부자의 목을 베었다. 성이 파하자 상국(相國) 이후 천여 명의 목을 베었다. 공손연의 머리는 낙양으로 전했는데, 요동, 대방, 낙랑, 현토 등이 다 평정되었다.

二年春, 遣太尉司馬宣王征淵。六月, 軍至遼東。淵遣將軍卑衍、楊祚等步騎數萬屯遼隧, 圍塹二十餘里。宣王軍至, 令衍逆戰。宣王遣將軍胡遵等擊破之。宣王令軍穿圍, 引兵東南向, 而急東北, 即趨襄平。衍等恐襄平無守, 夜走。諸軍進至首山, 淵復遣衍等迎軍殊死戰。復擊, 大破之, 遂進軍造城下, 為圍塹。會霖雨三十餘日, 遼水暴長, 運船自遼口徑至城下。雨霽, 起土山, 脩櫓, 為發石連弩射城中。淵窘急。糧盡, 人相食, 死者甚多。將軍楊祚等降。八月丙寅夜, 大流星長數十丈, 從首山東北墜襄平城東南。壬午, 淵眾潰, 與其子脩將數百騎突圍東南走, 大兵急擊之, 當流星所墜處, 斬淵父子。城破, 斬相國以下首級以千數, 傳淵首洛陽, 遼東、帶方、樂浪、玄菟悉平。{『삼국지』「위서」'이공손도사장전(二公孫陶四張傳)'}

---

31) 여기서 수산은 당태종이 머물던 마수산(馬首山)을 가리킨다.

공손씨 세력 중 공손탁은 중원이 황건적의 난과 동탁의 집권 등으로 대혼란 상태에 빠져들던 바로 그 시기인 서기 189년에 요동 태수로 취임했고, 이후 창려군, 요동국, 낙랑군, 현토군, 대방군 등 5개군을 합쳐 평주(平州)를 설치하고 고대 요동 지역을 중원과 분리시켜 버렸다. 그리고 스스로를 평주목(平州牧)이라 일컬으며 이 지역을 자신의 독자 영역으로 삼았다([그림 12] 참조).

[그림 12] 공손씨의 평주(平州) 위치 비정

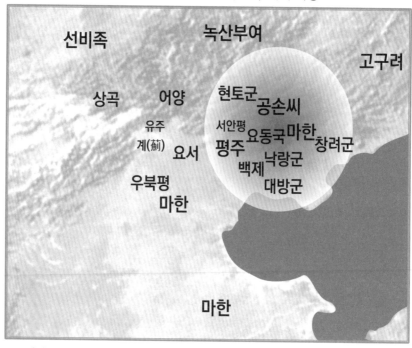

주: 필자가 그림

공손연이 오나라와 위나라 사이를 넘나들며 양다리 외교를 펼치고, 고구려와도 우호적 행보를 보이자 위나라에서는 유주 자사(幽州刺史) 관구검(毌丘儉)을 보내 공격하도록 했으나 이를 격퇴하고 스스로 연왕(燕王)이라고 칭했다. 그러나 서기 238년 사마의가 위나라군을 이끌고 와서 공손연을 참살해버렸다.

사마의는 공손씨 토벌 이후 15세 이상의 남자는 모두 대량 학살을 하고 철수해버린다. 이는 조조의 서주(徐州) 대학살에 버금갈 정도였다. 그리고 요동의 4만 호 백성들을 중원으로 압송해갔다. 서진 시기에 요동 지역에 서진이 영향력을 갖지 못한 것은 사마의의 대량 학살의 영향이 컸기 때문인 것으로 분석된다. 서기 193년 조조가 자신의 부친 살해에 대한 보복으로 무고한 서주 양민들을 대량 학살한 이후 서주에 대한 정벌을 포기한 것도 서주 백성들이 조조를 철천지원수로 여겼기 때문이다. 이에 대해 『자치통감』은 다음과 같이 기록하고 있다.

전에 서주를 토벌하면서 위엄과 형벌을 실행하여 {서주의} 아들과 아우들은 아버지와 형들이 받은 수치를 생각할 터이니 반드시 사람들은 자발적으로 지키며 항복할 마음이 없을 것이므로 가서 그들을 격파한다 해도 오히려 소유할 수 없습니다.
前討徐州 威罰實行 其子弟念父兄之恥 必人自為守 無降心 就能破之 尙不可有也

그 결과 사실상 요동 지역과 산동 지역 등은 중원으로부터 독립적인 상황으로 변해 버린 것으로 분석된다. 특히 요동은 후한이나 진나라의 인구 수가 급격하게 감소하게 되고, 한인(漢人)이 대부분 소개되거나 도망한 상태에서 진공상태가 조성된다. 이 시기에 유주 지역 중 상당 부분이 한(韓)의 영역이 된 것으로 분석된다. 물론 그 이전에도 조선의 영역이었지만 한이 조선을 계승한 것으로 볼 수 있다. 『자치통감』에는 유주 지역이 변방 바깥 지역{황외(荒外)}과 맞닿아 있다고 하면서 다음과 같이 기록했다.

{서기 190년} 여름 4월, 유주목 유우(劉虞)를 태부로 삼았는데, 도로가 막혀서 신명이 끝내 지나갈 수가 없었다. 이보다 먼저 유주 지역은 황외 지역과 맞대어 있어서 재물과 비용이 매우 많이 들었고, 해마다 항상 청주(青州)와 기주(冀州)의 부조인 2억 전 남짓을 갈라서 충당했었다.
夏 四月 以 幽州牧劉虞爲太傅 道路壅塞 信命竟不得通 先是 幽部應接荒外 資費甚廣 歲常割青冀賦調二億有餘以足之

낙랑군과 대방군의 위치 비정

낙랑군은 서기전 108년 한무제(漢武帝)가 조선을 침공한 이후 조선 세력의 내분이 심화되어 나라가 멸망하자 고대 요동의 남부에 설치하였다. 조선현이 치소이다. 낙랑군의 위치에 대해서는 『한서』「지리지」'낙랑군'에 다음과 같이 기록되어 있다.

"낙랑군. {응소가 이르기를, "옛날의 조선국이다."고 했다.} 무제 원봉 3년에 열었다. … 조선 {응소가 말하길, "(주나라) 무왕이 기자를 조선에 봉해주었다."고 했다.} … 패수(浿水). 물은 서쪽으로 흘러 증지에 이르러 바다로 흘러 들어간다. 함자 대수(帶水)는 서쪽으로 흘러 대방에 이르러 바다로 흘러 들어간다. 점제, 수성(遂成), 증지, 대방(帶方), 열구(列口), 장잠, 둔유, 누방, 제해, 혼미, 탄렬. 분려산(分黎山)은 열수(列水)의 발원지이며 서쪽으로 흘러 점제에 이르러 바다로 흘러 들어가는데 820리를 흘러간다. 동이, 불이…

樂浪郡 {應劭曰 "故朝鮮國也."} 武帝元封三年开. … 朝鮮 {應劭曰 "武王封箕子於朝鮮."} … 浿水 水西至增地入海. 含资 帶水西至帶方 入海. 黏蟬 遂成 帶方 列口 長岑 屯有 镂方 提奚 渾彌 呑列. 分黎山 列水所出. 西至黏蟬入海 行八百二十里. 東暆 不而…

[그림 13] 북경, 천진, 당산 일대 패수(浿水), 대수(帶水), 열수(列水), 습수 흐름도

[자료] 필자가 그림

한나라 시기 낙랑군은 옛날의 조선국이 있었던 곳이다. 낙랑군에는 조선현이 있는데, 이는 주무왕이 기자를 조선에 봉한 곳이라 했다. 낙랑군에는 패수가 흐르는데, 군의 서쪽으로 흘러 증지에서 바다로 유입되는 것으로 비정했다. 낙랑군 탄렬현에는 분려산이 있는데 열수(列水)의 발원지라 했다. 낙랑군에는 패수만이 아니라 대수(帶水)도 흐르는데, 대수는 서쪽으로 흘러 대방에 이르러 바다로 흘러 들어간다. 따라서 대방은 낙랑군의 해안가에 위치한 곳이라는 것을 알 수 있다. 낙랑군에는 함자현, 점제현, 수성(遂成)현, 대방현, 열구(列口)현, 장잠현, 둔유현, 누방현, 제해현, 혼미현, 탄렬현 등의 현이 속해 있다.

『사기』「조선열전」에는 "누선장군{양복} 역시 병사를 거느리고 열구(列口)에 이르렀다면 마땅히 좌장군을 기다려야 했다. 그럼에도 제멋대로 먼저 병사를 풀어 많은 군사를 잃어버렸으므로 주살해야 하나 속전을 받고 서인으로 삼았다.[樓船將軍亦坐兵至列口 當待左將軍 擅先縱 失亡多 當誅 贖爲庶人]"고 했다. 『사기색은』에서 열구에 대해 주석하기를 "소림이 이르기를, {열구는} 현의 이름이며, 바다를 건너면 먼저 닿는 곳이다.[[索隱] 蘇林曰: 縣名. 度海先得之.]"고 했다. 이에 따르면 누선장군은 제(齊)로부터 배를 타고 발해를 건너고 좌장군 순체는 요서에서 출격하였다.

그렇다면 이후 수양제와 당태종이 그러했던 것처럼 낙랑군 열구현에서 합류해 합동작전을 펼쳐야 했는데, 수군이 먼저 왕험성까지 내달아 각개격파를 당했던 것이다. 이에 따르면 열구(洌口)는 열수(洌水), 즉 영정하의 하구 지역이라는 것을 알 수 있다.[32] 고조선의 우거왕은 현토에 위치한 왕험성에 있었고, 한나라의 육군은 요택을 거쳐 요수를 건너야 했으므로 육해군의 합동작전을 기획한 것이 맞다면 열수는 요수, 즉 조백하가 흘러 들어가는 영정하를 가리킨다고 보는 것이 타당하다. 『후한서』「광무제본기」 건무 6년{서기 30년}에도 낙랑군이 옛 조선으로 요동에 있다고 했다.

> "처음에 낙랑인 왕조가 낙랑군을 근거로 복종하지 않았다(낙랑군은 옛 조선국이다. 요동에 있다.). 가을 낙랑 태수 왕준이 이를 공격하자 낙랑군의 관리들이 왕조를 죽이고 항복했다.
>
> 初 樂浪人王調據郡不服(樂浪郡 故朝鮮國也 在遼東) 秋 遣樂浪太守王遵擊之 郡吏殺調降.

위의 『한서』「지리지」 '낙랑군'과 『후한서』「광무제본기」 '건무 6년{서기 30년}'의 두 기사에 따르면 낙랑군은 기자조

---

32) 이병도(1976: 72)는 『산해경』「해내북경조」의 "조선은 열양(列陽)의 동쪽에 있는데, 바다의 북쪽이고 산의 남쪽이다. 열양은 연에 속했다.[朝鮮在列陽東, 海北山南, 列陽屬燕]"라고 한 부분의 "열양은 열구(洌口)와 한 가지, 열수(今 대동강)와 관계있는 지명으로 열구가 열수의 하구의 뜻임에 대하여 열양은 열수의 북이란 뜻으로 명명된 것이다."고 주장했다. 대동강이 어떻게 열수라는 것인지, 그리고 『산해경』에 어떻게 대동강이 기록되었는지에 대해서는 아무런 설명도 없다. 더구나 대동강이 어떻게 연나라에 속하게 되었는지, 그리고 그와 관련된 내용이 어떤 기록에 나오는지에 대해서도 어떠한 근거도 제시하지 못하고 있다. 필자가 보기에 장안이 『사기』 주석서인 『사기집해』에서 말한 열수(洌水)는 산서성에서 발원하는 영정하를 가리키는 것으로 비정된다. 그리고 열구는 대방군에 위치한 현으로 요수인 조백하로 진입하는 하구를 가리킨다.

선이 있었던 고대 요동 지역에 위치하고 있었다는 것을 알
수 있다. 그런데 이병도(1976: 133)는 수부가 조선현이므로
낙랑군은 당연히 대동강 유역에 있었다고 주장했다.

> 낙랑군은 기술한 바와 같이 한무제 원봉 3년(서기전 108년), 위씨
> 조선의 수도왕험성(평양)을 함락하던 해에 진번·임둔의 2군과 함
> 께 설치되었거니와, 그 수부(수현)의 이름이 조선현인만큼 지금의
> 대동강유역을 중심으로 하고 있음에 대해서는 종래에 별로 이론
> 이 없었다. … 낙랑군은 설치초(서기전 108)로부터 그 몰락할 때
> (서기후 313)까지 약 420년이나 오랫동안 번영을 누리고 있었으
> 므로, 말하자면 한(漢)문화이식의 중심이 되었던 것이다.

위와 같은 이병도(1976)의 주장대로라면 한무제가 한반
도의 평양까지 침략을 와서 위만조선을 붕괴시키고 대동강
유역을 중심으로 하는 평양에 낙랑군을 설치했다는 것이 된
다. 그런데 아래의 『사기』「조선열전」에 따르면 누선장군 양
복은 제나라에서 배를 타고 출발했고, 좌장군 순체는 요동으
로 출격했다.

> 그 해 가을에 누선장군 양복을 파견하여 제(齊)로부터 배를 타고
> 발해를 건너게 하고, 군사 5만의 좌장군 순체는 요동에서 출격하
> 여 우거를 토벌하게 하였다. 우거는 군사를 일으켜 험준한 곳에서
> 대항하였다.
> 其秋 遣樓船將軍楊僕從齊浮渤海 兵五萬人 左將軍荀彘出遼東 討右
> 渠. 右渠發兵距險.

고대 요동은 북경과 난하 사이를 가리키므로 한나라의 수

군과 육군은 요동에서 서로 만나 협의를 한 후 진격을 해야
했다. 그런데 요동을 출발한 육군이 먼저 도착해서 조선을
공격하다가 패하고 만다. 만일 한반도 평양이라면 무슨 수로
육군이 먼저 도착할 수 있었겠는가? 수군인 누선장군도 제
의 병사 7,000명을 거느리고 왕험성에 이르렀는데, 그 수가
적음을 알고 조선왕 우거가 각개격파해 버린다. 이러한 내용
을 자세히 살펴보면 왕험성은 요동군의 북쪽에 위치하고 있
었다는 것을 알 수 있다. 한반도의 평양은 험준한 물줄기와
는 거리가 먼 곳이다. 거기다 수나라, 당나라조차 북경 일대
에서 고구려를 공격하는 상황에서 육군이 한나라 시기에 요
하의 동쪽에서 한반도로 진군한다는 것이 성립 불가능하다
는 것은 누구나 알 수 있는 사실이다. 그럼에도 불구하고 이
병도(1976: 88)는 다음과 같이 한무제와 수양제, 당태종이
모두 한반도의 평양을 공격하러 왔다고 주장한다.

한무제는 국내의 죄수들을 병졸로 모집하여 원정을 준비하더니,
이해(서기전 108) 가을에 군사를 수륙양면에 나누어 조선을 침략
케 하였다. 수로로는 누선장군 양복으로 하여금 군사 50,000명을
거느리고 지금 산동반도에서 바다를 건너 국도왕험성(평양)을 지
향하여 열구(대동강 입구)로 쳐들어오게 하고, 육로로는 좌장군
순체를 시켜 군사를 이끌고 요동으로 나와─역시 국도를 목표로─
조선과의 국경선(패수)을 돌파케 하려고 하였다. 이러한 침략 코
오스는 후세 고구려의 수도 평양성을 지향하고 쳐들어온 수·당군
에게도 되풀이 되었지만, 지리상 자연한 코오스인 것이다.

한나라의 수도는 장안(서안)이었는데, 낙양까지의 거리를 약 1,500리로 보면, 낙양에서 고대 요동까지가 3,600리, 그리고 고대 요동에서 평양까지는 최소한 2,500리에 달한다. 그렇다면 중원의 병사들이 7,000~8,000리를 도보로 걸어서 한반도의 평양을 침공했다는 것인데, 이것이 가능키나 한 일인가? 이병도(1976: 99)는 유주의 치소가 요녕성의 의무려에 위치하고 있었다고 주장하지만 이에 대해 공감하는 사람은 없다. 유주의 치소는 북경 일대이고 그렇다면 병사들은 유주에서 출발한다고 하더라도 약 3,000리에 가까운 거리를 걸어와야 한다. 고대 시대에 장안에 있었던 한무제가 한반도에서 무엇을 얻고자 평양까지 온다는 말인가? 수륙 양동작전도 설명이 안되는 것이 수군이 먼저 대동강 입구에 도착하는 것이 당연한 일임에도 불구하고 요동으로 출발한 육군 병력이 먼저 조선군과 싸우다 패해 패전의 책임을 지고 장수가 참수당하고 만다. 이후 고대 요동의 인구는 날로 감소되어 간다. 그리고 수·당 시기에는 이미 한사군이 모두 격파되어 고구려의 수중에 들어온 상태였다.

이와 관련하여 이병도(1976: 134~138)는 낙랑군의 호수 변화에 대해 설명하면서 낙랑군의 호수가 『한서』 「지리지」에는 62,812호에 40만 6,748명(서기 2년 기준)인데 반해 『후한서』 「군국지」에는 61,492호 25만 7,050명(서기 140년 기준)으로 줄어들고, 『진서』 「지리지」에는 낙랑군 3,700호, 대방군 4,900호(서기 276년 기준)로 모두 합해 봐야

8,600호에 불과하다. 여기에 1호당 4~6명이라고 추산하면 34,400명~51,600명에 불과한 것으로 나타난다. 이에 대해 이병도(1976: 135~136)는 호수 통계에 착오가 있었다며 또 다시 사서 기록의 신빙성을 문제 삼는다.

그런데 여기서 서기 313년에 없어졌다는 낙랑군의 인구가 서기 276년 경에 이미 대방군을 합해도 인구수가 5만 정도에 불과하다는 이 사실을 어떻게 설명할 수 있을 것인가? 인구수 5만이면 병력은 인구의 10%까지 차출해도 5천 명에 불과하다. 이 병력으로 한나라, 그리고 이후 서기 265년 중원을 통일한 서진(西晉)이 낙랑군과 대방군의 조선 백성들을 식민지배했다는 것이 가능한 이야기인가? 이것이 단순한 통계 착오 때문인가?

이병도(1976: 137)는 공손탁, 공손강, 공손연 3대가 한반도에 있었다면서 이들이 있었을 때에는 이처럼 인구수가 줄어들지 않았을 것이라고 주장한다. 그리고 서기 238년에 사마의가 요하 동쪽의 양평(요양)까지 와서 공손씨를 치고 위나라에서 바다로부터 쳐들어와 낙랑과 대방 2군을 평정 장악했다고 주장했다.

그런데 그 후 공손씨의 추세를 보면 강의 아들 연의 대에 이르러 삼국 중 위와 오에 대하여 수서양단책(首鼠兩端策){쥐가 구멍 속에서 머리를 내밀고 나갈까 말까 망설인다는 뜻}을 쓰면서도 성이 잔폭하여, 이쪽 저쪽의 의구심과 증오감을 일으키다가, 마침내 위경초 2년(서기 238)에 위에서 사마의를 보내어 양평(遼陽)에서 연을 치게 하는 한편, 몰래 군사를 해송하여 낙랑·대방의 2군을 평정 장악하게 되었다.

『자치통감』 「위기(魏紀) 권6」에 따르면 사마의는 낙양에서 요동의 공손씨를 토벌하러 "가는데 100일, 공격하는데 100일, 돌아오는데 100일, 60일을 휴식하게 할 것이니 이같이 하면 1년이면 충분합니다.[往百日 攻百日 還百日 以六十日爲休息 如此 一年足矣]"라고 이야기 했다. 그렇다면 병사들이 하루에 걷는 거리를 1사(舍), 즉 30리로 보면 낙양에서 3천리 떨어진 곳에 공손연이 있었다는 것을 알 수 있다. 이 경우 사마의의 군대가 축지법을 사용하지 않는 한 한반도는 물론 요하 근처에도 얼씬할 수 없다. 이병도씨는 군대를 안 가서 잘 모르는 것으로 보이는데, 보통 하루에 100리(40킬로)를 걸으면 병사들의 발바닥이 다 헐고 그 뒷 날에 일어나지도 못한다. 거기다 각종 화기와 식량을 메고 가야 하는데 하루 30리 이상은 도저히 못간다. 그래서 중원에서는 진나라의 문공이 초나라에 대해 3사를 물러나겠다고 한 이후 군사들의 하루 이동거리를 1사, 즉 30리로 정한 것이다. 조금 더 속보로 걷는다고 해도 35리 이상은 갈 수 없다. 다음 날에도 계속 걸어야 하기 때문이다.

낙양에서 북경 일대까지가 3,000리이다. 사마의가 이야기 한 거리가 바로 북경 일대까지인 것이다. 그리고 조선의 사신단이 의주에서 북경까지 가는데 걸린 기간이 3개월이라고 했다. 그리고 길이 험해 가다가 사망자가 속출했다고 한다. 북경에서 요양까지의 거리는 2,000리가 넘는다. 그렇다면 고대의 병사들의 걸음으로 낙양에서 요양까지는 최소한 166일이 소요된다. 그런데 사마의의 군사들이 100일만에 요양까지 왔다면 사마의는 자신의 군사들을 무슨 트럭에 태워서 요하 동쪽의 양평(요양)까지 이동했다는 말인가? 도저히 불가능한 이야기를 아무런 검증도 없이 마구 주장하니 이를 반박하는 것도 힘이 들 정도이다.

사마의는 한반도에 온 적이 없고, 올 필요도 없었다. 이 당시 사마의는 제갈량의 수차례에 걸친 북벌에 대응해야 했다. 제갈량이 죽은 후에도 북벌이 계속되었기 때문에 사마의가 요하의 동쪽인 요양까지 왔다면 위나라는 촉나라에게 멸망당했을 것이다. 가는데 170일, 공격하는데 100일, 돌아가는데 170일, 그리고 휴식하는 데 60일이면 500일이 걸리기 때문이다. 거기다 위나라 수군이 평양과 황해도에 몰래 쳐들어왔다고 하는데, 한반도의 땅을 차지해서 위나라가 얻을 것이 무엇인가?

공손연이 토벌된 이후 『진서』 「지리지」에는 『삼국지』 '마한조'의 나라 이름과 호수를 기록한 시기와 비슷한 시기(서기 276년 경) 평주(平州) 일대의 가구 수를 기록하고 있는데, 여기서 특이사항을 발견할 수 있다. 평주는 후한 말 공손탁이 고대 요동 지역에서 독자적인 세력을 구축하고 유주 동쪽에 속한 5군을 분리시켜 설치한 주이다. 『진서』 「지리지」 '평주조'에 따르면, "함녕(咸寧) 2년{서기 276} 10월에 나누어 창려(昌黎, 진황도시 일대), 요동(遼東, 요수의 동쪽), 현토(玄菟, 요동의 북쪽), 대방(帶方, 낙랑군의 남쪽), 낙랑(樂浪, 고대 요동) 등의 군국(郡國) 다섯으로 평주를 설치하였다. 현은 26개이고 가구 수는 1만 8,100가이다."라고 했다. 이에 따르면, 창려군은 900가구, 요동국은 5,400가구, 현토군은 3,200가구, 대방군은 4,900가구, 낙랑군은 3,700가구 등이다. 한 가구당 인구수를 5인을 기준으로 삼아 총 1만 8,100가구를 인구수로 환산하면 9만 500명에 불과하다.

북경 동쪽의 요수에서부터 진황도시 일대까지 거주한 인구가 채 10만이 안되는 것으로 나오는 것이다. 북경 동남 지역인 평주의 다섯 군국에 속한 26개 현의 인구가 10만도 안되는 이 세력들이 한반도의 평양까지 지배할 수 없다는 것은 누구나 알 수 있는 사실이다. 진(晉)나라 시기에는 중원 세력이 사실상 유주 지역에 대한 지배권을 상실한 것으로 볼 수 있다. 『한서』 「지리지」와 『진서』 「지리지」의 유주 인구를 비교해보면 호수는 약 46만 5,000호에서 5만 9,000호로 40만호 이상이 줄어든 것을 알 수 있다. 『한서』 「지리지」에서 요동군의 경우 호수가 5만 5,972호에 인구가 27만 2,539명이었다. 현토군은 호수가 4만 5,006호에 인구는 22만 1,845명이고, 낙랑군은 호수 6만 2,812호에 인구가 40만 6,748명이었다. 이 시기 대방은 낙랑군에 속한 현으로 나온다. 요서군에도 호수가 7만 2,654개에 인구가 35만 2,325명에 달하였다.

[표 1] 중원 유주의 인구수 변화 추이

	『한서』「지리지」	『후한서』「군국지」	『진서』「지리지」
대군	56,771/278,754	20,123/126,188	3,400/17,000 범양국 11,000/55,000
상곡군	36,008/117,762	탁군 102,218/633,754	범양국 11,000/55,000
			광녕군 3,950/19,750
		상곡 10,352/51,204	상곡군 4,700/23,500
어양군	68,802/264,116	68,456/435,740	연국 29,000/145,000
우북평군	66,689/320,780	9,170/53,475	북평군 5,000/25,000
요서군	72,654/352,325	14,150/81,714	2,800/14,000
요동군	55,972/272,539	64,158/81,714	창려 900/4,500
			요동국 5,400/27,000
현토군	45,006/221,845	1,594/43,163	3,200/16,000
낙랑군	62,812/406,748	61,492/257,050	낙랑군 3,700/18,500
			대방군 4,900/24,500
유주 합계	464,714/2,234,869	351,713/1,764,002	77,950/389,750?

주) [표 1]에서 숫자는 호수/인구수를 나타냄. 『진서』「지리지」에는 호수만 기록되어 여기에 5명을 곱하여 인구수를 추산. 『진서』「지리지」에는 유주의 가구 수가 59,200으로 기록되어 있음. 연국에 유주가 아닌 지역이 포함됨

　그런데 『진서』「지리지」에서 유주의 가구 수는 5만 9,000여 가구에 불과해 『한서』「지리지」 대군(代郡)의 호수 5만 6,000여 호와 비슷해졌다. 다시 말해, 『진서』의 유주의 가구수가 『한서』「지리지」의 대군의 호수와 비슷해졌다는 것이다. 그렇다면 이 시기 유주에 무슨 일이 일어난 것일까?

　서기 276년이면 사마의가 공손연 세력을 토벌한 이후 고대 요동지역의 한(漢) 세력을 대량학살하고 모두 낙양으로 강제 이주시킨 서기 238년 이후 38년이 지난 후이다. 이 시기에 요동과 현토에는 한(韓)과 부여 세력들이 주력을 이루

고 있었고, 고구려도 요동으로의 진출을 모색하던 시기이다. 『삼국사기』「고구려본기」에 따르면 동천왕(서기 227~248년) 시기에 이미 고대 요동으로 진출하여 서기 247년 요동의 북쪽에 평양성을 쌓은 것으로 나온다. 서기 259년에는 중천왕이 고대 요동에 위치한 양맥(梁貊)의 골짜기에서 위나라군을 물리쳤다. 이처럼 고구려는 이미 고대 요동의 중심부를 장악하고 위나라와 대립하고 있었다. 이에 반해 중원 세력은 후한 교체기에 접어 들면서 점차 대혼란기에 빠져들었다. 서기 184년 황건적의 난이 발생하여 위, 촉, 오 삼국 시대로 접어들었고, 서기 265년에 사마씨의 진나라가 건국되었다. 이를 서진이라 부르는데 서기 311년 멸망했다.

서진 말기(291~307)에 사마씨 간의 권력투쟁인 팔왕의 난이 발생하고, 사회 양극화가 극심해지면서 여러 차례 난이 발생하고 마침내 영가의 난으로 서진이 붕괴하고 강남으로 쫓겨나게 된 것이다. 서진이 멸망하면서 북방에는 5호 16국 시대가 펼쳐지고 이때 고구려 미천왕은 서안평을 점령하고 낙랑과 대방 그리고 현토를 차례로 장악하여 요동을 차지하게 된다. 이때 낙랑군과 대방군에 위치하고 있었던 백제는 요서 지역으로 진출한 것으로 보인다. 어떤 의미에서 백제의 요서 장악은 진출이라기보다 고구려의 공세에 밀려 요서로 이동한 것으로 보는 것이 타당해보인다.

대방군은 대수가 서쪽으로 흘러 바다로 들어가는 발해만 해안가에 위치하고 있었다. 원래 대방은 낙랑군의 속현이었는데 공손씨들이 요동을 장악하면서 둔유현 남쪽에 황하의 퇴적물이 쌓여 황무지가 형성되면서 낙랑군을 분할하여 대방군을 설치한 것으로 기록되어 있다. 이에 대해 『삼국지』 '한조'에서는 후한 말 대방군 설치 배경을 다음과 같이 기록하고 있다.

> {후한의} 환제·영제 말기에는 한(韓)과 예(濊)가 강성하여 {한(漢)의} 군·현이 제대로 통제하지 못하니, {군현의} 많은 백성들이 한국(韓國)으로 유입되었다. 건안(建安) 연간{서기 196~220}에 공손강이 둔유현 이남의 황무지를 분할하여 대방군으로 만들고, 공손모·장창 등을 파견하여 한(漢)의 유민을 모아 군대를 일으켜서 한(韓)과 예(濊)를 정벌하자, {한·예에 있던} 옛 백성들이 차츰 돌아오고, 이 뒤에 왜(倭)와 한(韓)은 드디어 대방에 복속되었다.
> 桓靈之末 韓濊彊盛 郡縣不能制 民多流入韓國 建安中 公孫康分屯有縣以南荒地爲帶方郡 遣公孫模張敞等收集遺民 興兵伐韓濊 舊民稍出 是後倭韓遂屬帶方

여기서는 공손강이 대방군을 설치한 것으로 되어 있는데, 구태백제가 대방고지에서 건국되었다는 기록으로 볼 때 공손탁 시기에 이미 대방군이 조성되기 시작한 것으로 보인다. 『삼국지』 '한조'에 따르면, 대방군은 후한 헌제 건안 연간{서기 196~220년}에 둔유현 이남의 황무지를 나누어 설치한 새로운 군이다. 이곳은 황하의 범람으로 끊임없이 퇴적물이 쌓여 광대한 새로운 영토를 이루고 있었던 것으로 해석된다. 동탁에 의해 요동 태수가 된 공손탁과 그 아들 공손강은 이 지역을 낙랑에서 떼어내 대방군을 설치하였다. 이 시기에 대방군 설치가 시급했던 이유는 고구려에서 발기의 3만 명이 투항해왔기 때문에 이들을 부양할 경작지가 필요했기 때문인 것으로 보인다.

공손탁은 현토 태수로 있었는데 요동 태수로 부임하게 된 이후 고구려와 선비족을 견제하기 위해 그 중간지대에 위치했던 부여의 구태왕과 혼인동맹을 맺게 된다. 이때 구태왕은 현토에서 요동으로 소속을 바꾸었다. 즉 현토 북쪽에서 그 남쪽인 요동으로 내려와 백제국을 건국하게 된 것이다. 구태백제가 건국된 대방고지는 황해도가 아니라 북경 남쪽의 발해만 연안에 위치하고 있었다. 이곳은 마한고지라고도 불리웠다. 그 이유는 『삼국지』 '한조'의 첫 문장에 잘 나타나 있다.

> 한(韓)은 대방의 남쪽에 있는데, 동쪽과 서쪽은 바다로 한계를 삼고, 남쪽은 왜와 접경하니, 면적이 사방 4,000리 쯤 된다. {한에는} 세 종족이 있으니, 하나는 마한, 둘째는 진한, 셋째는 변한인데, 진한은 옛 진국(辰國)이다.
> 韓在帶方之南 東西以海爲限 南與倭接 方可四千里 有三種 一曰馬韓 二曰辰韓 三曰弁韓 辰韓者 古之辰國也

『삼국지』 '한조'에 따르면 마한의 55국 중에 구태왕의 백제국(伯濟國)이 건국되었던 것으로 나타난다. 백제는 북경 이남의 대방 남쪽에서 마한과 공손씨들의 지원을 받아 건국되었다. 황해도 이남에서 면적 사방 4,000리의 땅을 찾아낼 수 없다는 것은 너무나 자명한 일이다. 그렇다면 『삼국지』나 『후한서』가 말한 대방의 남쪽 또는 낙랑의 이남이라는 것은 천진~당산 일대로 비정된다. 거기서부터 동남쪽으로 요서 지역, 산동성, 강소성, 한반도 서남부에 걸쳐 마한이 위치하고 있었던 것이다.

이병도(1976: 116)는 대방군의 위치가 낙랑, 즉 평양의 남쪽인 황해도 일대에 위치했다고 비정했다. 그 근거로 그는 유적, 유물을 들고 있다.

> 대방군의 소재는 무엇보다도 그 방면의 유적·유물의 발견으로써 분명히 들어나게 되었다. 즉 1911-12년에 일인(日人)의 고적조사 위원들에 의해서 황해도 봉산군 사리원 부근(문정면)에 위치한 방 대형의 토분에서 「대방태수장무이(帶方太守張撫夷)」의 명이 있는 전(塼, {벽돌})이 발견됨으로써 이것이 장씨의 무덤임을 확인하게 되었고, 따라서 그 부근에 있는 토성지―즉 속칭 「唐土城」도 대방 군의 치소인 대방현지임을 알게 되었다.

이병도(1976: 116)가 대방군의 위치를 비정하게 된 근거 는 일제가 발견했다고 주장하는 벽돌 한 장이다. 일제가 황 해도 봉산군에서 발견했다는 벽돌에 '사군대방태수장무이 전'(使君帶方太守張撫夷塼)이라는 글이 적혀 있다는 것이다. 일제가 발굴했다고 조작한 신기한 벽돌 한 장으로 졸지에 황 해도가 대방군이 되었다. 이것이야말로 이병도(1976)가 일 제 식민사학자들의 후계자라는 것을 보여주는 것이 아니고 무엇이겠는가?

현토군의 위치 비정

현토군의 위치 비정을 위해서는 무엇보다 먼저 『한서』 「지리지」 '현토군조'를 검토할 필요가 있다. 동 「지리지」에는 다음과 같이 기록되어 있다.

"현토군. {응소가 말하길, "옛날의 진번(眞番)이며 조선의 호국(胡國)이다."고 했다.} 무제 원봉 4년에 열었다. 고구려는 망 때에는 하구려라고 불렀다. 유주에 속한다. … 고구려현의 요산(遼山)은 요수(遼水)의 발원지이며 서남쪽으로 흘러 요수(遼隧)에 이르러 대요수로 흘러 들어간다. 또 남소수가 있어 서북쪽으로 새외를 지나간다. … 상은태 … 서개마현의 마자수33)는 서북쪽으로 흘러 염난수로 흘러 들어가고 서남쪽으로 서안평에 이르러 바다로 흘러 들어가는데, 2개군을 지나며 2,100리를 흘러간다.
玄菟郡 武帝元封四年開. 高句驪 莽曰下句驪. 属幽州. … 高句驪 遼山 遼水所出 西南至遼隧入大遼水. 又有南蘇水 西北經塞外. 上殷台.

---

33) 『한원(翰苑)』에 따르면, "『고려기』에서 이르기를, "마자수는 고려{고구려}에서 일명 엄수(淹水)라고도 하며 지금 이름은 압록수다. 그 나라에 내려오는 이야기에 따르면, '강물은 동북쪽의 말갈국 백산으로부터 나온다. 물의 색이 오리 머리와 닮았기 때문에 흔히 압록수라 부른다'고 한다. 요동에서 500리 떨어져 있으며, 국내성 남쪽을 지난다. 또 서쪽에서 한 물줄기와 합쳐지는데 바로 염난(수)이다. 두 물줄기 흐름이 합쳐져 서남쪽으로 흘러 안평성에 이르러 바다로 들어간다. 고려{고구려} 안에서 이 강이 가장 크고 물결이 맑으며 [강물이] 지나는 나루터에는 모두 큰 배를 모아 두었다. 그 나라는 이 강에 의지하여 천연의 요새로 삼는다. 지금 살펴보니 그 강물의 넓이는 300보이며, 평양성 서북쪽 450리에 있다.[高驪記云: 馬訾水 高驪一名淹水 今名鴨渌水. 其國相傳云 水源出東北靺鞨國白[山] 水色似鴨頭 故俗名鴨渌水. 去遼東五百里 經國內城南. 又西與一水合 即鹽難水. 二水合流 西南至安平城入海. 高驪之中 此水最大 波瀾清澈 所經津灣 皆貯大船 其國特此以爲天塹. 今案 其水闊三百步 在平壤城西北四百五十里也.]""고 했다.

… 西蓋馬. 馬訾水西北入盐难水 西南至西安平入海 過郡二 行二千
一百里.

현토군의 위치를 비정하는데 있어 "현토군은 옛날의 진번
이다."는 응소의 주석이 결정적으로 중요한 의미를 갖는다.
진번은 진개 침공으로 설치한 5군 중 요동에 속하고 있었다.
특히 요수가 발원하는 상류 지역에 위치하고 있었다는 것을
알 수 있다. 『사기』「조선열전」에 따르면, "{전국시대의} 연
나라 전성기{연소왕}에 처음으로 진번·조선을 침략하여 복
속시키고, 관리를 두어 장새를 쌓았다.[自始全燕時 嘗略屬眞
番朝鮮 爲置吏 築鄣塞]."고 했다. 백도백과의 설명에 따르면
장새는 장성 주변에 축성한 요새를 가리키므로 이때 장새는
고북구 일대를 가리킨다는 것을 알 수 있다.

이뿐만 아니라 『한서』「지리지」'현토군조'에 고구려현이
있으며, 왕망이 고구려를 폄하하기 위해 하구려라고 했다는
것으로 보아 고구려는 단지 현의 이름만이 아니라 나라 이름
이었다는 것을 알 수 있다. 고구려는 한나라 시대에 이미 존
재하고 있었던 것이다. 이뿐만 아니라 고구려의 치소, 즉 평
양성도 현토군에 위치하고 있었다. 이와 관련하여 『삼국지』
'동옥저조'에는 현토군에 대해 다음과 같이 기록하고 있다.
즉 한무제가 현토군을 열었으며 옥저에서 통치하였다는 것
이다.

한(漢)나라 초 연나라 망명객 위만이 조선의 왕이 되면서 옥저는

모두 [조선에] 복속케 되었다. 한무제 원봉 2년{서기전 109}에 조선을 정벌하여 [위]만의 손자 우거를 죽이고, 그 지역을 분할하여 4군을 설치하였는데, 옥저성으로 현토군을 삼았다. 뒤에 이(夷)·맥(貊)의 침입을 받아 군을 {고}구려현의 서북쪽으로 옮기니 지금의 이른바 현토의 고부(故府)가 바로 그곳이다.

漢初 燕亡人衛滿王朝鮮 時沃沮皆屬焉. 漢武帝 元封二年 伐朝鮮 殺滿孫右渠 分其地爲四郡 以沃沮城爲玄菟郡 後爲夷貊所侵 徙郡句麗西北 今所謂玄菟故府是也

『자치통감』에서는 위의 『삼국지』 '동옥저조'를 인용하여 다음과 같이 기록했다. "진수가 이르기를 한무제가 현토군을 열었으며, 옥저가 치소라 했다. 이후 이(夷)·맥(貊)의 침입을 받아 군을 {고}구려현으로 옮겼다. {현의} 서북쪽에 요산이 있어 요수가 그곳에서 나온다.[陳壽曰: 漢武帝開玄菟郡, 治沃沮, 後爲夷貊所侵, 徙郡句驪縣. 西北有遼山, 遼水所出]"

진번은 원래 연 5군 중 하나인 요동군과의 경계에 위치한 곳으로 현토군에 통합되었다. 이와 관련하여 『사기』「조선열전」에서 "연나라가 전성기 때 일찍이 진번·조선을 침략해서 차지했다.[自始全燕時嘗略屬眞番朝鮮]"는 것에 대한 『사기집해』의 주석에서 서광이 말하길 "일설에는 막이라고도 쓴다. 요동에 번한현이 있다. 번(番)의 음은 보와 한의 반절음, 즉 반이다.[[集解] 徐廣曰 一作莫 遼東有番汗縣 番音普蓋(寒)反]"라고 했다. 즉 진번조선은 막조선이라고도 했다는 것이다. 그리고 "응소가 이르길 원토(元菟=현토)는 본래 진번

국(眞番國)이라 말했다. 서씨가 이르기를, 요동에 번한현이
있다고 했는데, (『한서』) 「지리지」에 의거하여 그것을 알게
된 것이다.[應劭云 元菟本眞番國. 徐氏云 遼東有番汗縣 者據
地理志而知也"라고 하였다.

이에 따르면, 진번은 요동의 번한현을 포함하며, 진번국은
현토인 것이다. 『한서』 「지리지」에도 현토군에 대해 응소가
말하길, "옛날의 진번(眞番)이며, 조선의 오랑캐 나라(胡國)
이다."라고 했다. 이 현토에 3개현이 속하고 있는데, 고구
려, 상은태, 서개마가 바로 그것이다. "고구려(高句驪)현. 요
산(遼山)은 요수(遼水)의 발원지이며 서남쪽으로 흘러 요수
(遼隧)에 이르러 대요수(大遼水)로 흘러들어간다. 또 남소수
(南蘇水)가 있어 서북쪽으로 새외를 지나간다." "서개마현.
마자수(馬訾水)는 서북쪽으로 흘러 염난수(鹽難水)로 흘러
들어가고 서남쪽으로 흘러 서안평(西安平)에 이르러 바다로
흘러 들어가는데 2개군을 지나며 2,100리를 흘러간다."고
했다. 이러한 위치 비정에 따르면 진번은 고구려현이 있었던
현토를 지나는 번한현과 인접한 곳에 위치하고 있었다는 것
을 알 수 있다.

그런데 이병도(1976: 103)는 서광의 주석에서 진번을 막
(莫)으로도 쓴다고 한 것을 제대로 이해하지 못하고 막이 잘
못이고 번(番)이 옳다는 엉터리 해석을 한 후[34] "요동의 번

----

34) 이병도(1976: 70~71)는 『한서』 「지리지」 '요동군조'의 문현(文縣)과 번한
   현(番汗縣)이 연칭되는 지명으로 보아 만반한(滿番韓)이라고 주장했다. 요
   동군의 위치를 지금의 요하 동쪽으로 고정시켜 버린 나머지 번한과 진번이

한현을 진번의 고지(故地)와 같이 말한 것은 그야말로 상식을 이탈한 큰 오류라고 아니할 수 없다."고 주장했다. 그런데 무엇이 오류라는 것인지 알 수 없다. 응소가 말하길 『사기』「조선열전」에 대한 주석에서 "현토가 본래 진번국"이라 했고, 『한서』「지리지」'현토군조'에서도 "옛날의 진번이다."라고 했기 때문이다. 그런데 서광이 요동에 번한현이 있다고 한 것은 응소의 번한(番汗)에 대한 주석을 보고 번한이 현토군과 붙어있는 곳이라는 것을 알았기 때문이다.

번한에 대해 응소는 "패수(沛水)가 새외에서 나와 서남쪽으로 흘러 바다로 흘러들어간다."고 했다. 현토군의 고구려는 남쪽으로 패수(浿水)에 임하고 있었다. 패수(浿水)와 패수(沛水)는 별개의 강이 아니라 하나의 같은 강으로 새외에서 흘러 나온다. 『사기』「조선열전」에 대한 『사기정의』의 주석에서도 "『한서』「지리지」에서 이르기를 패수(浿水)가 요동새외에서 나온다.[地理志云浿水出遼東塞外]"고 했다.

그런데 이병도(1976: 103)는 이를 두고 만반한은 자신이 주장한대로 문현과 번한현의 합칭이므로 번한현은 평안북도 박천강 유역인 박천군에 비정하고 싶다며 스스로 표현한대로 '천박(淺薄)하기 짝이 없는{서광의 비정이 그렇다는 뜻}' 허무맹랑한 비정을 하기에 이르른 것이다. 즉 진번이 요동에

모두 고대 요동에 속한 지명이라는 것을 알지 못한 것으로 보인다. 이에 따라 번한현을 진번으로 비정한 동진 시대의 학자 서광을 천박한 사람으로 내몬 후 진번이 한반도의 춘천과 한강 상류 일대에 위치하고 있다는 실로 기상천외한 비정을 했다.

있었다는 주장은 일고의 가치도 없으며 대방군을 황해도에 비정하고, "진번군의 구강(舊疆)은 대체로 동은 지금의 춘천 일대, 북은 자비령을 한계로 하여 남은 한강 북안에 이르렀던 것"이라고 주장했다. 즉 이병도(1976: 124)의 주장에 따르면 진번은 춘천 일대에서 한강 북안까지로 비정된다는 것이다. 그런데 이곳에는 장성이 존재하지 않는다.

필자가 보기에 진번이 요동에 있었다는 서광의 비정은 매우 정확한 것으로 분석된다. 중원의 지리에 대해 잘 알지도 못한 채 한반도 내부에서 진번의 위치를 자의적으로 비정하면서 『사기』에 주석을 한 서광을 천박한 사람으로 내모는 것이야말로 자신의 입론에 필요하면 활용하고 그렇지 않으면 내버리는 무모한 행위로 판단된다. 서광의 주석은 매우 타당했기 때문에 응소의 주와 함께 『사기집해』에 기록되었던 것이다. 진번은 요동에 위치하고 있었으며, 고대 요동에 있었던 군을 한강 상류 유역인 춘천 일대로 비정하는 이병도(1976) 논리의 흐름을 따라가 보면 참혹한 궤변의 연속이라는 것을 잘 알 수 있다.

이뿐만 아니라 『삼국지』 '부여조'에 따르면 "부여는 장성의 북쪽에 있는데 현토에서 1,000리 떨어져 있다.[夫餘在長城之北 去玄菟千里]"고 했다. 현토군, 즉 고구려현의 북쪽에 부여가 존새하였던 것이다.

부여는 본래 현토군에 속하였다. 한나라 말년에 공손탁이 나라의 동쪽(海東)에서 세력을 확장하여 나라 밖 동이(外夷)들을 위력으로 복속시키자, 부여왕 위구태는 {소속을} 바꾸어 요동군에 복속하였다. 이 때에 고구려와 선비가 강성해지자, 공손탁은 부여가 두 오랑캐의 틈에 끼여 있는 것을 기화로 {부여와 동맹을 맺으려고} 일족의 딸을 {그 왕에게} 시집보내었다. 위구태가 죽고 간위거가 왕이 되었다. {간위거에게는} 적자가 없고 서자 마여가 있었다. {간}위거가 죽자, 제가들이 함께 마여를 옹립하여 왕으로 삼았다.

夫餘本屬玄菟 漢末 公孫度雄張海東 威服外夷 夫餘王 尉仇台更屬遼東. 時句麗·鮮卑彊 度以夫餘在二虜之間 妻以宗女 尉仇台死 無適子 有孽子麻余 位居死 諸加共立麻余

위의 기록은 부여왕 위구태가 현토군의 1,000리 밖에 있다가 요동으로 진입하였다는 사실을 보여준다([그림 14] 참조). 부여가 현토에서 요동으로 소속을 바꾸려면 현토의 남쪽에 있는 요동으로 내려오지 않으면 안되는 것이다. 요동에 진입한 구태는 마한의 지원을 받아 백제(伯濟)를 건국하고 공손탁의 종녀를 맞이하여 혼인동맹을 맺게 된다. 중원의 모든 사서에서 구태의 건국지를 대방고지 또는 마한고지로 기록하고 있다. 구태의 부여는 고구려현이 있는 현토의 북쪽에 있었던 서부여 또는 녹산부여를 가리킨다. 현토의 원래 위치에 대해서는 『수경주』의 '소요수(小遼水)'에 대한 주석에서도 확인할 수 있다.

또 현토의 고구려 현에 요산이 있는데, 소요수가 이곳에서 나온다. {고구려}현은 옛 고구려 오랑캐의 나라이다. 한무제 원봉 2년에 {고조선의 왕} 우거(右渠)를 평정하고, 현토군을 그곳에 설치하였는데, 왕망은 하구려라 불렀다. 물은 요산에서 나와 서남쪽으로

흘러 요양을 거친 후 대량수와 만난다. 대량수는 북쪽 새외에서
나와 서남쪽으로 흘러 요양에 이르러 소요수에 들어간다. 옛 지리
지에서 이르기를, 대량수는 서남쪽 요양에 이르러 요수에 들어간
다고 하였다.

又玄菟高句麗縣有遼山 小遼水所出. 縣 故高句麗 胡之國也. 漢武帝
元封二年 平右渠 置玄菟郡于此 王莽之下句麗. 水出遼山 西南流逕遼
陽縣與大梁水會 水出北塞外 西南流至遼陽入小遼水. 故地理志曰: 大
梁水西南至遼陽入遼.

[그림 14] 『삼국지』, 『후한서』 등에 따른 초기 한민족 정립과 후기 고구려성 위치

자료: 필자가 그림

『수경』에 주석을 한 『수경주』를 지은 역도원(酈道元)은
5~6세기 북위의 지리학자이다. 강직한 인품으로 수경의 여
러 군데 문제점을 바로잡았다고 한다. 그는 현토군이 요동의

북쪽인 고구려현에 있다고 주장했다. 그런데 이에 대해 이병도(1976)는 위에서 인용한 『수경주』의 현토에 대한 비정이 많은 오류를 범하고 있어 더 이상 비판할 여지도 없다고 주장했다. 왜냐하면 이병도(1976)가 비정한 현토는 압록강 중류 일대인데 이는 요동군의 북쪽이 아니라 동쪽이 되기 때문이다. 이병도(1976: 161)는 위치가 안 맞는 경우 이치(移置)되었다거나 심지어 다른 먼 곳으로 교치(僑置)되었다는 주장도 서슴지 않는다.

그런데 현토군이 고구려의 공격으로 인해 인근 지역으로 이동했다는 기록이 『삼국지』 '동옥저조'에 나타나는 것을 제외하고는 낙랑군이나 요동군이 위치를 이동했다는 기록은 전혀 찾아볼 수 없다. 현토군, 요동군, 낙랑군은 고구려가 멸망할 때까지 고대 요동에 그대로 위치하고 있었던 것으로 분석된다. 따라서 이치 또는 교치를 주장하는 이병도(1976)의 주장은 어디에서도 근거를 찾아볼 수 없다. 스스로 근거를 제시하지도 않고 일방적으로 주장하고 있을 뿐이다. 그리고 현토군의 치소는 원래 옥저성이었기 때문에 현토군에 옥저가 있었다. 이후 옥저는 낙랑군의 동부도위에 속한 현으로 행정구역이 바뀌었다. 『삼국유사』에는 옥저와 흑수에 대해 다음과 같이 기록하고 있다.

『후위서』에서는 말갈을 물길로 썼다. 『지장도』에서 이르기를 "읍루와 물길은 모두 숙신이다."라고 하였다. 흑수와 옥저에 대해 동파의 『지장도』를 살펴보면 진한의 북쪽에 남북 흑수가 있다. 살펴보건대 동명제(東明帝) 즉위 10년에 북옥저를 멸망시켰으며, 온조왕 42년(서기 24년)에 남옥저의 20여 가호가 신라로 귀순해 왔다. 또 혁거세 53년(5년)에는 동옥저가 와서 좋은 말을 바쳤다고 하였은즉 또 동옥저도 있는 것이다. 『지장도』에서는 "흑수는 만리장성 북쪽에 있고, 옥저는 만리장성 남쪽에 있다."고 하였다.
後魏書靺鞨作勿吉. 指掌圖云 "挹屢與勿吉皆肅愼也." 黑水·沃沮按東坡指掌圖 辰韓之北有南北黑水, 按東明帝立十年滅北沃沮, 溫祚王四十二年南沃沮二十餘家来投新羅. 又赫居世五十二年東沃沮来献良馬, 則又有東沃沮矣. 指掌圖 "黑水在長城北, 沃沮在長城南."

옥저는 만리장성의 남쪽, 즉 고북구의 남쪽 현토에 위치하고 있었던 것이다. 『한서』「지리지」'낙랑군조'에 대한 응소의 주석에 따르면 낙랑군은 옛날의 조선국이다. 이는 낙랑군의 치소가 조선이라는 뜻이다. 그리고 『한서』「지리지」'현토군조'에 대한 응소의 주석에 따르면 현토군은 옛날의 진번(眞番)이다. 덧붙여 『삼국지』'동옥저조'에 따르면 현토군의 치소는 옥저성(沃沮城)이다. 이에 따르면 진번군은 현토군에 통합된 것으로 분석된다. 그리고 임둔군의 치소는 고대 요동의 동이현(東暆縣)이다. 『한서』「지리지」'요동군조'에 동이현이 존재한다. 따라서 요동의 동북쪽에 위치한 임둔군은 낙랑군에 흡수 통합되었다. 그 결과 한사군 중 낙랑군과 현토군만이 존속된 것으로 나타난다. 이에 대한 필자의 위치 비정은 아래의 [그림 15]와 같다.

[그림 15] 고대의 요동군, 낙랑군·대방군, 현토군의 위치 비정

여기서 짚고 넘어가야 할 점은 『한서』 「무제기」 '원봉 3년 조'에 대해 신찬이 무릉서를 인용하여 주석했다는 임둔군 치소와 진번군 치소까지의 거리는 후대에 기입해 넣은 완전한 조작이라는 사실이다. 이를 보면 『한서』의 원문에는 존재하지 않는 주석이 등장해 거리를 아주 자로 잰 듯이 정밀하게 제시하고 있다. 이에 따르면 "신찬이 이르기를, "무릉서에 임둔군의 치소는 동이현이며 장안으로부터 거리가 6,138리로 15개 현이 있고, 진번의 치소 잡현(雪縣)은 장안에서 7,640리로 15개 현이 있다.[臣瓚曰 :「茂陵書臨屯郡治東暆縣 , 去長安六千一百三十八里 , 十五縣 ; 真番郡治雪縣 , 去長安七千六百四十里 , 十五縣」]"고 했다.

이에 대해 이병도(1976: 106~107)는 이를 사실로 받아들이고 한사군을 한반도 내로 비정했다. 그에 따르면 낙랑군은 평양에 위치하고, 그 남쪽 황해도에 대방군이 있으며, 진번군은 강원도 춘천으로 비정된다. 그리고 현토는 압록강을 중심으로 그 동서 지역에 위치한 것으로 비정하고, 임둔은 함경남도 남부 또는 강원도 북단에 위치한 것으로 비정했다. 그런데 『한서』「무제기」'원봉 3년조'에 대해 신찬이 무릉서에서 주석한 거리 중 임둔군에서 진번군까지의 거리가 1,500여 리 차이가 나는데, 이는 주석자가 잘못한 것이라며 1,000리를 뺀다. 왜? 이병도(1976)가 비정한 두 군의 거리는 500리 정도에 불과하기 때문이다. 이에 따라 이병도(1976: 107)는 다음과 같이 무릉서의 거리를 바꾸어 버린다.

진번군의 치소인 잡현의 소재가 지금의 어디에 당하는지는 확실치 못하나, 그것이 설령 동군의 최변단에 위치하였다 하더라도 당시 한의 수도인 장안(지금 서안)과의 거리가 7,640리가 된다고 한 무릉서의 기재는 어딘가 숫자의 잘못이 있지 아니한가 생각된다. 왜냐하면, 낙랑·진번과 서로 인접한 임둔군의 치소인 동이현과 장안과의 상거(相距)가 6,138리 임에 비하여 전자의 거리는 1,500리 가량이나 더 먼 곳으로 되었으니, 이 숫자대로 한다면 4군 중 진번만이 유독 윗다른 먼 곳에 떨어져 있다고 보게 되기 때문이다. 아무리 생각해 보아도 진번에 관한 리수는 실제와 맞지 아니하므로 어딘가 숫자의 착오가 있다고 보아야 하겠다.

신찬이 달았다는 주석대로 하면 진번군은 부산 일대에 위치하게 된다. 그런데 이것은 신찬이 주석을 달 때 잘못을 저질렀기 때문이라는 것이다. 따라서 다른 일제학자 나카 미치

요(那珂通世)는 2,000리를 줄여 5,640리라고 사서를 고쳤는데, 이것도 한강 상류 춘천에 미치지 못하므로 1,000리만 줄여 6,640리라고 해야 맞다고 주장한다. 사서가 잘못된 것이다. 그래서 거리를 임의로 조정하여 맞춘다. 이에 따르면 일제학자나 이병도(1976)는 사서를 맘대로 수정하고 취사선택하는 사료 개작의 대가들이라고 부르지 않을 수 없다. 즉 먼저 특정 지점에 4군의 위치를 임의로 비정한 후 대략 부합하는 사료만 그대로 인용하고, 안 맞으면 과감하게 수정을 해버리는 것이다. 신찬이 달았다고 주장하는 주석에서도 하나의 주석에 나타난 두 거리 중 하나는 취하고, 다른 하나는 수정하는 사료 취사선택을 통해 한사군의 위치가 아래의 [그림 16]과 같이 최종 비정되었다. 이러한 위치 비정이 아무런 의미를 가질 수 없다는 것은 이제 누구나 알 수 있게 되었다.

[그림 16] 이병도(1976)의 한사군 위치 비정 결과

자료: 이병도(1976)에 근거하여 필자가 그림

이병도(1976)의 한사군 위치 비정은 사서 기록의 임의 수
정을 통해 이루어진 것이었다. 대방군은 일제가 발굴했다는
벽돌 한 장으로 위치 비정이 이루어졌다. 이병도씨는 이미
존재하는 사서를 자신이 맘 먹은 대로 수정하는 특기를 갖고
있는 것으로 나타나고 있다. 즉, 임둔군의 치소 동이현의 장
안으로부터 거리 6,138리는 그대로 두고 진번의 치소 잡현
(霅縣)은 장안에서 7,640리라고 하는데, 이는 오류라는 것
이다. 사서의 기록이 하나가 오류라면 둘 다 택하면 안되는
것인데 7,640리라는 기록만 문제 삼는다. 즉, 임둔군과 진
번의 치소의 거리가 1,500여 리나 더 먼 곳으로 되어 있어
숫자의 착오가 있었을 것이라며 이 수치에 수정을 가한다.
그리고 7천을 "육천(六千)」의 오(誤)로 보고 잡현의 소재도
한강 북안인 서울 부근으로 보고 싶다(이병도, 1976:
124)."고 주장했다.

이뿐만 아니라 『후한서』에서 "소제 시원 5년(서기전 82)
에는 임둔과 진번을 폐지하고 낙랑과 현토에 병합하였다. 현
토는 다시 {고}구려로 옮겼으며 단단대령35) 동쪽의 옥저와

---

35) 단단대령은 현토군과 요동군에 걸쳐 위치한 연산산맥으로 비정된다. 『후한
서』「동옥저조」에 동옥저는 고구려의 개마대산 동쪽에 있다고 했는데, 개
마대산은 연산(燕山)을 가리키는 것으로 보인다. 연산은 상고시대에 이산
(夷山)으로 불렀다고 한다(김호림, 2012: 20). 백도백과에도 "상족은 자신
들의 조상이 본래 하늘의 명령으로 제비에 의해 태어났다고 생각했다. 이
후 설의 부족은 제비를 숭배하는 토템을 만들고 그들의 거주지인 대이산을
연산으로 개칭했다. 이것이 연산의 유래다.[商族人认为他们的祖先是由上天
命令玄鸟而生的，从此契族部落就把燕子作为他们崇拜的图腾，把他们的居
住地大夷山更名为燕山，这就是燕山的由来]"라고 했다. 개마대산에 대한 이
현의 주석에서 "개마는 현의 이름으로 현토군에 속한다. 그 산은 지금{당나

161

예맥은 모두 낙랑에 속하게 하였다.[至昭帝 始元五年 罷臨
屯·眞番 以幷樂浪·玄菟 玄菟復徙居句驪. 自單單大領已東 沃
沮·濊貊悉屬樂浪]"고 했다. 그런데 이병도(1976: 106)는 이
에 대해 제대로 해석하지 못한 채 다음과 같이 『후한서』의
내용을 정반대로 해석했다. 즉 "나의 해석으로는 임둔(옥저
등등)을 파하여 현토에 합치고, 진번을 파하여 낙랑에 합치
었더니, 그 후 (夷貊=高句麗穢貊의 所侵으로 인하여) 현토가
다시 구려 서북으로 이거하였다는 것이라고 본다."36) 이병
도(1976) 자신이 자의적으로 비정한 한사군의 위치를 감안
하여 『후한서』를 수정 해석해버린 것이다. 사서를 읽고 이를
여러 가지 비교 분석 등을 통해 비판적으로 해독하는 것이
아니라 사서 수정을 통해 자의적으로 자신의 주장을 정당화
하는 술법을 보여주고 있는 것이다.

그런데 이병도(1976)의 현토 비정이 틀렸다는 사실과 관
련하여 더욱 결정적인 기록이 존재한다. 진수의 『삼국지』가
바로 그것이다. 『삼국지』「오서2」에는 손권이 공손연을 끌

라 시기}의 평양성 서쪽에 있다. 평양은 곧 왕험성이다.[蓋馬 縣名 屬玄菟郡
其山在今平壤城西 平壤即王險城也]"라고 했다. 『산해경』에서 불함산(不咸
山)이라고 부른 백두산과 단단대령은 아무런 관련이 없다. 『삼국지』 '동옥
저조'에 따르면 한사군 중 현토군의 치소가 옥저성이다. 그런데 이후 "이
(夷)·맥(貊)의 침략을 받아 군을 {고}구려의 서북쪽으로 옮기니 지금의 이른
바 현토의 고부(故府)라는 곳이 바로 그곳이다. 옥저는 다시 낙랑에 속하게
되었다. 한나라는 그 지역이 넓고 멀리 떨어져 있으므로, 단단대령 동쪽에
있는 지역을 나누어 동부도위를 설치하고 불내성에 치소를 두어 별도로 영
동 7현을 통치하게 하였다."고 했다.
36) 임둔군의 치소 동이현(東暆縣)은 『한서』「지리지」에 낙랑군에 위치한 것으
로 기록되어 있다. 임둔군이 낙랑군 동북 지역에 위치하고 있었으므로 낙
랑군에 병합되었던 것이다.

어 들이려 그가 도읍한 요동의 양평(襄平)에 장미(張彌)와 허안(許晏) 등을 사신으로 보냈는데, 공손연이 이들의 머리를 참하여 위나라에 보내 버린다. 이 과정에서 현토군에 대한 기록이 등장하는데, 여기서 현토군에 대해 다음과 같이 적고 있다.

「오서」에서 이르기를, 처음 장미와 허안 등이 함께 양평(襄平)에 도착하였다. 관에 속해 따르는 자가 400명 정도였다. 공손연은 장미와 안정을 죽이고자 먼저 그 많은 사람을 나누어 요동의 여러 현에 두고, 중사 진단, 장군, 두덕, 황강 등과 관리 및 병사 60명은 현토군에 배치하였다. 현토군은 요동의 북쪽에 위치하고 있으며, 서로 200리 떨어져 있다.
吳書曰 : 初 張彌·許晏等俱到襄平 官屬從者四百許人. 淵欲圖彌·晏先分其人眾 置遼東諸縣 以中使秦旦 張羣 杜德 黃疆等及吏兵六十人 置玄菟郡. 玄菟郡在遼東北 相去二百里.

『자치통감』「위기 4 명제 청룡 원년」{서기 233년}에도 거의 같은 내용이 등장한다. 이에 따르면 현토군은 요동군과 접하여 북쪽으로 200리 떨어진 곳[玄菟郡在遼東北 相去二百里]에 있다는 것을 알 수 있다. 『삼국지』'고구려조'와『후한서』'고구려조'에 따르면 이때 "고구려는 요동의 1,000리 밖에 있었다.[高句驪 在遼東之東千里]". 현토에 유폐된 중사 진단, 장군, 두덕, 황강 등은 현토군에서 탈출하여 고구려로 도망하여 동천왕에게 오왕 손권의 친서를 보여주었고, 요동을 도모하고자 했던 동천왕은 기뻐하며 이들을 오나라로 돌려보냈다.

  이후 동천왕은 서기 238년 위나라의 사마의를 도와 공손
연을 토벌한다. 그리고 4년 후 요동의 서안평을 정벌하고 요
동 진출을 본격화한다. 이에 북경의 유주 자사였던 위나라
관구검이 요동에 진출한 고구려군을 공격하기 위해 1만 병
력으로 현토로부터 침략을 해왔다. 그러자 동천왕이 비류수
{현재의 백하}에서 이들을 물리쳤고, 다시 현토 남쪽 요동의
양맥 골짜기에서 다시 싸워 패배시켰다. 그러나 관구검의 결
사대가 고구려군을 대파하고 환도성을 함락시키자 동천왕은
요수 상류인 압록원으로 도망친다. 이후 동천왕은 남옥저로
달아나 죽령에 이르렀는데, 밀우와 유유의 결사항전으로 관
구검군을 요동에서 몰아낼 수 있었다.

  유주 자사였던 관구검이 현토로부터 침공을 해온 것은 당
시 고구려가 북경 북동쪽 밀운구 일대에 대한 수비를 제대로
하지 못하였기 때문인 것으로 분석된다. 유주 자사가 위치하
고 있었던 곳은 북경 일대로 비정된다. 관구검이 고구려를
공격한 것은 고구려가 요동의 요수 인근에 위치한 전략적 거
점인 서안평을 공격하였기 때문이다. 서안평은 북경 동쪽으
로 이곳을 장악하게 되면 고구려군이 언제든 유주(현재의 북
경)를 공략할 수 있었다. 만일 서안평이 난하 동쪽에 위치하
였다면 유주 자사가 그다지 큰 위협을 느낄 필요가 없다. 유
주에서 난하 일대까지는 1,000리가 넘는 먼 곳이기 때문이
다. 유주에서 현토까지는 산악과 수많은 강줄기를 건너야 하
는데, 관구검이 현토에서부터 공격을 하기 시작했다는 것은

현재의 북경 북동쪽 밀운 지역까지 산과 강을 건넜다는 것을
의미한다. 현토군은 현재의 북경시 밀운구 북쪽에 위치하고
있었던 것이다.

관구검의 기습공격에도 불구하고 고구려 동천왕은 초반에
승세를 보였으나 나중에 밀려 발해만 바닷가까지 도망칠 수
밖에 없었다. 그러나 밀우와 유유 등 군신들의 분전에 힘입
어 이후 동천왕은 관구검군을 낙랑에서 패퇴시키는데 성공
하고 요동 지역의 상당 부분을 장악한다. 이때 동천왕은 요
동에 위치한 환도성(=국내성)이 전란으로 유린되어 다시 도
읍으로 삼기 어렵다고 보고 현토군의 조선성을 수축하여 평
양성을 쌓고 백성과 사직을 이곳으로 옮기게 된다.

『삼국사기』「고구려본기」에는 "평양은 본래 선인 왕검의
땅이다. 다른 기록에는 "왕이 되어 왕험(王險)에 도읍하였
다."고 하였다.[平壤者, 本仙人王儉之宅也. 或云 "王之都王
險"]고 기록하고 있다. 이와 관련하여 이병도(1976:
371~372)는 이 기사와『삼국사기』「고구려본기」'고국원왕
조'의 "13년(서기 342년 가을 7월에 평양 동황성으로 {왕
의} 거처를 옮겼다. 성은 지금{고려}의 서경 동쪽 목멱산 중
에 있다[秋七月, 移居平壤東黃城. 城在今西京東木覓山中]"는
두 기사를 비교하면서 다음과 같이 주장했다.

두 기사를 분석하면, 각기 원기사(사료)에 대하여 선자(選者)의 주
관적인 설명이 첨부되어 있음을 용역(容易)히 {쉽게} 발견할 수 있
다. 즉 A기재의 「平壤者, 本仙人王儉之宅也. 或云王之都王險」, B기

재의 「(東皇)城在今西京東木覓山中」운운은 확실히 선자(김부식을 말함)의 심리를 역측하면, 선자는 고구려시대의 「평양」의 칭은 자기당시(고려)의 칭인 서경(今 平壤)에 뿐 아니라, 남경(今 서울)에도 있었으므로(南平壤) 자기는(은) 그것을 구별시키기 위하여 특히 그러한 사족을 가한 것으로 사료되거니와, 그 중에 「本仙人王儉之宅也」라고 한 것은 말할 것도 없이 단군전설에 단군왕검이 도읍하였다고 하는 그 평양의 謂(이름)란 것이다. 그런데, 그 밑에 「或云王之都王險」이라고 한 것은 가위(可謂) 두찬(杜撰)에 두찬을 가한 것으로(오류가 너무 많고 근거가 없는 주장이라는 뜻) 후인의 웃음거리를 산 것이니, 즉 찬자는 사마천의 사기 조선전에 위만이 조선에 와서 진번조선인과 故燕齊(고연제)망명자들을 역속(役屬)하여 「王之(왕노릇을 하고), 都王險(왕험에 도읍하였다)」이라 한 것을 오독하였던 것이다.

위의 이병도(1976)의 주장이야말로 스스로 자신이 수많은 오류와 근거없는 주장을 하고 있다는 것을 자인하고 있다는 것을 보여 준다. 평양이 고려 시대의 서경이라는 선입견에 사로잡혀 한국사 전체를 왜곡하면서 선대의 역사 찬자를 근거없는 것으로 폄훼한 것이다. 그 결과 이병도씨는 현재 후인들의 웃음거리가 되고 있고 그 추종자들도 마찬가지이다. 이병도(1976)의 주장이야말로 사료에도 없는 주관적인 주장으로 가득차 있어 비판조차 어려울 지경이다.

위의 두 기사를 추적해보면 다음과 같다. 『삼국지』 '고구려조'에 따르면 동천왕의 고구려는 고대 요동에서 1,000리나 밀려나 있었다. 고구려의 건국지인 현토군 왕험성을 회복하지 못하는 것은 국왕으로서 수치이다. 따라서 동천왕은 여러 가지 외교전을 펼쳐 사마의의 공손연 토벌을 돕기도 하고 손권과도 협력관계를 맺는다. 이병도씨는 이러한 동천왕의 고대 요동 진출 관련 기사들을 무시한 것으로 분석된다. 그 이유는 당연히 자신이 주장한 낙랑군재평양설이 무너지기 때문이다.

동천왕이 고대 요동에 진출했다는 것은 고대 요동에 속한 서안평을 공격했다는 것을 통해 잘 알 수 있다. 이병도 (1976)는 『한서』 「지리지」 자체를 이해하지 못한 것으로 보인다. 서안평도 압록강 하구로 비정했다. 그는 단지 한반도에 평양이 있으므로 거기에 모든 것을 꿰어 맞춘 것이다. 그런데 평양성이 북경 동쪽에 위치하고 있었던 것이다. 다시 말하면 한반도의 평양이 평양 동황성이고, 원래의 고구려 국도 평양성은 고대 요동에 있었다. 이를 『삼국사기』 「고구려 본기」의 기록을 통해 확인보기로 하자.

『삼국사기』에 따르면 고국원왕은 요동의 평양성에 도읍하고 있었다. 서기 334년에는 요동의 평양성을 증축했다는 기사가 등장한다. 이를 두고 지금의 평양성으로 혼동하는 이들은 도성을 옮길만한 지배권 확립도 어려웠을 것인데 평양성 신축이 아니라 증축은 타당성이 없다고 주장한다. 그런데 247년 동천왕이 환도성에서 천도한 평양성은 고대 요동에 있었다. 따라서 고국원왕은 그 요동 평양성을 증축한 것이다. 그런데 고국원왕은 평양성 증축 이후에도 전연의 침공을 두려워해 환도성으로 거처를 옮기고(移居), 전연(前燕)의 침공으로 환도성이 파괴되자 평양 동황성으로 다시 옮긴 것으로 나타난다. 『삼국사기』의 찬자는 이때의 평양 동황성이 고려 시대의 서경, 즉 현재의 평양이라고 기록하였던 것이다. 이에 따르면 평양성이 하나가 아니라 고대 요동의 평양성과 한반도의 평양성 등 최소한 두 곳이 있었다는 것을 알 수 있다.[37]

12년(342) 11월에 {연의} {모용}황이 스스로 정예병 4만 명을 거느리고 남도(南道)로 출정하여, 모용한과 모용패를 선봉으로 삼고, 별도로 장사 왕우 등을 보내 병력 1만 5,000명을 거느리고 북도로 출정하게 하여 {고구려를} 침공하였다. 왕이 동생 무(武)를 보내 정예병 5만 명을 거느리고 북도를 막게 하고, 자신은 약한 병력을 거느리고 남도를 방어하였다. 모용한 등이 먼저 도착하여 싸우고 {모용}황이 대군으로 계속 이어서 오니 우리 군대가 크게 패하였다. 좌장사 한수가 우리 장수 아불화도가의 목을 베니 {연의} 여러 부대가 승기를 타고 마침내 환도성으로 진입하였다. 왕이 단기로 달아나 단웅곡으로 들어갔다. 장군 모여니가 추격하여 왕의 어머니 주씨와 왕비를 사로잡아 돌아갔다. 마침 왕우 등이 북도에서 싸우다가 모두 패하여 죽었다. 이로 말미암아 {모용}황이 다시 끝까지 추격하지 않고 사신을 보내 왕을 불렀으나 왕이 나가지 않았다. {모용}황이 돌아가려 하는데, 한수가 말하기를, "고구려 땅은 지킬 수 없습니다. 지금 그 왕은 도망가고 백성은 흩어져 산골짜기로 들어가 숨어 엎드려 있습니다. 대군이 떠나가면 반드시 다시 결집하여 살아남은 무리를 모을 것이니 오히려 걱정

---

37) 박지원의 『열하일기』는 고대 압록강을 현재의 압록강으로 비정하는 등 오류가 많지만 평양이 요양(遼陽) 등 여러 곳에 있었을 것으로 보았다. 기자가 머무는 곳마다 평양이라고 했을 것이라는 것이다. 그리고 대동강을 중심으로 하는 조선의 평양은 그 중 하나일 것이라고 했다(박지원, 2021: 96~98). 그 결과 『열하일기』는 당시 조선 조정에 일대 파란을 불러 일으켜 금서 취급을 받기까지 하였다.

거리가 될 것입니다. 청하옵건대 그 아버지의 시신을 싣고, 생모를 볼모로 잡아 귀국해서 {고구려왕이} 자신의 몸을 묶어 스스로 항복해 오기를 기다린 연후에 돌려주십시오. 은덕과 신뢰로 위무하는 것이 상책입니다."라고 하였다. 모용황이 이를 따랐다.

十一月 皝自將勁兵四萬 出南道 以慕容翰·慕容覇爲前鋒 別遣長史王寓等 將兵萬五千 出北道以來侵. 王遣弟武 帥精兵五萬 拒北道 自帥羸兵 以備南道. 慕容翰等先至戰 皝以大衆繼之 我兵大敗. 左長史韓壽斬我將阿佛和度加 諸軍乘勝 遂入丸都. 王單騎走入斷熊谷. 將軍慕輿埿 追獲王母周氏及王妃而歸 會王寓等 戰於北道 皆敗沒. 由是 皝不復窮追 遣使招王 王不出. 皝將還, 韓壽曰 "高句麗之地 不可戍守. 今其主亡 民散潛伏山谷. 大軍旣去 必復鳩聚 收其餘燼 猶足爲患. 請載其父尸 囚其生母而歸 俟其束身自歸 然後返之. 撫以恩信 策之上也." 皝從之,

이처럼 고국원왕이 거처하고 있던 환도성은 전연에 무참히 짓밟히고 만다. 왕은 단기로 달아난다. 고구려군이 모두 패배해서 요동에서는 발을 붙일 곳조차 없게 되었다. 그 결과 고국원왕은 머나 먼 천도를 하지 않으면 안되었다. 그곳이 바로 평양 동황성, 즉 현재의 평양이다. 이를 입증하기 위해서는 고국양왕 시기의 전세를 살펴볼 필요가 있다. 고국양왕은 서기 385년 요동군과 현토군을 점령하였으나 같은 해에 이를 빼앗기고 만다. 따라서 고국원왕이 천도한 한반도의 평양성으로 후퇴할 수밖에 없었다. 그리고 서기 386년 가을에 왕이 군대를 일으켜 남쪽으로 백제를 정벌하였는데, 이때의 백제는 요택 남쪽의 대륙백제가 될 수 없다. 고구려는 요동에서 이미 퇴각한 이후이기 때문이다. 그렇다면 고국양왕

이 공격한 백제는 한반도에 있었던 백제를 가리킨다는 것을
알 수 있다.

　이러한 상황속에서 광개토왕이 등극하자마자 서기 392년
백제를 공격하여 10개의 성을 빼앗는다. 이 역시 한반도의
백제 지역을 공격한 것이다. 서기 395년에는 왕이 패수(浿
水) 가에서 백제와 싸워 크게 승리했다는 기사가 등장하는
데, 이 경우 고구려와 백제가 고대 요동 지역에서 전투를 했
다는 사실을 알 수 있다. 백제와 고구려의 전선은 한반도와
고대 요동의 요수 일대 등 두 곳에 있었다. 광개토왕은 한반
도의 평양에 있었다. 그 결과 서기 400년에 후연에게 요동
의 신성(新城)과 남소성(南蘇城)을 빼앗기는 일이 발생하기
도 하였다.

　광개토왕은 요동 회복을 위해 서기 402년 후연에 대한 공
세를 강화한다. 그 결과 요동 일대를 장악하고 있던 후연의
평주 자사(平州刺史) 모용귀(慕容歸)를 축출하는데 성공하게
된다. 서기 405년에는 이미 요동 지역을 장악하게 되었는
데, 이때 후연에서 요동성을 쳐들어와 거의 함락 직전까지
간 것으로 나타난다. 광개토왕이 39세의 젊은 나이에 요절
하게 된 것은 두 개의 전선을 확장시키고 방어하는데 전력을
기울였기 때문인 것으로 분석된다. 이러한 문제점을 해소하
기 위해 장수왕은 서기 427년에 요동의 평양으로 도읍을 옮
기게 된다. 이상에 따르면 고국원왕이 요동의 평양에서 한반
도의 평양으로 천도한 이후 소수림왕, 고국양왕, 광개토왕은

모두 한반도의 평양에 도읍하고 있었다. 그리고 장수왕 시기에 이르러 원래의 요동 평양성으로 천도하였던 것이다. 그런데 이병도(1976: 373)는 이러한 상황을 이해하지 못하고 다음과 같이 주장했다.

동천왕 때의 천도지인 평양성과 고국원왕 때의 천도지인 평양동황성은 모두 같은 곳으로 그것이 대동강유역에 있는 후기의 평양 부근이 아니라 압록강 유역의 고도근처에 있었던 것으로 보는 편이 타당할 것이다. 여기에 이른바 평양동황성은 말할 것도 없이 평양에 있는 동황성이란 뜻으로, 그 곳이 고도 본황성(本黃城)의 동쪽에 위치한 데서 얻은 칭호로 보아야 하겠다.

고대 시대에 평양은 요동과 한반도만이 아니라 감숙성, 산서성, 산동성 청주 지역에도 있었다. 따라서 평양의 지명은 하나로 고정시켜 파악해서는 절대 안된다. 그럼에도 이병도(1976)는 모든 평양을 한반도의 평양으로 귀착시키고 거기에 모든 것을 꿰어 맞추었던 것이다.

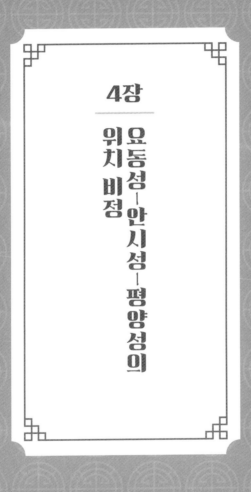

4장

위치 비정

요동성―안시성―평양성의

제4장 요동성, 안시성, 평양성의 위치 비정

요동성의 위치 비정

요동성(遼東城)은 요동군에 위치한 성으로 양평성(襄平城)이라고도 한다. 『삼국사기』 「고구려본기」 '영양왕조'에 수양제의 군대가 요수를 건너 요동성을 포위했다는 기사에 요동성에 대한 기록이 자세하게 나타난다.

{23년(서기 612년)} 2월에 황제가 군대를 거느리고 나아가 요수에 이르렀고 여러 군대가 모두 모여 강에 접근해 큰 진을 이루었다. 우리 병사가 강을 막고 지켰으므로 수(隋)의 군사가 건널 수 없었다. 황제는 공부상서 우문개에게 명해 요수 서쪽 언덕에서 부교 세 개를 만들도록 하였다. 이윽고 완성되자 다리를 끌어서 {요수} 동쪽 언덕에 대고자 하였는데, 짧아서 한 장 남짓 언덕에 미치지 못하였다. 우리의 군사가 대거 이르니, 수의 군사 중에 날래고 용감한 자가 다투어 물에 들어가 접전을 펼쳤다. 우리의 군사가 높은 곳으로 올라가 그들을 공격하니 수의 병사가 언덕에 오를 수 없어 죽은 자가 매우 많았다. 맥철장이 언덕으로 뛰어 올랐으나, 전사웅·맹차 등과 함께 모두 전사하였다. 이에 병사를 거두고 다리를 끌어 서쪽 언덕으로 돌아갔다. {수양제는} 다시 소부감 하조에게 명해 다리를 연결하게 하였는데, 이틀 만에 완성하였다. 여러 군대가 차례로 계속 나아가 동쪽 언덕에서 크게 싸우자, 우리의 병사가 대패해 죽은 자가 1만 명에 달했다. 여러 군대가 승세를 타고 요동성으로 나아가 포위하였는데, 바로 한(漢)의 양평성이다. 거가가 요수(遼水)에 이르자 조서를 내려 천하에 사면을 베

풀었다. 형부상서 위문승 등에게 명하여 요수 좌측[遼左]의 백성을 위무하면서 10년간 조세를 면제해 주었으며, 군현을 설치하여 서로 통섭하도록 하였다.

二月 帝御師進至遼水 衆軍揔會 臨水爲大陣 我兵阻水拒守 隋兵不得濟. 帝命工部尙書宇文愷 造浮橋三道於遼水西岸 旣成引橋趣東岸 短不及岸丈餘. 我兵大至 隋兵驍勇者 爭赴水接戰. 我兵乘高擊之 隋兵不得登岸 死者甚衆. 麥鐵杖躍登岸 與錢士雄·孟乂等皆戰死. 乃斂兵引橋 復就西岸. 更命少府監何稠接橋 二日而成. 諸軍相次繼進 大戰于東岸 我兵大敗 死者萬計. 諸軍乘勝 進圍遼東城 則漢之襄平城也. 車駕到遼 下詔赦天下. 命刑部尙書衛文昇等 撫遼左之民 給復十年 建置郡縣 以相統攝.

위의 기록에 따르면 수양제의 군대는 요수를 건너려고 하다가 고구려군의 저지에 막혀 건너지 못하였으나 부교를 만들어 간신히 건너게 된다. 그리고 요수를 건너 고구려군에게 대승을 거둔다. 그리고 나서 승세를 타고 요동성으로 전진하여 포위를 하기에 이르른다. 이를 보면 요동성은 요수에서 일정 정도 떨어진 곳에 위치하고 있다는 것을 알 수 있다. 요동성은 한의 양평성으로서 요동의 치소이기도 하였다. 『한서』 「지리지」에는 "요동군의 {속현으로} 양평(襄平)이 있는데, 목사(牧師)라는 관(官)이 있다.[襄平, 有牧師官]"고 했다.

이뿐만 아니라 요동군의 "망평현, 대요수가 새외에서 나와 남쪽으로 흘러 안시(安市)에 이르러 바다로 들어가는데, 1,250리를 흘러간다.[望平, 大遼水出塞外 南至安市入海 行千二百五十里]"고 했다. 이를 보면 망평현을 흐르는 대요수 인근에 안시성이 있었다는 것을 알 수 있다.

　그런데『수경주』'대요수'에서는 "요수 역시 말하기를 지석산에서 나와 새외에서부터 동쪽으로 흘러 곧바로 요동의 망평현 서쪽으로 간다. 왕망 때의 장열이다. 물길이 굽어 서남으로 흘러 양평현 옛 성 서쪽을 지난다. … 13주지에서 말하길 대요수는 새외에서부터 서남으로 흘러 안시에서 바다로 들어간다.[遼水亦言出砥石山 自塞外東流 直遼東之望平縣西 王莽之長說也 屈而西南流 逕襄平縣故城西 … 十三州志曰 大遼水自塞外 西南至安市入于海]"고 했다.

　『수경주』의 강 흐름에 따르면 망평은 양평보다 북쪽에 있었다는 것을 알 수 있다. 안시성은 산악을 끼고 있는 성이므로 양평보다 북쪽에 위치한 성으로 분석된다.『독사방여기요』에서도 "한의 양평과 요양 두현은 요동군에 속한다.[漢襄平遼陽二縣地 屬遼東郡]"고 했다. 따라서 한의 양평은 연장성의 동단인 양평과 같은 곳으로 연산산맥 내에 위치하고 있었다는 것을 알 수 있다. 그 양평에 요동성이 있었기 때문에 양평성이라고도 불렀던 것이다. 북쪽부터 보면 망평 → 요양 → 양평의 순으로 위치한 것으로 보인다. 요동성은 요동의 중심부에 위치한 성이다. 위의『삼국사기』「고구려본기」'영양왕조'에 따르면 간신히 요수를 건너 고구려군을 격파하고 다다른 곳이 요동성이다. 이에 따른다면 요동성은 요택을 지나 요수를 선넌 후 맞이하는 성 중 하나이다. 요동성은 양평의 남쪽 평지에 위치한 성이므로 아래의 [그림 19]와 같이 그 위치를 비정할 수 있다.

　　요동성은 양평에 있는 성으로 양평성이라고도 불렀다. 요동성은 요택과 요수를 지나면 하루 거리에 위치한 성이다. 『자치통감』{서기 237년}과 {서기 238년}에는 요동의 상황에 대한 기록들이 빈번히 등장한다. 이를 통해 요동과 요동성의 위치를 추적할 수 있다. 『자치통감』「위기5 명제 경초원년{서기 237년}」에는 공손연을 토벌하겠다고 나선 관구검과 관련된 기사가 다음과 같이 기록되어 있다.

> "공손연이 해변에서 자랐는데, 3세를{공손탁-공손강-공손연} 이어 내려오면서 밖으로는 융족과 이족을 위무하고 안으로는 전투와 활쏘기를 훈련시키고 있습니다." … 황제가 이 말을 듣지 아니하고, 관구검에게 여러 부대와 선비족과 오환족을 거느리고 요동의 남쪽 경계 지역에 주둔하게 하고 새서를 보내서 공손연을 부르라고 하였다. 공손연이 드디어 군사를 발동하여 반란을 일으키고 요수(遼隧){요수현은 후한 시기에 요동군에 속하였다. 『진서』「지리지」에는 요수현이 없다. 아마도 요수(遼水)의 동쪽 언덕에 있었을 것이다. 수경주: 현토군 고구려현에 요산이 있고, 소요수가 거기에서 나온다. 서남쪽으로 요수현에 다다르고 대요수로 합류한다.}에서 관구검을 맞이하였다. 마침 10여일 간 비가 내리니 요수(遼水)가 크게 불어났고, 관구검은 싸우기가 불리하자 군사를 이끌고 우북평(右北平)으로 돌아왔다.38) 공손연이 이어 스스로 연왕(燕王)이라 하였다.

---

38) 이에 따르면 우북평은 요동의 동쪽이 아니라 요수의 서쪽 즉, 요서군보다 중원에 더 가까운 지역으로 비정된다. 관구검이 공손연의 공격에 나선 것은 요동의 남쪽 경계, 즉 요서이므로 후퇴시 동쪽의 난하 방향으로 이동할 수 없다는 것은 명약관화하다. 따라서 최소한 청나라 이후 우북평을 난하 동쪽으로 비정한 중국의 모든 사서의 기록은 왜곡에 해당하며, 중국측의 주장에 따른 국내학자들의 난하 이동 우북평 비정 또한 잘못된 것이다.

淵生長海表 相承三世{度·康·淵} 外撫戎夷 內脩戰射 … 帝不聽 使儉
帥諸軍及鮮卑·烏桓屯遼東南界 璽書徵淵. 淵遂發兵反 逆儉於遼隧
{遼隧縣 二漢屬遼東郡 晉志無其地 蓋在遼水東岸. 水經註:玄菟郡 高
句麗縣有遼山 小遼水所出 西南至遼隧縣 入于大遼水.} 會天雨十餘日
遼水大漲 儉與戰不利 引軍還右北平 淵因自立爲燕王

관구검의 군대는 요수의 건너편인 요동의 남쪽 경계, 즉
요서 지역에서 공손연 토벌을 위해 대기중이었다. 그런데 큰
비로 인해 요수가 불어나 요동으로 진출하지 못하고 우북평
으로 후퇴했다.[39] 이에 공손연이 기세가 등등해져 스스로
연왕이라 부르기 시작한 것이다. 이에 이듬해 위 명제는 장
안에 있던 사마의를 불러 군사 4만으로 요동을 정벌하도록
한다. 『자치통감』「위기5 명제 경초 2년{서기 238년}」에는
다음과 같이 기록하고 있다.

> 황제가 말했다. "4,000리 떨어진 곳{『속한지』에서는 요동군은 낙
> 양 동북쪽 3,600리 떨어진 곳에 있다고 했다.}으로 정벌을 나가는
> 데 비록 기이한 계책을 운용한다고 하더라도 역시 의당 힘에 맡겨
> 야 할 터인데, 전역에 드는 비용을 적게 계산하는 것은 마땅치 않
> 소." … 사마의가 답하기를, "공손연이 성을 버리고 미리 도망가면
> 으뜸가는 계책이고, 요동{당연히 요수를 가리킨다}을 점거하여 우
> 리의 대군을 막는다면 버금가는 계책이지만, 앉아서 양평{양평현
> 은 한의 요동군 치소로 공손연이 도읍한 곳이다.}을 지키면 사로
> 잡힐 뿐입니다." "지금 우리 군의 가는 길이 외롭고 멀고 오래 지

---

39) 관구검이 우북평으로 퇴각했는데, 어떻게 우북평이 요동의 동쪽에 있다는
    것인지 도무지 이해할 수 없다. 국내학자들조차 이에 동조해 우북평을 요
    동의 동쪽으로 설명하고 있는 것이 현실이다.

탱할 수 없다고 보고 반드시 먼저 요수에서 항거할 것이고, 그 후
에 양평을 지키려 할 것입니다." "가는데 100일, 공격하는데 100
일, 돌아오는데 100일, 60일을 휴식하게 될 것이니 이같이 하면
1년이면 충분합니다."

帝曰 "四千里征伐 {續漢志: 遼東郡在洛陽東北三千六百里.} 雖云用奇
亦當任力 不當稍計役費也." … 懿曰 "淵棄城豫走 上計也 據遼東拒
大軍 其次也{遼東 當作 遼水} 坐守襄平 此成禽耳." {襄平縣 漢 遼東
郡治所 公孫淵所都} "今往孤遠 不能支久 必先拒遼水 後守襄平也."
"往百日 攻百日 還百日 以六十日爲休息 如此 一年足矣."

위 기사의 본문에서 인용한 『속한지』에 따르면 낙양에서
요동군까지의 거리는 3,600리 떨어진 곳이라고 한다. 위나
라 명제 조예의 부친인 조비는 허창에서 낙양으로 천도를 한
바 있다. 사마의가 군대가 가는데 100일이 걸린다고 했으니
군사들이 하루에 이동하는 거리인 1사(舍), 즉 30리[40]를 적
용하면 요동은 대략 낙양에서 3000리 정도 떨어진 곳이라
는 것을 알 수 있다. 이 정도의 거리라면 난하를 넘어설 수
없다. 공손씨 세력은 한반도에 있었던 것이 아니라 북경 동
쪽의 고대 요동에 위치하고 있었던 것이다. 『자치통감』의 이
기록 하나만으로도 식민사대주의 사학은 설 자리가 없다. 낙
양에서 완전군장을 하고 걸어서 100일만에 현재의 평양까
지 올 수 있는 사람은 아무도 없기 때문이다. 말을 타고서도

40) 진(晉)문공 중이(重耳)는 오랜 망명 후 귀국길에 초성왕의 도움을 받게 되는
데 초성왕이 도와주면 어떤 보답을 줄 것인가 하고 물었다. 이에 중이는 후
일 부득이 초성왕과 싸우게 되면 3사(舍)를 물러나겠다고 했다. 실제로 진
문공은 성복전투에서 3사, 즉 90리를 후퇴하여 초성왕에게 신세진 은혜를
갚았다. 이후 중원에서 1사는 30리를 의미하는 것으로 해석되었다.

올 수 없다. 구태의 백제가 건국된 곳도 낙랑의 남쪽 바닷가 대방고지이다. 공손연은 요수 바로 건너편 요동군의 치소인 양평성, 즉 요동성에 도읍하고 있었다는 것을 알 수 있다. 이후 사마의가 양평을 포위 공격하는 과정에서 다시 요수 및 요동, 양평과 관련된 기록이 등장한다.

> 6월에 사마의의 군사가 요동에 이르자, 공손연이 대장군 비연, 양조에게 보병과 기병 수만 명을 거느리고 요수(遼隧)에 주둔하게 하였는데, 성위와 참호가 20여 리에 이어졌다. … 사마의가 몰래 강을 건너 그들의 북쪽으로 나아가 곧바로 양평으로 치달았더니 비연 등이 두려워서 병사를 이끌고 밤중에 달아났다. 여러 군사들이 나아가 수산{首山, 수산은 양평 서남쪽에 있다.}에 이르니 공손연이 다시 비연 등에게 그들을 맞아 싸우게 했는데, 사마의가 공격하여 그들을 대파하고 드디어 나아가서 양평을 포위하였다. 가을, 7월에 큰 장맛비가 내리니 요수의 물이 갑자기 불어서 배를 운항하여 요수 입구{요구는 요수진을 건너는 입구를 말한다.}에서 지름길로 성 아래에까지 이르렀다.
> 六月 司馬懿軍至遼東 公孫淵使大將軍卑衍·楊祚 將步騎數萬屯遼隧 圍塹二十餘里.… 懿潛濟水 出其北 直趣襄平 衍等恐 引兵夜走. 諸軍進至首山{首山在襄平西南}淵復使衍等迎戰懿擊 大破之 遂進圍襄平. 秋, 七月 大霖雨 遼水暴漲 運船自遼口徑至城下{遼口 遼水津渡之口也.}

양평성(=요동성)은 요수 남쪽의 평지에 위치해 비가 많이 오자 성 근처까지 배가 들어갈 수 있을 정도였다. 군사들이 진영을 이탈하려 하자 사마의가 엄한 군율로 이들의 동요를 막았다. 그리고 얼마 지나지 않아 요동성을 평정하게 된다.

임오일(23일)에 양평은 붕괴되고 공손연과 아들 공손수가 수백 기병을 거느리고 포위를 뚫고 동남쪽으로 달아났지만 많은 병사들이 급히 공격하여 공손연 부자를 양수(梁水)에서 목을 베었다. {반지에서는 요동군 요양현이라 했다. 이에 주를 달아 말하길, 대량수가 서남쪽으로 흘러 요양에 도달하고 요수로 합류한다고 했다. 『수경주』에서는 소요수가 현토군 고구려현의 요산에서 나와 서남쪽으로 흘러 양평현을 지나간 후 대량수와 합류하며, 대량수는 북쪽의 새외에서 나와 서남쪽으로 흘러 요수와 합류한다고 했다.} 사마의가 성으로 들어가서 그들의 공경 이하 병사와 백성 7,000여 명을 죽이고, 경관을 쌓았다. 요동, 대방, 낙랑, 현토의 네 군이 모두 평정되었다. {한나라 대방현은 낙랑군에 속했다. 공손씨가 군을 나누어 대방군을 설립했다. 진수가 말하길, 건안 중에 공손강이 둔유현 이남의 황무지를 나누어 대방군이라 했다고 한다. 왜와 한(韓)의 여러 나라들이 기미에 속했다}.

壬午 襄平潰 淵與子脩將數百騎突圍東南走 大兵急擊之 斬淵父子於梁水之上. {班志: 遼東郡 遼陽縣, 註云: 大梁水西南至遼陽, 入遼水. 水經註: 小遼水出玄菟 高句麗縣 遼山 西南流逕襄平縣 入大梁水 水出北塞外 西南流而入于遼水.} 懿旣入城, 誅其公卿以下及兵民七千餘人, 築爲京觀. 遼東·帶方·樂浪·玄菟四郡皆平. {漢 帶方縣 屬樂浪郡 公孫氏分立郡 陳壽曰: 建安中 公孫康分屯有以南荒地爲帶方郡, 倭·韓諸國羈屬焉.}

양수는 양맥(梁貊)들이 살고 있었던 요수의 동쪽 지류를 가리킨다. 본문의 주에 따르면 대량수가 서남쪽 방향으로 흘러 요양에 도달하고 요수에 합류한다고 했다. 이는 요양의 남쪽으로 흘러가던 구하를 가리킨다. 대량수의 북쪽 양평에 요동성이 있었다. 어쨌든 요동성이 점령되면서 공손씨는 토벌되었고, 사마의는 중원 사람들 중 15세 이상의 남자는 모두 학살하였다. 그리고 요동의 4만 호에 달하는 백성들을 중원으로 끌고 갔다.

이 과정에서 동이족들이 얼마만큼의 피해를 입었는지는 알 수 없다. 다만 사마의에게 정벌당한 이후 공손씨가 다스린 평주(平州) 지역의 인구를 살펴보아야 한다. 『진서』 「지리지」 '평주'조에서 속한 창려군(昌黎郡)과 요동국(遼東國), 낙랑군, 현토군, 대방군 등 5군의 호(戶)를 모두 합하면 18,100호이고, 호당 5명으로 계산하면 9만 500명에 불과해 요동의 한족들이 절대 다수가 죽거나 중원으로 끌려 갔다는 것을 알 수 있다. 『삼국지』 '부여조'를 보면 공손연이 주살된 이후에도 현토군의 창고에 옥갑이 있었다는 것을 보면 동이족들이 전화(戰火)의 피해를 입지 않은 것으로 분석된다.

한나라 때에는 부여왕의 장례에 옥갑을 사용하였는데, 언제나 {옥갑을} 현토군에 미리 갖다두었다가 왕이 죽으면 그것을 가져다 장사지냈다. 공손연이 주살된 뒤에도 현토군의 창고에는 옥갑 1구가 그대로 남아 있었다. 지금 부여의 창고에는 옥으로 만든 벽·규·찬 등 여러 대를 전해 오는 물건이 있어서 대대로 보물로 여기는데, 노인들은 "선대의 왕께서 하사하신 것이다"라고 하였다. {『위략』에서 말하길 "그 나라는 매우 부강하여 선대로부터 일찍이 [적에게] 파괴된 일이 없다."고 하였다.}
漢時 夫餘王葬用玉匣 常豫以付玄菟郡 王死則迎取以葬 公孫淵伏誅 玄菟庫猶有玉匣一具 今夫餘庫有玉璧珪瓚數代之物 傳世以爲寶 耆老言先代之所賜也 魏略曰 其國殷富 自先世以來 未嘗破壞

서진 시기에 요동 지역에 대한 영향력이 급속히 사라지게 된 것은 바로 사마의의 대량 학살의 영향 때문인 것으로 분석된다. 이에 따라 대방고지에 있었던 마한 세력과 백제는 그 영향력을 더욱 확장해 나갔던 것으로 보인다. 요동과 요서 그리고 낙랑 지역 등 공손씨 세력이 새로이 창려(昌黎), 요동(遼東), 현토(玄菟), 대방(帶方), 낙랑(樂浪) 등의 군국(郡國) 다섯으로 설치한 평주(平州) 지역이 사실상 텅빈 상태가 되어 버렸기 때문이다. 이 시기에 고구려의 동천왕이 사마의의 공손연 토벌을 지원한다. 그리고 요동에서 발생한 권력 공백을 틈타 서안평으로 진격하게 된다. 그 결과 위나라 관구검과 격돌이 발생하지만 동천왕의 방어 성공과 미천왕의 정벌 등을 통해 요동 지역은 고구려의 수중에 떨어지고 만다.

요동성을 둘러싼 패권경쟁은 수양제 100만 대군의 침공으로 야기된 고수 전쟁으로 이어지게 된다. 제2차 고수 전쟁의 양상을 요약하면 수양제의 대군이 고구려를 공격하고자 좌우 24군을 출정시켰으나 요동성에 가로막혀 오도가도 못하다가 별동대 30여만 명을 편성하여 평양성 건너편까지 치고 올라갔다가 을지문덕의 계략에 넘어가 30만 대군이 사실상 전멸하는 패전을 당하였다. 『수서』 '고구려조'에는 제2차 고수 전쟁에서 요동성을 둘러싼 공방을 다음과 같이 기록하고 있다.

대업 7년(서기 611년)에 수양제가 영양왕의 죄를 물어 토벌하기 위하여 친히 요수를 건너 요동성에 군영을 설치한 뒤, 길을 나누어 군사를 출동시켜 각기 그 성 아래로 집결하도록 하였다. 고려

{고구려}는 군사를 거느리고 나와 저항하였으나 대부분의 싸움에서 불리하자, 모두 성을 닫고 굳게 수비하였다. 수양제는 제군에 명하여 성을 공격케 하였다. 또 여러 장수들에게 조래하여, "고구려가 만약 항복을 하면 바로 받아들이고, 함부로 군사를 풀어 공격하여서는 아니된다."고 하였다. 성이 막 함락될 즈음, 고구려가 곧 항복하겠다고 청하였으나, 여러 장수들이 양제의 교지에 따라 함부로 그 기회를 이용하여 공격하지 못하고, 먼저 [양제에게] 달려가서 아뢰었다. 답보가 도착할 무렵이면 적들의 수비 역시 정비되어 [다시 성을] 나와서 저항하였다. 이와 같이 하기를 세 번을 되풀이하였으나 양제는 깨닫지 못하였다. 이로 말미암아 군량은 다하고 군사는 지친 데다, 군량 수송마저 중단되어 제군이 패전하니, 결국 군대를 회군하고 말았다. 이 출전에서는 단지 요수 서쪽에 있는 적의 무려라만을 함락시켜 요동군 및 통정진을 설치하고 돌아왔을 뿐이다.

大業七年(611) 帝將討元之罪 車駕渡遼水 上營於遼東城 分道出師 各頓兵於其城下. 高麗率兵出拒 戰多不利 於是皆嬰城固守. 帝令諸軍攻之 又勅諸將：「高麗若降者, 卽宜撫納, 不得縱兵.」城將陷 賊輒言請降 諸將奉旨不敢赴機 先令馳奏. 比報至 賊守禦亦備 隨出拒戰. 如此者再三 帝不悟. 由是食盡師老 轉輸不繼 諸軍多敗績 於是班師. 是行也 唯於遼水西拔賊武厲邏 置遼東郡及通定鎭而還

제2차 고수 전쟁시 수나라 군대는 요동성을 포위 공격하여 거의 항복을 받을 즈음에 반드시 수양제에게 먼저 보고를 해야 했다. 그것은 수양제가 "모든 군사(軍事)의 나아가고 멈춤은 모두 반드시 [나에게] 아뢰어 회답을 기다리고 멋대로 하는 일이 없도록 하라."고 지시했기 때문이다. 요동성의 고구려군은 2~3차례 항복한다고 하면서 회답이 올 때 쯤 전열을 재정비하여 다시 전투를 전개하는 등 수개월 동안 수성에

성공해 수양제의 침략야욕을 좌초시켰다. 신채호(1998)의
『조선상고사』에 따르면『대동운해(大東韻海)』에는 강이식을
살수전쟁 때의 병마도원수라 기록하였다고 한다. 제1차 고
수 전쟁인 임유관 전투 때 병마원수였던 강이식이 수양제의
침공시에는 병마도원수였던 것으로 분석된다. 살수전쟁에서
는 왕의 아우 건무가 해안을, 을지문덕이 영양왕과 함께 평
양성을 맡고 있었으니, 요동성 전투를 맡은 것은 강이식 장
군이다. 백도백과에는 "강이식은 본래 고구려 평원왕, 영양
왕, 그리고 영류왕 때까지 대장군이었다.[姜以式是高句丽平
原王, 婴阳王和荣留王的大将]"라고 기록하고 있다. 이뿐만
아니라 서기 598년 영양왕이 말갈과 연합하여 하북성의 군
사 주둔지를 공격하자 수문제가 30만 육해군으로 고구려를
침공했는데, 수나라가 대패했다고 기록하고 있다. 백도백과
의 기록{姜以式으로 검색}을 살펴보면 다음과 같다.

고구려의 빈번한 습격으로 양양의 군대는 막중한 손실을 입었다.
고구려를 함락할 방법이 없다는 것을 실감한 양량은 주라후의 해
군과 합류하기로 한다. 주라후의 해군도 같은 시간 많은 어려움을
겪었다. 수나라 해군은 가능한 한 해안을 끼고 전진했지만, 해상의
큰 파도 때문에 많은 배가 전복되었다. 수나라 해군이 닻을 내리고
쉬면 고구려의 선발대가 나타나 습격을 했다. 주라후와 강이식의
5만 고구려 해군이 발해에서 맞붙었다. 주라후는 이미 많은 군사
를 잃어 원기가 크게 상해서 고구려에 대패했다. 『수서』에 기재된
바에 따르면, 이번 전투에서 수나라 군대는 90%의 손실을 입었다.
高句丽的频频袭击使杨谅的军队损失惨重. 感到无法攻克高句丽,
杨谅决定与周罗睺的海军会合. 周罗睺的海军同时也是困难重重.

虽然隋的海军尽可能地靠着海岸前行，但海上的大浪使许多船只颠覆。隋的海军一抛锚休息，高句丽的先遣部队就会出现进行袭击。周罗睺和姜以式的5万高句丽海军在渤海交锋。由于周罗睺先前已损兵折将，元气大伤，大败于高句丽。据《隋书》记载，这次战役中，隋军损失90%

강이식이 보급을 맡았던 주라후의 수군을 5만 대군으로 대패시킨 후 보급이 차단된 육군에 대해 임유관 전투에서 수성전을 펼쳐 굶주린 수나라 군대를 크게 쳐부셨다고 한다. 이처럼 수성전의 대가요, 수전에도 능했던 강이식 장군이 612년 무렵 대장군이었음에도 불구하고 아무 역할도 하지 않았다는 것은 타당하지 않다.

『삼국사기』의 기록에 따르면 612년 제2차 고수 전쟁때 을지문덕은 평양성을 지키고 있었다. 이 경우 강이식 대장군은 요동성 전투를 총지휘한 것으로 보는 것이 타당하다. 영양왕 이후 영류왕 시기까지 대장군이었던 강이식은 요동성에서 다시 한 번 수성전에서 승리하게 된다. 요동성에 막혀 오도 가도 못하게 된 수양제의 군대는 별동대를 구성하여 평양성 진격을 모색한다. 이때 영양왕이 대신(大臣) 을지문덕을 보내 거짓 항복하여 수나라의 동태를 살핀 후 도망쳤는데, 평양성 건너편의 살수까지 추격해온 수나라 대군을 모조리 수몰시키고 만다. 요동성 전투에서 지친 수나라의 30만 대군을 을지문덕이 살수에서 몰살시켰던 것이다. 제2차 고수 전쟁의 승전과 관련하여 신채호는 『조선상고사』에서 패강(浿江)·살수(薩水)·오열홀(烏列忽) 3개 대전 중 패강 전투가 으뜸이요, 그 다음이 살수 전투라 했다. 그는 이 세 곳에서의 전투를 통틀어서 살수대첩이라 불러야 한다고 했다.

고구려 침공 실패로 수나라가 멸망한 후 들어선 당나라 태종도 또 다시 고구려 침공이라는 모험을 단행한다. 당시 고구려에서는 연개소문이 당과의 화친을 모색하려던 영류왕을 죽이고 보장왕을 옹립한 상황이었다. 당태종은 이를 빌미삼아 고구려를 정벌하고자 하였던 것이다. 당태종의 야욕은 『신당서』'고구려조'에 다음과 같이 기록되어 있다.

> [정관] 19년(서기 645년) 2월에 태종이 낙양에서 정주로 옮겨 가서, 주위의 신하에게 말하기를, "지금 천하가 다 평정되었으나, 오직 요동만 복종하지 않고 있다. 그의 후사가 사마의 강성함을 믿고 신하들과 모의하여 싸움을 유도하므로, 전쟁은 바야흐로 시작되었다. 그러므로 짐이 친히 그를 쟁취하여 후세의 걱정을 없애려 한다."고 하였다.
> [貞觀]十九年(645)二月 帝自洛陽次定州 謂左右曰:「今天下大定 唯遼東未賓 後嗣因土馬盛彊 謀臣導以征討 喪亂方始 朕故自取之 不遺後世憂也.」

천하가 모두 당나라에 복종하는데 유일하게 고구려만이 당나라에 맞서고 있어 이를 정벌한다는 것이 당태종의 전쟁 명분이었던 것이다. 당태종은 요동성을 함락시키는데 성공하였으나 안시성 전투에서 패배하고 눈에 화살을 맞아 치명상을 입어 처참하게 패배하고 만다. 당태종의 고구려 침략 과정은 『자치통감』에 날짜별로 자세하게 기록되어 있어 이를 통해 요동성의 위치를 파악할 수 있다.

무엇보다 수나라 군대의 고구려 침공 경로나 당태종의 침공 경로가 거의 동일하다는 사실을 알 수 있다. 즉 당태종이 요수를 건너기 전 5월 3일에 요택에 들어 섰는데 무수한 수나라 군사들의 해골을 발견하고 이를 수습했다고 한다. 그리고 이틀 후인 5월 5일에 요택의 동쪽을 건넌 후 7일만인 5월 10일에 요수를 건넌 것으로 나온다. 이는 요수와 요택이 인접하여 있었다는 사실을 보여준다. 당태종의 진군시에는 이적이 이미 요동성을 포위하고 있었기 때문에 고구려군의 저항없이 곧바로 요택을 건넜다는 사실을 알 수 있다. 그리고 요수를 건너자마자 요동성 공격에 참여한다. 요택-요수-요동성은 서로 연결되는 인근 지역에 위치하고 있었던 것이다.

그런데 『자치통감』의 기록에 따르면 당태종이 안시성 전투 패배 이후 퇴군 과정에서 9월 20일에 요동에 도착한 이후 9월 21일에 요수를 건넌 것으로 나온다. 요동성에서 요수까지는 하루 거리, 즉 약 30리에 불과하였던 것이다. 그런데 후퇴과정에서는 고구려군의 거센 반격을 받았을 것이 분명하므로 매우 빠른 속도로 이동하였을 것으로 보인다. 침공시에는 요택에서 요수의 동쪽까지 이틀이 걸린 것으로 기록되었는데, 퇴군시에는 침공시와 달리 요수를 건넌지 10일이 지난 10월 1일에도 여전히 요택의 한 가운데인 포구와 발착수를 건넌 것으로 나타난다. 이는 고구려군이 당태종의 패전군을 요택으로 몰아 붙여 맹공을 펼치고 있었다는 것을 보여준다. 그리고 다시 10일이 지난 10월 11일에야 양주에 도착하여 유성 동남쪽에서 희생된 군사들에 대한 제사를 지낸다.

요동성-요수-요택-영주(요서)의 연결로를 이어보면 요수가 바로 조선하로 불리운 조백하라는 사실을 재확인할 수 있다. 낙양에서 영주까지의 거리가 2910리이고 요택이 200리이고 요수에서 요동성까지의 거리가 약 30리 정도이므로 사마의가 말한 낙양에서 요동성까지 가는데 100일, 즉 3,000리라는 것은 그가 조백하까지의 거리를 정확하게 알고 있었다는 사실을 보여준다.

안시성의 위치 비정

안시성은 당태종의 고구려 침공을 저지시킨 위대한 역사의 현장이다. 안시성 성주 양만춘과 성민들은 당태종의 수십만 대군이 토산까지 쌓아 무너뜨리려 한 성을 지켜냄과 동시에 고구려를 당나라의 침략으로부터 지켜냈다. 이에 따라 안시성이 어디에 위치하고 있었는가에 대한 관심이 집중되고 있다.

『한서』「지리지」에 따르면 고대 요동에 안시(安市)가 위치한 것으로 기록되어 있다. 『한서』「지리지」'요동군조'에는 "망평현, 대요수가 새외에서 나와 남쪽으로 흘러 안시(安市)에 이르러 바다로 들어가는데, 1,250리를 흘러간다.[望平, 大遼水出塞外 南至安市入海 行千二百五十里]"고 했다. 이를 보면 안시성이 망평현에 있었다는 것을 알 수 있다.

『수경주』 '대요수'에서는 "요수 역시 말하기를 지석산에서 나와 새외에서부터 동쪽으로 흘러 곧바로 요동의 망평현 서쪽으로 간다. … 물길이 굽어 서남으로 흘러 양평현 옛 성 서쪽을 지난다. … 13주지에서 말하길 대요수는 새외에서부터 서남으로 흘러 안시에서 바다로 들어간다.[遼水亦言出砥石山 自塞外東流 直遼東之望平縣西 王莽之長說也 屈而西南流 逕襄平縣故城西 … 十三州志曰 大遼水自塞外 西南至安市入于海]"고 했다.

이와 같은 『수경주』의 강물 흐름에 따르면 망평은 양평보다 북쪽에 위치한다. 그리고 안시성은 산악을 끼고 있는 성이므로 요동의 평지에 위치한 양평의 요동성보다 북쪽에 위치한 성으로 분석된다. 북쪽부터 보면 망평 → 안시 → 양평의 순으로 위치한 것으로 보인다. 『자치통감』「당기 14 태종 정관 19년」{서기 645년}에는 당태종이 9일에 걸쳐 요동에서 안시성에 도착한 것으로 나온다.

> 정미일(11일)에 거가가 요동을 출발하였고 병진일(20일)에 안시성(安市城)에 도착하여 군사를 내어 보내 그곳을 공격하였다.
> 丁未 車駕發遼東 丙辰 至安市城 進兵攻之.

당태종 군이 안시성을 공격하려 하자 고연수와 고혜진이 이끄는 고구려와 말갈 병사 15만 명이 안시성 구원에 나섰다. 이때 당태종은 다음과 같이 이야기했다.

"지금 고연수의 계책은 세 가지가 있을 것이다. 군사를 이끌고 곧

장 앞으로 나와서 안시성과 이어서 보루를 쌓고 높은 산의 험한 곳을 점거하고 성안에 있는 곡식을 먹다가 말갈 사람들을 풀어서 우리들의 소와 말을 약탈하게 하는 것이니 이를 공격하여도 갑자기 떨어뜨릴 수 없을 것이고 돌아가려고 하여도 진흙벌판이 막히게 되어 앉아서 우리 군사를 어렵게 하는 것이니, 제일 좋은 계책이다. 성 안에 있는 무리를 뽑아내어 이들과 더불어 숨어 버리는 것이 중간 정도의 계책이다. 지혜와 능력을 헤아리지 못하고 와서 우리와 싸우는 것이 제일 하급의 계책이다."

"今爲延壽策有三：引兵直前 連安市城爲壘 據高山之險 食城中之粟 縱靺鞨掠吾牛馬 攻之不可猝下 欲歸則泥潦爲阻 坐困吾軍 上策也. 拔城中之衆 與之宵遁 中策也. 不度智能 來與吾戰 下策也.

『자치통감』에 따르면, 고연수의 고구려군은 "안시성 동남쪽으로 8리 지점에 도착하여 산에 의지하여 진을 쳤다.[至安市城東南八里 依山而陳]"고 했다. 이후 고구려 15만군과 당나라군 사이에 주필산(駐蹕山) 전투가 발생하였다. 이때 당태종은 서령(西嶺)에 진을 쳤고, 장손무기는 산의 북쪽에서부터 좁은 골짜기를 나와 고구려군의 배후를 쳤다. 고연수와 고혜진이 이끄는 고구려군은 당나라군에 맞서 싸우다 대패했다. 지구전보다 당나라군의 유인책에 말려 접전을 벌이다 패배한 후 당태종에게 항복하고 말았다.

『자치통감』「당기14 태종 정관 19년」{서기 645년}에 따르면 안시성으로 진군하기 전에 당태종은 다음과 같이 말했다.

황상이 백암성을 점령하면서 이세적에게 말하였다. "내가 듣건대, 안시성은 험하고 병사도 정예병이고 그 성주도 재주와 용기가 있어서 막리지의 난 때에도 성을 지키면서 불복하자 막리지가 공격했으나 떨어뜨릴 수가 없어서 그에게 주었다고 한다. 건안의 병사는 약하고 양식도 적어서 만약에 그들이 생각 못한 곳으로 나아가서 이를 공격하면 반드시 이길 것이다. 공(公)은 먼저 건안을 공격하여 건안이 떨어지면 안시성은 우리들의 뱃속에 있게 되니 이 병법이 이른바 '성에는 공격하지 아니해야 할 것도 있다.'라고 하는 것이다. 이에 이세적이 대답하길, "건안은 남쪽에 있고 안시는 북쪽에 있으며 우리 군사들의 양식은 요동에 있습니다. 지금 안시를 넘어서 건안을 공격하다가 만약에 도적들이 우리들의 운송로를 끊게 된다면 장차 어찌합니까? 먼저 안시를 공격하는 것만 같지 못합니다. 안시가 떨어지면 건안을 빼앗을 뿐입니다. 황상이 말하길 "공을 장수로 삼았으니 어찌 공의 계책을 쓰지 않겠소. 나의 일을 그르치지 마시오." 이세적이 드디어 안시를 공격하였다.

上之克白巖也 謂李世勣曰:「吾聞安市城險而兵精 其城主材勇 莫離支之亂 城守不服 莫離支擊之不能下 因而與之. 建安兵弱而糧少 若出其不意 攻之必克. 公可先攻建安 建安下 則安市在吾腹中 此《兵法》所謂『城有所不攻』者也.」 對曰:「建安在南 安市在北 吾軍糧皆在遼東;今踰安市而攻建安 若賊斷吾運道 將若之何? 不如先攻安市 安市下 則鼓行而取建安耳.」 上曰:「以公爲將 安得不用公策. 勿誤吾事!」 世勣遂攻安市.

위의 기록에 따르면 안시성은 험준한 산악에 있고, 정예병사들이 있었던 것으로 나온다. 결정적으로 안시성의 성주이름이 등장하지 않으나 연개소문과도 충돌할 정도로 자주성이 강한 인물로 평가된다. 당태종은 안시성이 굳게 지키고방어를 굳건히 하자 성의 동남쪽 귀퉁이에 토산(土山)을 쌓고 성을 압박하자 안시성 내에서도 역시 그 성을 더 높이 쌓아서 이를 막았다. 『자치통감』에 따르면 무려 60일간 50만 명의 공력을 들여 토산을 쌓았다. 그런데 토산이 무너져 성을 눌러 성이 무너졌다. 이때 고구려 병사들이 토산을 빼앗아 버렸다. 이에 이세민은 직접 전쟁을 독려하다가 안시성 성주가 쏜 화살을 눈에 맞고 전의를 상실하게 된다.

> 황상은 요좌(遼左)가 일찍 추워지고 풀은 마르며 물은 얼어서 병사와 말들이 오래 머물기 어렵고 또 양식이 떨어지려 하자 계미일(18일)에 군사를 회군하도록 칙령을 내렸다.
> 上以遼左早寒 草枯水凍 士馬難久留 且糧食將盡 癸未 敕班師.

이세민이 눈에 화살을 맞았다는 것에 대해 고려의 문신 목은 이색(李穡)은 "흰 깃에 검은 꽃이 떨어질 줄을 어찌 알았으랴.[那知玄花 落落白羽]"라고 기록했다. 즉 당태종의 눈이 안시성 성주의 화살에 맞았다는 것이다. 신채호(1998: 28)도 "당태종이 눈을 잃고 죽은 줄을 모른다면 안시성 전국(戰局)이 속히 결말이 난 원인을 모를 것"이라고 주장했다.

이후 안시성 성주의 이름은 16세기 명나라의 소설인 『당서지전통속연의(唐書志傳通俗演義)』에 양만춘(梁萬春)이라는 이름으로 처음 알려졌다. 이 책은 당태종의 정벌전을 『삼국지연의』와 같은 형태의 소설로 쓴 것이다. 당나라 시기에 구전되어 오던 인물들을 여기에 기록하였다. 이후 송준길의 『동춘당선생별집(同春堂先生別集)』과 박지원의 『열하일기(熱河日記)』에는 성주의 성(姓)이 양(梁) 또는 양(楊)으로 기록되어 있다. 그런데 양만춘에 대해서 한 줄도 기록하지 않은 『삼국사기』「고구려본기」에는 양맥(梁貊)에 대한 수많은 기록이 등장한다. 그중 유리왕 14년의 기록이 안시성 성주의 성씨를 알 수 있는 근거를 제공해준다.

{유리왕 14년(33년)} 가을 8월에 왕이 오이(烏伊)와 마리(摩離)에게 명하여 병력 20,000명을 거느리고 서쪽으로 양맥(梁貊)을 쳐서 그 나라를 멸망시키고, 병력을 내어 보내 한(漢)의 고구려현(高句麗縣)을 습격하여 빼앗았다. {현(縣)은 현토군에 속하였다}
秋八月 王命烏伊·摩離 領兵二萬 西伐梁貊 滅其國 進兵襲取漢高句麗縣 {縣屬玄免郡}

초기 고구려가 2만 명의 병력을 동원하여 양맥을 합병하였으며, 양맥이 있었던 곳에는 대량수(大梁水)가 흐르고 있었다. 고구려를 '맥'으로 칭한 것으로 보아 양맥은 '대량수(大梁水) 유역의 맥족(貊族)'이라는 의미로서 고구려와 동일한 계열의 족속인 것으로 파악된다. 처음에는 고구려의 통제를 받았고 숙신과 더불어 반란을 일으킨 것으로 나타난다. 이로 보아 양맥은 고구려에 대해 오랜 기간 동안 자주성을 견지한 씨족이었던 것으로 나타난다.『삼국지』「동이전」'고구려조'에는 양맥이 소수맥(小水貊)으로 기록되어 있다.

또 소수맥이 있다. {고}구려는 나라를 세울 때 대수(大水)에 의지해 자리를 잡았다. {요동} 서안평현의 북쪽에 남쪽으로 흘러 바다로 흘러드는 소수(小水)가 있다. {고}구려의 별종이 이 소수(小水)에 의지해 나라를 세웠으므로, 그 이름을 따서 소수맥(小水貊)이라 하였다. 그곳에서는 좋은 활을 만드니, 이른바 맥궁이라는 것이다.

又有小水貊 句麗作國 依大水而居 西安平縣北有小水 南流入海 句麗
別種依小水作國 因名之爲小水貊 出好弓 所謂貊弓是也 {『삼국지』
「동이전」}

고구려 건국 시 의지한 대수는 조백하(=조선하)를 가리키
는 것으로 분석된다. 그리고 양맥, 즉 양씨들은 요동군의 서
안평현 북쪽에서 남쪽으로 흘러 바다로 흘러가는 양수(梁水),
즉 소수 일대에 살고 있었던 고구려의 별종들이다. 『후한서』
「고구려조」에 대한 이현(李賢)의 주에서 인용한 『위씨춘추
(魏氏春秋)』에도 소수가 서안평현의 북쪽에서 남쪽으로 흘러
바다로 흘러 들어간다고 했으니 양수와 소수는 같은 강이라
는 것을 알 수 있다. 안시성은 서안평의 북쪽에 위치하고 있
었다. 양맥이 있었던 곳에 안시성이 있었다는 것은 양만춘이
양(梁)씨였다는 사실을 잘 보여준다. 이뿐만 아니라 양맥들은
맥궁이라는 좋은 활을 생산하는 등 화살을 잘 쏘는 종족이었
으므로 당태종이 이들의 기량을 전혀 알지 못하였기 때문에
양만춘의 화살에 속수무책으로 당할 수밖에 없었던 것이다.
 당태종은 안시성 침략시에는 6월 11일 요동에서 출발하여
6월 20일에 안시성에 도착한 것으로 나온다. 그런데 퇴각시
에는 9월 18일 안시성에서 퇴군을 결정한 이후 9월 20일에
요동에 도착한 것으로 나온다. 침략시에는 9일이 걸렸고, 퇴
군시에는 3일이 걸렸다. 당태종은 엄청나게 빠른 속도로 철
수를 해야만 했다. 고구려군이 퇴각하는 당태종의 군대에 대
해 대공세를 펼쳤기 때문이다. 당태종이 하늘의 도움을 얻어

간신히 목숨을 구했다는 각종 전설들이 전해져 오는 것을 보면 당태종의 퇴군이 얼마나 고통스러웠는가를 잘 알 수 있다.

당태종의 요동에서 안시성 도착(9일 소요)과 안시성에서의 요동 철군(3일 소요)을 비교해 평균값을 취하면 대략 6일 정도가 걸린 것으로 보인다. 병사들이 하루에 이동하는 거리가 30리이므로 당태종은 매우 빠른 속도로 고구려군의 공세에서 벗어나려 한 것으로 보인다. 이에 따르면 요동성에서 안시성까지는 약 200리 떨어진 것으로 분석된다. 요동성에서 북쪽으로 200여 리 떨어진 요수 일대에 안시성이 위치하고 있었던 것이다.

평양성의 위치 비정

고대 평양성의 위치 비정은 한민족 고대사의 흐름을 좌우하는 매우 중요한 문제이다. 그동안 강단사학에서는 낙랑군 재평양설을 주장하며 현 북한의 평양에 당연히 고대의 평양성이 있었다고 주장하고 있다. 이러한 주장을 선구적으로 제시한 이는 바로 이병도(1976)이다. 이병도씨는 『한국고대사연구』「제1편 고조선문제의 연구」에서 단군사화를 해석하면서 아사달이 평양을 가리킨다며 단군조선이 지금의 평양에 도읍했다고 비정했다. 이병두(1976: 36)의 비정 근거는 다음과 같다.

『삼국사기』에 평양은 선인왕검의 택(都)이라 하고, 『고려사』「김

위제전」을 보면, 위제의 (숙종에게 올린) 상서 중에 서경(평양)의
일명을 백아강(百牙岡)이라 하였는데, 백아강(밝엄뫼, 혹은 밝음
뫼)이 백악(白岳)의 이사임은 누구나 직각적으로 알 수 있다. 이와
같이 평양이 왕검의 택도요, 또 평양의 일명이 백아강= 즉 백악이
라면, 백악의 유의어요 상수어(相隨語)인 아사달은 평양과 실상
동일처소의 이명(전후명)으로 보지 아니하면 아니되겠다. 즉 A(魏
書) 기재에 단군이 건도하였다고 하는 아사달의 지점은 바로 지금
의 평양 부근에 벗어나지 않거니와, 그리고 보면 B(古記) 기재 중
에 {또 도읍을 백악산아사달로 옮겼다}「又移都於白岳山阿斯達」이
라 한 그것에 대해서는 의아가 없을 수 없다. 생각건대, 단군도읍
지에 관해 고래로 종종의 설이 있어 혹서에는(후세의 지명으로)
평양성이라 하고, 또 타서에는 아사달, 혹은 백악산아사달이라 한
데서 고기찬자는 한 혼란을 일으켜 백악산아사달을 이도(移都)의
지로 해석한 것이 아닌가 한다.

『삼국사기』「고구려본기」'동천왕조'에서 평양성을 축조
하여 백성과 종묘와 사직을 옮겼다면서 "평양은 본래 선인
왕검의 땅이다. 다른 기록에는 "왕이 되어 왕험에 도읍하였
다."라고 하였다.[平壤者 本仙人王儉之宅也. 或云 "王之都王
險]"는 기록을 갑자기 『고려사』「김위제전」에서 서경(평양)
을 백아강에 비정한 것에 연결시켜 평양을 아무런 고민없이
현재의 북한 평양으로 비정해 버린 것이다. 그리고 이것은
누구나 직각적으로 알 수 있는 것이라 했으며, 고기찬자들이
혼동을 일으켜 단군의 도읍지를 평양성이라고 하기도 하고,
아사달 또는 백악산아사달이라고 불렀다는 것이다. 이것이
강단사학에서 말하는 평양 위치 비정의 근거이다.

그런데 중원의 수많은 사서에서는 평양성의 위치를 이렇게 단순하게 비정하지 않고 매우 복잡하게 설명하고 있다. 중원의 사서에서는 무찔러야 하는 적인 조선 또는 고구려의 도읍인 평양성의 위치를 비정하는데 있어서 '평양성은 고조선의 왕험성이다'라고 했고, '평양성은 남쪽으로 패수에 임하고 있다'고 했다. 그렇다면『삼국사기』'동천왕조'의 평양성을 비정하려면 위의 두 가지 조건을 충족하는 곳을 찾아야 하는 것이지 단순히『고려사』「김위제전」의 백아강 위치 비정과 연결시켜서는 안된다는 것을 알 수 있다. 여기서 이병도(1976)는 평양의 북쪽에 있는 청천강을 패수라고 비정했는데 이는 "{평양성은} 남쪽으로 패수에 닿아 있다"는『수서』등 중원 사서의 여러 기록들과 정면으로 배치된다.

먼저,『사기정의』는『사기』「조선열전」에 대한 주석에서 괄지지를 인용하여 "고려{고구려}의 도읍은 평양성이고 본래 한나라의 낙랑군 왕험성이었다. 또한 옛날에는 조선 땅이라고 했다.[括地志云 高驪都平壤城 本漢樂浪郡王險城 又古云 朝鮮地也]"고 했다. 그리고『구당서』'고구려조'와『신당서』'고구려조'에서도 평양성은 한(漢) 낙랑군의 옛 땅이라고 했다.『송사』「외국열전」'고{구}려조'에서는 한나라의 현토군이라고 기록했다.『한서』「지리지」'현토군'에 고구려가 속한 것으로 나온다. "고구려(高句麗), 요신(遼山)은 요수(遼水)의 발원지이며 서남쪽으로 흘러 요수(遼隧)에 이르러 대요수(大遼水)로 흘러 들어간다."고 했다. 고구려는 평양성이 위치한 곳으로 요동 북쪽의 현토군에 속하였던 것이다. 따라서 평양성의 위치를 추적하려면 고조선 왕험성의 위치를 찾는 일이 필수적이다.

다음으로, 『주서(周書)』「이역열전(異域列傳)」'고구려조', 『북사(北史)』'고구려조', 『수서』'고구려조', 『신당서』'고구려조' 등에는 "평양성이 산을 따라 굴곡이 지고 남쪽이 패수에 닿아 있다."고 기록하고 있다.

위의 두 가지 사실에 입각해보면 고구려 평양성은 한나라 때 조선의 낙랑 왕험성이며, 패수와 남쪽으로 접하고 있다는 것을 알 수 있다. 『사기』「조선열전」의 기록에 따르면 패수는 중원의 진나라 한나라와 조선 세력 간의 국경선이었던 것으로 나타난다. 고조선은 연나라에게 진번(현토군 지역)과 조선(요동군과 낙랑군 지역)을 모두 빼앗겼으나 진나라가 중원을 통일하고 한나라가 새롭게 부흥한 이후에도 지키기엔 너무 멀어 요동의 옛 요새를 수리하여 패수로 경계를 삼았다고 했다. 따라서 진개 시기의 만반한에서 후퇴하여 패수를 조선세력과의 국경으로 삼았던 것이다.

조선왕 위만은 옛 연나라 사람이다. 연나라는 그 전성기에 진번과 조선을 공략하여 복속시킨 후 관리를 두는 한편 요새를 쌓았다. 진나라가 연나라를 멸망시켰을 때 조선은 요동의 국경 밖에 속하였다. 한나라가 일어났지만 그곳이 너무 멀어 지키기 어렵자 요동 옛 요새를 다시 수리하여 패수로 경계를 삼고 연나라에 속하게 하였다. 연왕 노관이 반란을 일으켜 흉노로 도망갔을 때 위만도 망명하여 1,000여 명 무리를 모아 머리를 상투모양으로 틀고 만이의 복장을 입고 동쪽 요새 밖으로 탈출하였다. 그리고 패수를 건너 원래 진나라의 옛 비어 있던 땅 상하장에서 살았다. 그들은 점차 진번과 조선의 만이와 옛 연나라 그리고 제나라에서 망명한 사람들을 복속시켜 왕이 되어 왕험성에 도읍하였다.

朝鮮王滿者 故燕人也. 自始全燕時 嘗略屬真番·朝鮮 爲置吏 築鄣塞. 秦滅燕 屬遼東外徼. 漢興 爲其遠難守 復修遼東故塞 至浿水爲界 屬燕. 燕王盧綰反 入匈奴 滿亡命 聚黨千餘人 魋結蠻夷服而東走出塞 渡浿水 居秦故空地上下鄣 稍役屬真番朝鮮蠻夷及故燕齊亡命者 王之都王險

위만은 패수를 건너 조선에 망명하였고 서기전 194년 고조선 준왕을 밀어내고 새로운 조선왕이 되었다. 그가 도읍한 곳이 바로 왕험성이다. 『삼국지』 '한조'에서도 위략(魏略)을 인용하여 다음과 같이 기록하였다.

한(漢)나라 때에 이르러 노관을 연왕으로 삼았는데, 조선과 연은 패수를 경계로 삼았다. [노]관이 [한을] 배반하고 흉노로 도망간 뒤, 연나라 사람 위만도 망명하여 오랑캐 옷을 입고 동쪽으로 패수를 건너 준에게 항복하였다. 그리고 준을 설득하여 서쪽 변방에 거주하도록 해 주면 중국의 망명자를 거두어 조선의 번병이 되겠다고 했다. 준은 그를 믿고 사랑하여 박사에 임명하고 규를 하사하며, 100리의 땅을 봉해 주어 서쪽 변경을 지키게 하였다.

及漢以盧綰爲燕王 朝鮮與燕界於浿水. 及綰反 入匈奴 燕人衛滿亡命 爲胡服 東度浿水 詣準降 說準求居西界 (故)[收]中國亡命 爲朝鮮藩屛 準信寵之 拜爲博士 賜以圭 封之百里 令守西邊.

위만은 연나라 사람인데, 그렇다면 그의 출신이 화하족인가 아니면 동이족인가에 대해 많은 논란이 존재한다. 그런데 위(衛)씨는 동이족이다. 위씨는 주나라의 봉지 위(衛)나라의 후손들로서 주문왕의 아홉째 아들 강숙(康叔)이 봉해진 위(衛) 지역{하남성 기현(淇縣)} 사람들이다. 위(衛)나라의 도읍은 은나라의 옛 도읍인 조가(朝歌)로 은나라의 유민들이 대거 몰려 살았던 곳이다. 진(秦)나라에 의해 멸망당한 후 나라 이름을 따서 성씨로 삼았다. 강(康)씨가 발원한 곳도 바로 이곳이다. 위만도 상나라 유민의 자손으로 분석된다. 그래서 고조선 준왕을 몰아내는 쿠데타를 단행한 이후에도 조선인들에게 받아 들여졌던 것이다.

위만의 후손인 우거왕은 중원과 여타 동이 세력들의 중간에 위치하면서 교역로를 관리·통제하였다. 이에 여러 동이족들과 교류가 차단된데다 북방의 흉노족과 조선의 연계를 두려워 한 한무제는 조선침공을 감행하게 된다. 한무제는 전자보다 후자를 더 고려했을 것으로 보인다. 그는 국가재정에 대한 관심보다 정복전쟁 그 자체를 즐겨한 호전광이었기 때문이다. 그런데 조선왕이 위치한 왕험성은 천혜의 물줄기들이 에워싼 곳에 위치하여 한(漢) 세력이 조선을 정벌하는데 사실상 실패한 것으로 나타난다. 왕험성을 험독(險瀆)이라고도 했는데, 이는 '험하고 큰 강'이라는 뜻으로 강 물줄기가 그만큼 험하고 많다는 것을 의미한다. 『사기』「조선열전」의 기록에 따라 조한 전쟁 상황을 지도로 살펴보면 [그림 17]과 같다.

천자는 죄수들을 모집하여 조선을 치도록 했다. 그해 가을에 누선 장군 양복으로 하여금 제(齊) 땅에서 발해를 건너가게 했는데 군사

가 5만 명이나 되었다. 좌장군 순체에게는 요동으로 나아가 우거를
토벌하게 했다. 우거는 병사를 일으켜 험준한 곳을 이용해 대항하
고 있었다. 이때 좌장군의 졸정 다(多)는 먼저 요동의 군사를 이끌
고 진격했다가 패하였다. 군사는 흩어지고 졸정다도 도망쳐 왔으므
로 법에 따라 참형에 처했다. 누선장군은 7,000의 제나라 병사로
먼저 왕험성에 이르렀다. 우거가 성을 지키고 있으면서 누선의 군
사가 적음을 알고 곧 성을 나와 누선을 쳤다. 누선군은 패해 흩어져
도망쳤다. 장군 양복은 많은 군사를 잃고 10여 일을 산중에 숨어
살다가 흩어진 병졸들을 다시 거두어 모아들였다. 좌장군도 조선의
패수 서쪽 군대를 공격했으나 깨뜨리고 전진할 수 없었다.

天子募罪人擊朝鮮. 其秋 遣樓船將軍楊僕從齊浮渤海；兵五萬人 左
將軍荀彘出遼東：討右渠 右渠發兵距險. 左將軍卒正多率遼東兵先縱
敗散 多還走 坐法斬. 樓船將軍將齊兵七千人先至王險. 右渠城守 窺
知樓船軍少 即出城擊樓船 樓船軍敗散走. 將軍楊僕失其眾 遁山中十
餘日 稍求收散卒 復聚. 左將軍擊朝鮮浿水西軍 未能破自前.

[그림 17] 조한(朝漢) 전쟁시 한나라 육군과 수군의 진격로

　이상과 같은 조한 전쟁을 계기로 고조선의 왕험성이 천혜의 요새에 위치하고 있었다는 사실이 드러난다. 왕험성의 위치는 현재의 하북성 승덕시 난평현(灤平縣) 남쪽으로 비정된다. 난평현의 고대 지명은 백단현(白檀縣)으로 진(秦)나라의 봉니{封泥, 고대의 봉함문서} 백단승인(白檀丞印)이 출토된 바 있다. 진나라 이전에 이미 백단현이 존재하고 있었다. 『한서』「지리지」어양군에는 "백단, 혁수가 북쪽의 만이에서 나온다.[白檀, 洫水出北蠻夷]"고 했다. 백단은 어양군과 현토군이 소요수(=조하, 조선하)를 경계로 접하던 곳이다. 현재의 난평현 남서쪽으로 조하가 흐르고 있고, 북쪽으로는 난하가 흐른다([그림 18] 참조).

　『사해(辞海)』「백단조」에 따르면, 백단현은 백단산에서 유래한 지명이다. 백도백과 검색결과에 따르면, "백단현은 본시 고대의 현 이름이다. {『북주지리지(北周地理志)』에 따르면,} 서한 때 설치되었으며, 동한 때 폐지되었다. 치소는 지금의 하북성 난평 동북쪽 흥주하 남쪽 연안이다.[白檀县是一个古代的县名, 西汉时设置, 东汉时废除. 治所在今河北省滦平东北兴州河南岸]"라고 했다. 백단은 박달나무(白檀樹)를 가리키며, 양지나무로서 햇볕이 많이 드는 곳에 분포한다. 백단현은 고조선에서 부르던 지명으로 박달, 또는 배달로 발음되며, 밝은 {아침의} 땅, 즉 조선이라는 뜻으로 해석된다. 이를 순 우리말로 해석하면 '밝은 아침의 땅'을 의미하는 아사달이 된다. 안경전

(2019)에 따르면 아사달은 밝은 곳, 태양의 땅을 가리킨다. 그리고 단(檀)은 박달나무를 의미하는 것으로 태호 복희 밝족이 최초로 열었던 신시의 신단수(神檀樹) 박달나무와 같은 것으로 풀이된다. 백단산은 {태}백산 신단수를 의미하는 것이다.

[그림 18] 고조선 도읍지 백악산아사달로 비정되는 백단현 일대 지명과 수로

자료: 필자가 지명 위치 비정하여 그림

이와 관련하여 『삼국유사』「권1 제1기이」에는 아래와 같이 『위서』를 인용하여 단군조선이 도읍을 아사달로 했다는 기록과 『고기』를 인용하여 평양성에서 백악산아사달로 도읍지를 옮겼다는 두 가지 기록이 등장한다.

『위서(魏書)』에 이르기를, "지금으로부터 2천여 년 전에 단군왕검이 있어 아사달에 도읍을 정하였다. 『경(經)』에는 무엽산이라 하

고, 또한 백악이라고도 하니 백주의 땅에 있다. 혹은 개성의 동쪽
에 있다고 하니 지금의 백악궁이 그것이다.} 나라를 개창하여 조
선이라 했으니 고[高, 요임금이다.]와 같은 시대이다."
魏書云 "乃往二千載有壇君王儉立都阿斯達. {経云無葉山亦云白岳
在白州地. 或云在開城東 今白岳宮是 開國號朝鮮 與高同時."

『고기(古記)』에 이르기를, "옛날에 환인[41]{제석을 말한다.}의 서
자인 환웅이 천하에 자주 뜻을 두어, 인간 세상을 구하고자 하였
다. 아버지가 아들의 뜻을 알고 삼위태백을 내려다보니 인간을 널
리 이롭게 할 만한지라, 이에 천부인 세 개를 주며 가서 다스리게
하였다. {환}웅이 무리 3,000을 거느리고 태백산 정상 {즉 태백은
지금의 묘향산이다.} 신단수 밑에 내려와 신시라 하고 이에 환웅
천왕이라 하였다. … {웅녀가} 잉태하여 아들을 낳으니 단군왕검
이라 하였다. 당(唐)의 고임금 즉위 50년인 경인{당의 요임금 즉위
원년은 무진이므로 50년은 곧 정사요 경인이 아니다. 사실이 아
닐까 의심스럽다.}으로, 평양성{지금의 서경이다.}에 도읍하고 비
로소 조선이라 하였다. 또 도읍을 백악산아사달에 옮겼는데, 궁
{혹은 방이라고 한다.} 홀산이라고도 하며 또는 금미달이라고도
한다. 그 후 1,500년 동안 나라를 다스렸다. 주(周)의 호왕이 즉위
한 기묘에 기자(箕子)를 조선에 봉하니 단군은 곧 장당경으로 옮
겼다가 뒤에 아사달에 돌아와 숨어 산신이 되었으니 수(壽)가
1,908세다."라고 하였다.
古記云, "昔有桓因 {謂帝釋也.} 庶子桓雄數意天下貪求人世. 父知子

---

41) 종래의 『삼국유사』 판본에는 환인이라고 기록되어 있으나 해방 후 발견된
   정덕본(正德本 : 서기 1506~1521년 사이 인쇄본) 『삼국유사』에는 환국(桓
   國)으로 되어 있다. 일제는 한민족 최초의 나라인 환국의 존재를 없애기 위
   해 『삼국유사』를 변조하였다. 환인은 환국으로 해석하는 것이 맞다. 『삼국
   지』 '한조'에서 진한인들이 "스스로 말하기를 옛날의 망명인으로 진나라의
   고역을 피해 한국(韓國)으로 왔는데, 마한이 그들의 동쪽 땅을 분할하여 우
   리에게 주었다.[自言古之亡人避秦役 來適韓國, 馬韓割其東界地與之]"고 한
   한국은 환국이 변형된 것으로 보는 것이 타당하다.

意下視三危太伯可以弘益人間 乃授天符印三箇遣徃理之. 雄率徒三千
降於太伯山頂 {即太伯今妙香山.} 神壇樹下謂之神市 是謂桓雄天王
也. … 孕生子號曰壇君王儉. 以唐高即位五十年庚寅 {唐堯即位元年
戊辰, 則五十年丁巳非庚寅也. 疑其未實.} 都平壤城 {今西京} 始稱朝
鮮. 又移都於白岳山阿斯達 又名弓 {一作方忽山又今旀達.} 御國一千
五百年. 周虎王即位己卯封箕子於朝鮮, 壇君乃移於藏唐京後還隱於
阿斯達爲山神, 壽一千九百八歲."

『삼국유사』의 단군사화는 두 개의 사서 기록을 인용하고
있다. 먼저, 『위서』에서는 단군왕검이 요임금과 동일한 시대
에 조선을 건국하여 아사달에 도읍하였다는 것으로 내용이
간략하다. 여기서 도읍지 아사달(阿斯達)에서 아사는 아침을
의미하고 달은 땅을 의미하므로 이곳은 '아침 햇살이 비치는
땅'을 가리킨다. 이에 대한 기록이 중원에 없는 것이 아니다.
이와 거의 동일한 내용의 기록이 『상서』「요전」에 다음과 같
이 기록되어 있다. "{요임금이} 희중(羲仲)에게 명을 내려 우
이(嵎夷), 즉 양곡(暘谷)에 거주하도록 했다. 그리고 양곡에
서 떠오르는 태양을 공경히 맞이하고 동쪽{봄 농사}을 만들
어서 고르게 차례를 하라고 하였다." 여기서 한나라 시기 학
자 공안국(孔安國)은 주석하기를 "동이(東夷)의 땅을 우이라
칭했다."고 했다.

그리고 『사고전서』 '우공추지(禹貢錐指)' 권4에는 "요동과
낙랑, 삼한이 모두 고대 우이의 땅이었고, 청주 지역은 우이
만의 땅으로 삼한에 포함되지도 않았다. 아마도 우이는 희화
가 살았던 곳이고, 조선의 기자가 봉해진 곳이다."고 기록하

고 있다. 희중은 태호 복희의 장남 종족을 가리키는 것이고, 우이는 우이족이 살았던 산동 지역(청주)을 가리킨다. 희화는 희중, 희숙, 화중, 화숙 등 태호 복희의 네 아들을 가리킨다. 그런데『사고전서』에서는 우이가 조선이라고 했다. 그리고 양곡은 태양이 뜨는 곳, 즉 조선 아사달을 뜻한다. 따라서 청주 지역의 우이는 요동, 낙랑, 삼한의 땅을 포괄하고 있었던 조선을 가리킨다고 말할 수 있다. 단군사화의 일부 내용이『상서』「요전」에도 기록되어 있었던 것이다.

다음으로,『고기』의 기록을 도읍지를 중심으로 살펴보면 다음과 같다. 첫째, 환인의 서자 환웅이 삼위태백(三危太伯)에서 내려와 태백산 정상 신단수에 밑에 신시를 열었다. 둘째, 요임금 50년에 평양에 도읍하고 국호를 조선이라 했다. 셋째, 도읍을 백악산아사달로 옮겼는데, 궁 {혹은 방} 홀산이라고도 하며 또는 금미달이라고도 한다. 그 후 1,500년을 다스렸다. 넷째, 주(周)무왕 때 기자(箕子)를 조선에 봉하니 단군은 곧 장당경으로 옮겼다가 뒤에 아사달에 돌아와 숨어 산신이 되었으니 수(壽)가 1,908세다.

첫째, 환웅의 시대는 요임금 시기보다 이전 시기이므로 중원의 삼황오제 중 복희 시대에 해당하는 것으로 분석된다. 환웅은 '밝은 숫컷'이라는 의미를 갖는데, 이는 박수라는 의미로 해석된다. 복희는 '밝은 해'를 가리키는 밝족의 수장으로서 남자 무당을 가리키는 박수로도 발음된다. 고대 시대에 밝은 숫컷을 가리키는 제사장 환웅은 태호 복희씨와 동일인

이거나 태양광명을 숭상한 동일한 계통의 종족을 나타낸다. 태호 복희(太昊伏羲)씨가 활동하던 시기는 대홍수의 말기에 해당하는 것으로 보인다.

앤드류 조지(공경희 옮김, 2021: 144~160)가 편역한『인류 최초의 신화 길가메시 서사시』, 제카리아 시친(이근영 옮김, 2009: 538)의 『수메르, 혹은 신들의 고향』, 김산해 (2021: 82~83)의『최초의 역사 수메르』등의 기록을 종합하면 수메르의 점토판에 서기전 4,000년에서 서기전 3,500년 사이에 전 세계에 걸쳐 대홍수가 발생한 것으로 기록되어 있다.42)

그리고 백도백과에 기록된 중원 남쪽의 각종 홍수신화에 따르면 복희씨는 표주박 속에 들어가 살아 나왔다고 한다. 대홍수 시기 이후 한민족을 이끌던 시조로서, 당나라 이원 (李元)의『독이지(獨異志)』에 따르면 "옛날 우주가 처음 열렸을 때, 여와 남매 두 사람만이 곤륜산(昆侖山)에 있었을 뿐 천하에는 아직 사람이 없었다.[昔宇宙初開之時 只有女媧兄妹二人 在昆侖山 而天下未有人民]"고 한다.『산해경』에도 복희씨의 왕도가 곤륜산이라고 나오는데, 그곳이 과연 현재의 곤륜산맥이 맞는 것일까? 아직도 이 문제는 해결되지 못한 상태이다. 필자는 한민족의 시조인 복희씨가 파미르 고원 지대의 곤륜산에서 농쪽으로 이동한 결과 오늘날 한민족이 탄생

---

42) 엔키가 아트라시스에게 대홍수를 대비해 만들라고 한 방주는 "배 안으로 들어가 승강구를 봉했다."고 했고, "가라앉는 배"라고 했으므로 배가 아니라 잠수함과 같은 형태로 만들어진 것으로 분석된다.

했다고 본다. 최남선(2008: 157~158)은 『불함문화론』에서 다음과 같이 태호 복희가 최초의 단군이라고 밝히고 있다.

> 복희는 천상신(天上神)인 삼황(천황, 지황, 인황) 다음으로 인계신 (人界神)의 시조가 되어 일체 인문의 창시자가 된 두출(맨 앞에 나오는)의 제(帝) - 천자, 천의 대표자 - 로서 단군(檀君)이나 게실 같은 존재인데, 『한서』「율력지」 하에 「太昊帝易曰, 炮犧氏之王天 下也言 炮犧繼天而王爲百皇先 …」(태호제역에 써 있기를, 포희씨 가 천하의 왕 노릇을 하였으니 포희는 하늘을 계승한 왕이며 모든 왕들의 선조가 되었다.)라는 구절이 나온다. 그 설화소를 보면 진 (震, 동방)에서 유래했었다고 하며, 거처가 동방에 있다고 하며, 봄을 관장하여 태양의 광명을 형상화하였다고 하며, 희생(犧牲)의 시조, 복서(卜筮)의 시초라고 하여 어느 것이나 붉park적인 연원 을 연상케 하는 것뿐으로서, 더욱이 그 제호(帝號)는 태호(太皥, 太昊)라 하여 탕그리(Tangri ; 대갈Taigăr)와의 일치를 보이고 있 다. … 이와 같이 대갈과 붉과의 전형적 두 칭호와 그 부수적 사실 들을 아울러 갖춘 태호 복희씨(太昊伏羲氏)는 배천 - 더욱이 태양 을 천주로 한 하늘숭배자였던 동이(東夷)에 의해 전래한 오랜 설 화 형태이니 우선 단군의 중국적 일별전으로 보아 무방할 것이다.

복희씨는 풍성(風姓)으로 나무(木)의 덕으로 세상을 지배 했다고 한다. 복희와 여와는 뱀의 문양을 하고 있는 것으로 나오는데 이는 이들이 용을 숭배했다는 것을 의미하고, 이들 은 봉황도 숭배한 것으로 나타난다. 따라서 태호 복희족은 용봉 숭배사상을 갖고 있었다. 마한의 용봉문 환두대도는 마 한이 태호 복희씨의 후손이라는 것을 보여준다. 그리고 이후 태호 복희씨의 네 아들 희화(羲和)족 후손들이 염제 이후 공공씨 시기까지도 중원의 곳곳을 지배했다는 기록들이 존재한다. 대표적으로『상서』「요전」, 『산해경』, 『초백서』, 『사고전서』등에 희중, 희숙, 화중, 화숙이 사신(四神)으로 중원의 동서남북을 다스렸다고 한다.

　환웅이 내려오기 전 환인과 함께 내려다 본 곳은 삼위태백이다. 삼위산은 감숙성 돈황에 위치하고 있다. 김성호 (2000)는 삼묘족이 돈황에서 이동했다고 주장했다. 삼위산을 한반도에서 찾는다는 것은 있을 수 없는 일이다. 한반도에는 하늘에서 가장 높은 산을 찾을래야 찾아볼 수 없다. 대홍수를 버텨낼 수 있을 정도로 높은 산이어야 하기 때문이다. 삼위산에서 감숙성 남쪽으로 내려오면 지금의 서안 지역에 태백산이 있다. 한반도에만 태백산이 있는 것이 아니다. 오히려 한반도의 태백산 이름이 서안의 태백산에서 유래했을 가능성이 높다. 태백산 신시가 바로 서안 일대에 있었던 것으로 분석된다. 이곳에는 조선이나 고구려의 무덤양식인 적석총이 존재하는데, 그 규모가 이집트의 피라미드를 능가할 정도로 크다. 몇 개의 산을 이루고 있는데, 중국 정부에서는 이의 발굴을 중단시킨 상태이다. 진시황 무덤이 아니고 상고시대의 동이족 유물들이 출토되자 현재 기밀로 분류되어 나무를 심어 숨겨놓고 있는 실정이다. 태호 복희족은 서기전 3,500~3,600년 무렵부터 제곡 고신의 아들인 요임금이 등극한 서기전 2447년까지의 약 1,100년 이상 동안 서안에서 신시를 열었던 것으로 분석된다.

둘째, 요임금 50년에 평양에 도읍하고 국호를 조선이라고 했다고 한다. 이에 대해서는 『산해경』의 기록을 참조할 필요가 있다. 『산해경』 「해내경」에는 조선에 대해 다음과 같이 기록하고 있다.

동해의 안쪽, 북해의 모퉁이에 조선천독이라는 이름의 나라가 있다. 그 사람들은 물에서 살고 남을 사랑한다.
東海之內北海之隅有國名曰朝鮮天毒. 其人水居他人愛之

『산해경』 「해내경」은 맨 마지막 부분에 기록되어 있다. 여기서 말하는 동해와 북해의 위치를 알려면 『산해경』 전체의 구도를 파악할 필요가 있다. 『산해경』은 산경과 해경으로 나뉘어져 있으며, 동서남북의 외부에서 내부로 들어오는 방식으로 서술되어 있다. 이에 따르면 『산해경』 「해내경」은 중원의 가장 중심부인 산서성 남쪽 일대로 비정된다. 천독은 서역의 사카족을 가리키는 것으로 해석된다. 상나라 건국 시기에 하남시 형양에 대색국과 소색국 등 사카족이 위치하고 있었다.

따라서 조선천독은 황하가 几자 모양으로 흘러 북쪽에서 동쪽으로 L자 모양으로 흐르는 안쪽에 위치하고 있었다고 보는 것이 타당하다. 동해는 황하가 북쪽에서 남쪽으로 내려오는 부분을 가리키고, 북해는 운성(運城)시에 위치한 염호(鹽湖)를 가리키는 것으로 분석된다. 내륙에 짜디 짠 소금을 얻을 수 있는 매우 넓은 곳으로 현재에도 엄청난 양의 소금이 생산되고 있다. 참고로 중원에는 북해나 서해가 존재할 수 없다. 따라서 여기서 해(海)는 바다만을 가리키는 것이 아니라 황하나 양자강 등 큰 강을 가리킬 때에도 사용하였으며, 대체로 나라를 가리키는 말로 해석되기도 한다.

운성의 옛 명칭은 하동(河東)이고, 중원을 차지했던 복희족이나 염제, 황제, 치우, 요, 순, 우임금 모두 하동 일대에서 나라를 열어 갔다. 요임금의 처음 도읍지는 포판(蒲坂)이었고 이후에 평양(平陽)으로 천도했다. 그는 태호 복희의 자손인 희중, 희숙, 화중, 화숙 등 상고 사악(四嶽)에게 명해 중원의 사방을 지키도록 했다. 순임금도 포판에서 도읍하였으며, 우임금은 안읍(安邑)에서 도읍했다. 그 결과 이 일대에서 하나라가 건국되었다. 태호 복희족이 동쪽으로 이주했다면 반드시 이 지역을 거쳐 갔을 것으로 분석된다.

요임금이 도읍한 평양에는 태호 복희의 후손들이 요임금을 보필하였는데, 이들을 사악이라고 불렀다. 상고 사악은 중원의 통치자를 결정하는 역할을 수행하였으며, 이들은 모두 태호 복희의 아들들의 후손이다. 따라서 요임금 50년에 평양에 도읍하고 국호를 조선이라고 한 세력은 요순임금을 가리키는 것으로 분석된다. 필자가 보기에는 요임금이 조선 세력의 보좌를 받았던 단군 중 한 사람으로 분석된다. 『맹자』「이루장구 하」에서는 "순임금은 제풍에서 태어나 부하로 옮겼다가 명조에서 죽었는데 동이족이다.[舜生於諸馮 遷於負夏 卒於鳴條 東夷之人也]"라고 명확하게 밝히고 있기 때문에 순임금은 단군조선 세력의 대표자였던 것으로 분석된다. 산서성의 평양에 위치하고 있었던 요순의 포판과 평양은 모두 고조선 세력의 도읍지를 가리킨다.

셋째, 도읍을 백악산아사달로 옮겼는데, 궁 {혹은 방} 홀산이라고도 하며 또는 금미달이라고도 한다. 그 후 1,500년을 다스렸다. 여기서 백악산아사달은 하북성의 백단현 일대로 비정된다. 백단현은 백단산에서 비롯된 지명인데 말그대로 박달산, 즉 밝은 산이라는 뜻으로 백악산아사달은 '밝은 산의 아침의 땅'이라는 뜻으로 해석되며, 조선이 가장 오랜 기간 동안인 1,500년간 도읍하고 있었던 왕험성으로 비정된다. 이곳은 골짜기가 많아서 홀산(忽山)으로 불리웠으며, 고구려의 주몽이 도읍한 홀본(忽本) 또는 졸본이 위치한 곳이기도 하다. 졸본의 서쪽에 백하, 즉 밝수가 흐르고 있다.

이곳은 북경시 밀운구와 접하는 곳으로 현재 산용문화삼림공원이 있으며, 만리장성의 정수를 이루는 금산령 장성(金山嶺長城)이 있다. 밀운에서는 서기전 4,000년 전의 신석기 시대 유물이 출토된 바 있다. 요순 임금 시기에 밀운 지구는 유릉(幽陵)에 속했는데, 『사기』「오제본기」에는 "{순임금이} 공공을 유릉으로 유배 보내 북적을 변화시키기를 청했다." [{舜}請流共工于幽陵, 以變北狄]고 했다. 백도백과에 따르면, 밀운구 일대에 공공성(共工城)을 축성한 것으로 보이며, 이는 북경 일대 최초의 고대 성곽으로 분석된다. 북경에서 직선거리로 130킬로 떨어져 있지만 고대에는 험준한 산악과 여러 갈래의 물줄기 때문에 육로로는 접근조차 어려운 곳이 었다. 서쪽에는 조선하로 불리운 패수가 흐르고 남쪽으로는 밀운수고(密雲水庫)가 있어 천연의 방어막을 형성하고 있다. 더구나 연산산맥의 중심에 위치하고 있어 공격하는 세력이 절대 불리한 지형지세를 갖추고 있었다.

끝으로, 주무왕이 기자(箕子)를 조선에 봉하자 단군이 장당경으로 옮겼다가 다시 아사달에 돌아왔다고 했다. 『요사』 「지리지」 '동경도'에 따르면 기자조선은 "40여 세에 걸쳐 전해졌다.[傳四十餘世]"고 한다. 이때 아사달은 백악산아사달을 가리키는 것으로 파악된다. 백악산아사달에서 서기전 108년에 조선이 멸망하니 그 수가 1908년이라고 했으므로, 그 이전의 통치기간 1,500년을 합하면 고조선은 조선이라는 국호를 사용하기 이전 태호 복희의 지배 기간까지 합하면 모두 3,408년을 존속했다는 것을 알 수 있다. 현재의 평양은 고국원왕이 전연에게 밀려 동쪽으로 이동하면서 축성한 평양 동황성으로 단군조선 이후 성립한 고구려의 동쪽 중심지였다. 따라서 조선의 역사를 한반도의 평양에서부터 시작하면 고조선, 즉 한민족의 역사가 송두리째 축소될 수밖에 없게 되는 것이다.

어쨌든 고조선이 가장 오랜 기간 도읍한 평양성은 지금의 평양이 아니라 고대 요농의 현토군에 위치힌 평양성을 가리킨다. 이곳은 물이 험하기로 유명해서 험독이라 불렀다. 한반도에는 험한 물이 없다. 물과 산악이 모두 험하다는 점을 감안하면 왕험성에는 산악지대에서 조선군이 방어를 하는 경우 접근조차 어렵기 때문에 육군보다 수군이 먼저 도착할 수밖에 없었다.

그래서 조선을 침공한 한무제의 육군과 수군은 요동에서 서로 집결하여 보급을 충분히 확보한 후 서로 보조를 맞추어 평양성을 공격하는 것이 합리적이었다. 그럼에도 요동에 도착한 좌장군의 졸정 다는 요동을 선제타격하려다 조선군에게 패배했다. 이뿐만 아니라 누선장군 양복은 공을 세우기 위해 수군만 데리고 왕험성까지 진격했다. 그 결과 우거왕의 조선군이 반격하여 양복의 수군은 뿔뿔이 흩어져 요양 일대의 산악지대를 10여일 간이나 헤매다녔던 것으로 나타난다. 한마디로 한무제의 군대는 조선군과 비교해 오합지졸 그 자체였다. 그런데 조선 내부에서 분란이 일어나 결국 조선이 멸망하고 만다.

조선이 멸망한 후 요동에는 낙랑군, 현토군, 진번군, 임둔군 등 한사군이 설치되지만 한나라에서 이를 방어하는 것은 사실상 불가능하였다. 이들 4군 중 진번은 현토의 인근 지역이어서 현토에 합병되고, 임둔의 치소 동이는 고대 요동에 속해 낙랑군에 편입되어 사실상 2군만이 존재했는데, 이마저도 한(韓) 세력과 고구려의 집중적인 공격을 받아 다시 조선 세력들에게 장악되고 만다. 중원에서는 요동 태수와 현토 태수를 파견하였지만 관리들을 통제할 수도 없었던 것으로 나타난다. 『사고전서』「경부(經部)」'우공추지(禹貢錐指)' 권4에서는 "청주에서 바다를 건너면 요동과 낙랑, 삼한으로 땅이 나뉘어져 있는데, 그곳이 모두 고조선의 주축인 우이족의 땅이었다."고 기록하고 있다. 즉, 요동과 낙랑 지역은 원래부터 한(韓) 세력, 즉 조선의 주축 세력들의 땅이었기 때문에 한나라에서는 태수를 파견하는 정도에 불과했다. 그 결과 마한세력과 손잡은 공손씨 세력이 요동을 중원과 단절시켜 버렸고, 고구려는 요동에 대해 지속적으로 공략을 시도하게 된다.

그런데 이병도(1976: 99)는 한사군 설치 이후 한(韓)과 고구려 세력이 역동적으로 요동을 되찾으려는 활동을 한 것에 대해서는 일언반구도 없이 한사군의 설치로 정체 상태에 머물던 조선 사회가 중국의 식민지가 되면서 고급 제도와 문화를 수입하여 일약 재발전의 계기를 마련하게 되었고, 이로 인해 사대사상의 맹아가 형성되었다고 다음과 같이 주장했다.

한의 동방군현이 설치된 이후, 산만적이고 후진적인 동방민족사회는 전자의 부절(不絶)한 자극과 영향을 입어 정치와 문화에 있어 새로운 반성과 향상에의 한 모멘트를 가지게 되었다. 다시 말하면, 중국의 한 콜로니가 된 동방군현은 군현내의 토착사회에 대하여는 말할 것도 없고 그 주변사회, 멀리 왜인사회에까지도 새로운 자극과 영향을 끼쳐주었던 것이다. 그리하여 중국의 발단(달)된 고급의 제도와 문화—특히 그 우세한 철기문화—는 이들 주변사회로 하여금 흠앙(欽仰)의 과녁(的)이 되고, 따라서 중국에 대한 사대사상의 싹(萌芽)을 트게 한 것도 속일 수 없는 사실이었다.

이는 한사군의 설치로 인해 정체되고 후진적이었던 조선과 동방민족들이 새로운 자극과 선진 문물의 영향을 받아 새로

운 발전의 계기를 갖게 되었다는 일제 식민지 근대화론의 선
구적 주장으로 평가된다. 한민족은 과거부터 스스로 발전할
수 있는 계기를 갖지 못하고 외부의 영향을 받아서 발전의 길
을 걷게 되었다는 것이다. 고대부터 이러한 발전경로를 걸어
온 한민족이 일제의 지배를 받아 새로운 도약을 하게 된 것은
당연한 일이라고 할 것이다. 즉 이는 일제가 후진적인 조선을
식민지화하여 각종 선진 문물과 제도를 전수해줌으로써 한민
족이 발전의 계기를 갖게 되었다는 일제 식민지 근대화론과
한 치도 다를 바 없는 식민지발전론을 표명한 것이다.

이병도(1976)가 굳이 고대 요동에 위치한 연 5군을 한반
도 내로 끌어 들이고, 한무제의 조선 공격으로 한반도의 한
강 유역 북부까지 중국의 식민지가 되었다고 주장한 것은 바
로 일제의 한반도 지배의 정당성을 강조하기 위한 것이라는
점을 다시 한 번 확인할 수 있다. 한국의 강단사학이 식민사
관이라는 비판을 받는 이유는 바로 이같은 이유 때문이다.
그들은 사마천이 『사기』에서 중원에서도 가장 약한 나라로
평가했던 연나라의 진개가 한반도의 청천강 일대까지 쳐들
어왔고, 한나라가 평양 낙랑군 및 황해도 대방군을 설치했다
는 근거도 없고, 학문적으로 용납할 수 없는 왜곡을 자행하
고 있는 것이다.

실상은 연나라의 침공으로 하북 보정에서 현재의 난하 너
머 창려현 일대로 밀려난 조선 세력들은 우이 마한과 고구려
를 주축으로 끊임없는 투쟁과 중원의 세력관계 변화를 활용

하여 빼앗긴 영토의 대부분을 되찾게 된다. 고구려는 진나라 시기에 이미 존재하고 있었으므로 그 건국 시기는 진나라 성립 전후 시기로까지 소급하는 것이 타당하다. 진개의 공격이 발생한 후 래이마한이 성립하고, 곧이어 고구려도 건국한다. 이 시기는 대체로 래이마한은 서기전 296년에 성립하였고, 이어 서기전 220년경에 북부여에서 출자한 고구려가 건국되었다. 그리고 『삼국지』 '한조'에 서기전 3세기 초에 진시황의 진역을 피해 진한 세력이 한국에 온 것으로 기록되어 있다. 이는 삼한 체제가 이미 서기전 3세기 초에 성립하였다는 사실을 보여준다. 그리고 중원의 5호 16국 대혼란기에 고구려는 낙랑군과 대방군, 현토군을 모두 장악하였고, 대륙백제는 요서 지역을 장악했다. 대륙백제는 대륙마한이 차지하고 있었던 산동반도의 제나라 영역을 모두 승계하여 양광(兩廣) 지역까지 중원의 해안 지역을 모두 장악하였다.

이뿐만 아니라 수문제가 고구려를 침공했을 때 침략군을 요택에서 궤멸시킴으로써 중원과 별도의 세계관을 가진 세력임을 대내외에 과시하였고, 수양제의 200만 대군 중 상당수를 수몰시켰다. 이는 세계 전쟁사에서 유례를 찾아볼 수 없는 위대한 역사이다. 이후 중국 최고의 명군으로 칭송받고 있는 당태종의 침략야욕을 안시성에서 제압하였다. 이러한 한민족이 정체되고 후신적이라는 것이 다당한 주장인가?

한사군은 한(漢)이 조선과의 전쟁에서 승리하여 장악한 지역이 아니었다. 더구나 성을 차지하는 것과 그것을 지키는 것은 별개의 문제이다. 수성이 더 어려운 것이 전쟁인 것이다. 영토는 그 나라의 영향력의 범위 안에 있어야 의미가 있다. 그렇지 않고 그 범위를 넘어서면 그곳을 포기하고 다시 철군해야만 하는 것이 순리인 것이다. 이에 한나라에서는 요동에 한의 군현을 설치하고 사실상 방치한 것으로 나타난다.

이에 후한 시기에 공손탁이 요동 태수가 된 이후 요동은 사실상 독립적인 세력들의 각축장으로 변하게 된다. 공손씨들이 요동을 장악하고 있을 때 고구려는 요동에서 먼 곳에 위치하고 있었다. 『삼국지』 '고구려조'와 『후한서』 '고구려조'에 모두 "고구려는 요동의 동쪽 1,000리 밖에 있다.[高句麗在遼東之東千里]"고 한 것으로 보아 고구려가 동천왕과 미천왕 시기 등을 거쳐 다시 요동의 중심부로 서진한 것을 알 수 있다. 『삼국사기』 「고구려본기」 '동천왕조'에는 아래와 같이 동천왕이 평양성을 축성하였을 뿐만 아니라 그곳이 고조선 왕검의 땅이며, 왕험성에 도읍했다고 기록하고 있다.

21년(서기 247년) 봄 2월에 왕이 환도성이 전란을 겪어 다시 도읍으로 삼을 수 없다고 하여, 평양성(平壤城)을 쌓고 백성과 종묘(宗廟)와 사직(社稷)을 옮겼다. 평양은 본래 선인(仙人) 왕검(王儉)의 땅이다. 다른 기록에는 "왕이 되어 왕험(王險)에 도읍하였다."라고 하였다.
二十一年 春二月 王以丸都城經亂 不可復都 築平壤城 移民及廟社 平壤者 夲仙人王儉之宅也 或云 "王之都王險."

동천왕이 "왕이 되어 왕험성에 도읍하였다.[王之都王險]"

는 기록은 『사기』 「조선열전」에서 위만이 "왕이 되어 왕험성에 도읍하였다.[王之都王險]"는 문장과 동일한 것으로 나타나 동천왕 시기에 평양성은 고조선의 왕험성과 같은 곳이라는 것을 알 수 있다. 그 이전에 동천왕은 서기 238년 위나라의 사마의가 요동의 공손연을 토벌할 때 지원군을 파견하기도 하였다. 이는 요동 재진출을 위한 포석으로 분석된다. 그리고 서기 242년에는 드디어 고대 요동의 서안평을 격파하기에 이르른다. 서안평은 아래의 [그림 19]에 나타난 바와 같이 양평의 서남쪽에 위치하고 있어 유주를 압박할 수 있는 요동의 요충지에 해당한다. 따라서 위나라에서는 관구검을 파견하여 고구려를 공격하게 된다. 『삼국사기』 「고구려본기」의 관련 기록을 보면 다음과 같다.

20년(246) 가을 8월에 위(魏)가 유주 자사 관구검을 보내 10,000명을 거느리고 현토로 나와 침략해왔다. 왕이 보병과 기병 20,000명을 거느리고 비류수43)에서 싸워 패배시키니 베어버린 머리가 3,000여 급이었다. 또 병력을 이끌고 다시 양맥(梁貊)의 골짜기에서 싸워 또 패배시켰는데 목을 베거나 사로잡은 것이 3,000여 명이었다. 왕이 여러 장수들에게 말하기를, "위(魏)의 대병력이 도리어 우리의 적은 병력보다 못하고, 관구검이란 자는 위(魏)의 명장이지만 오늘은 목숨이 내 손안에 있구나."라고 하고, 철기 5,000명을 거느리고 나아가 공격하였다. 관구검이 방진을 치고 결사적으로 싸우므로 우리 군사가 크게 궤멸하여 죽은 자가 1만 8,000여 명이었다. 왕이 기병 1,000여 기를 거느리고 압록원

---

43) 현토로 나와 고구려를 침공한 관구검의 군대를 비류수에서 싸워 이긴 것으로 나타나 비류수는 요수와 합류하는 백하를 가리키는 것으로 해석된다.

으로 달아났다. 〔20년(246)〕 겨울 10월에 관구검이 환도성을 공격하여 함락시키고 성 안을 도륙하였으며 장군 왕기를 보내 왕을 추격하였다. 왕이 남옥저로 달아나 죽령에 이르렀는데, 군사들은 흩어져 거의 다 없어지고, 오직 동부의 밀우(密友)만이 홀로 옆을 지키고 있다가 왕에게 말하기를, "지금 추격해오는 적병이 가까이 닥쳐오니, 이 형세를 벗어날 수 없습니다. 청컨대 신이 결사적으로 막을 것이니 왕께서는 달아나소서."라고 하였다. 마침내 결사대를 모아 그들과 함께 적진으로 가서 힘껏 싸웠다. … 왕이 군사를 세 길로 나누어 빠르게 이들을 공격하니, 위군이 어지러워져서 싸우지 못하고 드디어 낙랑에서 퇴각하였다. 왕이 나라를 회복하고 공을 논하는데, 밀우와 유유를 제일로 삼았다. … 이 싸움에서 위(魏)의 장수가 숙신의 남쪽 경계에 이르러 그 공을 돌에 새기고, 또 환도산에 이르러 불내성을 새기고 돌아갔다.

二十年 秋八月 魏遣幽州刺史母丘儉 將萬人 出玄菟來侵. 王將步騎二萬人 逆戰於沸流水上 敗之 斬首三千餘級. 又引兵再戰於梁貊之谷 又敗之 斬獲三千餘人. 王謂諸將曰 "魏之大兵 反不如我之小兵 母丘儉者 魏之名將, 今日命在我掌握之中乎." 乃領鐵騎五千 進而擊之 儉爲方陣 決死而戰 我軍大潰 死者一萬八千餘人. 王以一千餘騎 奔鴨渌原. 冬十月 儉攻陷丸都城 屠之 乃遣將軍王頎追王 王奔南沃沮 至于竹嶺 軍士分散殆盡 唯東部密友獨在側 謂王曰 "今追兵甚迫 勢不可脫. 臣請決死而禦之 王可遯矣." 遂募死士 與之赴敵力戰. … 王分軍爲三道 急擊之 魏軍擾亂 不能陳 遂自樂浪而退. 王復國論功 以密友·紐由爲第一. … 是役也, 魏將到肅慎南界, 刻石紀功, 又到丸都山, 銘不耐城而歸.

밀우와 유유의 결사항전으로 동천왕은 관구검 세력을 고대 요동에서 몰아내는데 성공한다. 『삼국사기』의 찬자인 김부식은 『괄지지』에서 불내성이 곧 국내성이라고 했다면서 환도산이 국내성과 가까웠을 것이라고 비정했다. 그렇다면 환도성은 동천왕이 고대 요동에서 거점을 확보하기 위해 임시로 만든 성으로 보인다. 『삼국유사』에 따르면 환도성은 나중에 안시성으로 재건된 것으로 나타난다. 환도성이 관구검에게 함락되고 도륙을 당하자 왕은 고조선 왕험성 자리에 평양성을 쌓고 도읍으로 삼게 된다. 동천왕이 관구검의 침공을 당하게 된 것은 요동 지역을 수복하려 서안평을 깨뜨렸기 때문이다. 관구검은 동천왕을 남옥저44) 일대로까지 내몰았으나 고구려군의 반격으로 결국 낙랑 지역에서 철군하고 만다.

평양성을 위시한 고구려의 요동 지역 장악을 공고히 한 것은 미천왕이다. 그는 현토군을 공략하고, 서안평을 탈환하였다. 미천왕은 낙랑군과 대방군에 대한 공세를 강화하고 요동 정벌도 실행했으나 미처 다 이루지 못하고 세상을 떠났다.

3년(서기 302년) 가을 9월에 왕이 병력 30,000명을 거느리고 현토군을 침략하여 8,000명을 포로로 잡아 이들을 평양으로 옮겼다. 12년(서기 311년) 가을 8월에 장수를 보내 요동 서안평을 습격하여 빼앗았다. 14년(서기 313년) 겨울 10월에 낙랑군을 침략하여 남녀 2,000여 명을 포로로 잡았다. … 15년(서기 314년) 가을 9월에 남쪽으로 대방군을 침략하였다. 16년(서기 315년) 봄 2월에 현토성(玄菟城)을 공격하여 깨뜨렸는데, 죽이고 사로잡은 자

---

44) 『삼국지』「동옥저조」에 따르면 "한무제 원봉 2년(서기전 109년)에 조선을 정벌하여 [위]만의 손자 우거를 죽이고, 그 지역을 분할하여 사군을 설치하였는데, 옥저성으로 현토군을 삼았다.[漢武帝 元封二年 伐朝鮮 殺滿孫右渠 分其地爲四郡 以沃沮城爲玄菟郡]."고 했다. 현토군의 치소가 옥저였던 것이다. 동옥저라고 부르기도 한다. 옥저는 평양성의 동쪽에 있었던 것으로 비정되며, 남옥저는 옥저의 남쪽 지역으로 비정된다.

가 매우 많았다.

三年 秋九月 王率兵三萬 侵玄菟郡 虜獲八千人 移之平壤. 十二年, 秋八月, 遣將襲取遼東西安平. 十四年 冬十月 侵樂浪郡 虜獲男女二千餘口. {十五年} 秋九月 南侵帶方郡. 十六年 春二月 攻破玄菟城 殺獲甚衆.

이처럼 동천왕부터 미천왕 때까지 고구려는 요동 북쪽의 현토군 내에 평양성을 축조하고 그곳에 도읍하고 있었던 것이다. 그런데 『삼국유사』「권1 왕력편」에는 "임인년(서기 342년) 8월에 안시성으로 도읍을 옮기니, 즉 환도성이다. [壬寅八月移都安市城 即都]"고 했다. 고국원왕이 안시성으로 천도를 한 것이다. 그런데 전연에 의해 환도성마저 함락되어 버린다. 그러자 고국원왕은 다시 평양 동황성(平壤東黃城)으로 천도한다. 이와 관련하여 『삼국사기』의 찬자인 김부식은 평양 동황성을 고려의 서경, 즉 지금의 평양으로 비정했다.

이후 고국원왕은 백제와의 평양성 전투에서 전사하게 된다. 따라서 고국원왕 사망 시기의 평양성은 요동의 평양성으로 볼 수 없다. 대륙에서 백제는 미천왕 시기에 이미 요서 지역으로 이동한 것으로 나오고, 『삼국사기』「백제본기」에는 십제의 근초고왕 시기에 평양성 전투가 발생했다고 하는 것으로 보아 한반도의 평양을 가리킨다는 것을 알 수 있다. 고구려의 평양성은 요동의 평양성 이외에도 한반도의 평양성이 존재한 것으로 나온다. 이에 한반도의 평양성은 평양 동황성으로 불리웠던 것이다.45) 장수왕은 재위 15년인 서기

427년에 요동의 평양성으로 도읍을 천도한 것으로 나온다. 장수왕 이후 평양성은 현토군에 축성된 성을 가리킨다. 이러한 요동의 평양성에 대해서는 중원의 수많은 사서에서 남쪽으로 패수에 임하고 있다고 했다.

먼저, 『주서(周書)』「이역열전(異域列傳)」'고구려조'에는 고구려에 대해 다음과 같이 기록하고 있다.

> 그 지역은 동쪽으로는 신라에 이르고 서쪽으로는 요수를 지나니 [동서가] 2,000리요, 남쪽은 백제와 인접하고 북쪽은 말갈과 이웃하니 [남북이] 1,000여 리이다. 국도는 평양성으로, 그 성은 동서가 6리이며 남쪽으로는 패수에 닿아 있다. 성안에는 오직 군량과 무기를 비축하여 두었다가 적군이 침입하는 날에는 곧 성안으로 들어가서 굳게 지킨다. 왕은 따로 그 곁에 궁실을 마련하였으나 평상시에는 거기에 살지 않는다. 그 밖에 국내성과 한성이 있으니, 별도의 도읍지이다. 그리고 다시 요동과 현토 등 수십 개의 성이 있다.
> 其地 東至新羅 西渡遼水二千里 南接百濟 北隣靺鞨千餘里 治平壤城. 其城 東西六里 南臨浿水. 城內唯積倉儲器備 寇賊至日 方入固守 王則別爲宅於其側 不常居之. 其外有國內城及漢城 亦別都也, 復有遼東·玄菟等數十城,

---

45) 중원의 사서들을 보면 평양이 여러 곳에 위치한 것으로 나타나고 있다. 감숙성에 평량(平凉)이 있다. 평량(平凉)시는 서안시 북서쪽에 위치하며, 태호 복희가 머물던 천수(天水)시의 북쪽에 있다. 그리고 천수시의 동쪽이 염제의 고향 보계(寶雞)이다. 평량, 천수, 보계는 삼각형을 이루는 지역으로 고대 한민족이 발원한 지역 중 하나로 비정된다. 보계시 남쪽에 태백산이 있다. 또한 산서성 임분시의 옛 지명이 평양(平陽)이며, 요임금 시기 산동성 청주 지역이 양곡으로 아사달과 같은 평양으로 분석된다. 그리고 요동 현토군의 평양, 끝으로 한반도의 평양 등이 있다. 따라서 시기별로 평양성의 위치가 어떻게 이동하는지 면밀히 검토해야지 고려 시대의 지명이나 사서 기록을 근거로 상고 시대의 평양성 위치를 비정하려 할 경우 여러 가지 문제점이 발생할 수 있다.

이뿐만 아니라 『북사(北史)』 '고구려조'에도 고구려의 평양성이 남쪽으로 패수와 닿아 있다고 했다. 이뿐만 아니라 『수서』 '고구려조', 『구당서』 '고구려조', 『신당서』 '고구려조' 등에도 평양성이 산을 따라 굴곡이 존재하며, 그 남쪽이 패수와 맞닿아 있다고 거의 비슷한 내용을 기록하고 있다.

도읍은 평양성으로 장안성이라고도 하는데, 동서 거리가 6리로 산을 따라 굴곡을 이루며, 남쪽으로는 패수에 닿아 있다.
都平壤城 亦曰長安城 東西六里 隨山屈曲 南臨浿水{『북사』 '고구려조'}

그 나라는 동서가 2,000리, 남북이 1,000여 리이다. 국도는 평양성으로 장안성이라고도 하는데, 동북이 6리이며 산을 따라 굴곡이 지고 남쪽은 패수에 닿아 있다. 또 국내성과 한성이 있는데, 모두 도회지로서 그 나라에서는 「삼경」이라 일컫는다.
其國東西二千里 南北千餘里 都於平壤城 亦曰長安城 東北六里 隨山屈曲 南臨浿水 復有國內城·漢城 並其都會之所 其國中呼爲「三京」. {『수서』 '고구려조'}

고려{고구려}는 본래 부여의 별종이다. 그 나라는 평양성에 도읍하였으니, 곧 한(漢) 낙랑군의 옛 땅이다. 장안에서 동쪽으로 5,100리 밖에 있다. 동으로는 바다를 건너 신라에 이르고, 서북으로는 요수를 건너 영주에 이른다. 남으로는 바다를 건너 백제에 이르고, 북으로는 말갈에 이른다. 동서로는 3,100리이고, 남북으로는 2,000리이다.
高麗者 出自扶餘之別種也. 其國都於平壤城 卽漢樂浪郡之故地 在京師東五千一百里. 東渡海至於新羅 西北渡遼水至于營州 南渡海至于

百濟 北至靺鞨 東西三千一百里 南北二千里{『구당서』 '고구려조'}

고려{고구려}는 본래 부여의 별종이다. 국토는 동으로는 바다를 건너 신라에 이르고, 남으로는 역시 바다를 건너 백제에 이른다. 서북으로는 요수를 건너 영주와 접하고, 북은 말갈과 접한다. 그 나라의 임금이 살고 있는 곳은 평양성으로 장안성이라고도 부르는데, 한(漢)대의 낙랑군으로 장안에서 5,000리 밖에 있다. 산의 굴곡을 따라 외성을 쌓았으며, 남쪽은 패수와 연해 있다. 왕은 그 좌측에 궁궐을 지어 놓았다. 또 국내성과 한성이 있는데 별도라 부른다. 물은 대요수와 소요수가 있다. 대요수는 말갈의 서남쪽 산에서 흘러나와 남쪽으로 안시성을 거쳐 흐른다. 소요수는 요산의 서쪽에서 흘러나와 역시 남쪽으로 흐르는데, 량수가 새외에서 나와 서쪽으로 흘러 이와 합류한다. 마자수가 있어 말갈의 백산에서 흘러 나오는데, 물빛이 압두와 같아서 압록수로 불리운다. 국내성의 서쪽을 거쳐 염난수와 합류한 다음, 다시 서남으로 [흘러] 안시[성]에 이르러서 바다로 들어 간다. 평양은 압록강의 동남쪽에 있는데, 큰 배로 사람이 건너 다니므로, 이를 천혜의 참호(天塹)로 여긴다.

高麗 本扶餘別種也. 地東跨海距新羅 南亦跨海距百濟 西北度遼水與營州接 北靺鞨 其君居平壤城 亦謂長安城 漢 樂浪郡也 去京師五千里而贏 隨山屈繚爲郛 南涯浿水 王築宮其左 又有國內城·漢城 號別都 水有大遼·少遼: 大遼出靺鞨西南山 南歷安市城 少遼出遼山西 亦南流 有梁水出塞外 西行與之合 有馬訾水出靺鞨之白山 色若鴨頭 號鴨淥水 歷國內城西 與鹽難水 又西南至安市 入于海 而平壤在鴨淥東南 以巨艫濟人 因恃以爲塹.{『신당서』 '고구려조'}

그런데 중국 송나라의 역사를 기록한 『송사(宋史)』 「외국열전」 '고려조'에는 고구려가 본래 우임금의 구주 중 기주에 속했다고 했으며, 주나라 때에는 기자의 나라였다고 했다.

그리고 한나라 시기에는 현토군에 속하였다고 했다.

> 고려의 본래 이름은 고구려이다. 우(禹)가 [천하를] 구주로 나눌
> 적에 기주(冀州) 땅에 속했고, 주나라 때에는 기자의 나라가 되었
> 으며, 한나라 때는 현토군이다. 요동에 있었는데, 부여의 별종으
> 로 평양성을 도읍으로 삼았다. 한나라와 위나라 이래로 항상 직공
> 하면서도 자주 변방을 침략하기도 하였다. 수양제는 두 번이나 출
> 병하였고, 당태종은 친히 [고구려를] 정벌하였으나 모두 이기지
> 못하였다.
> 高麗 本曰高句驪. 禹別九州 屬冀州之地 周爲箕子之國 漢之玄菟郡
> 也. 在遼東 蓋扶餘之別種 以平壤城爲國邑 漢·魏以來 常通職貢 亦屢
> 爲邊寇 隋煬帝再擧兵 唐太宗親駕伐之 皆不克.

우의 기주(冀州)는 우가 설치한 구주 중 하나로 현재의 하
북성 형수시(衡水市) 일대를 가리킨다. 『송사』에서 설명하고
있는 것은 우임금 시기 고이(高夷)의 위치를 가리키는 것으
로 보인다. 주나라 시기에는 산서성에 위치한 기자조선에 속
한 나라였으며, 한나라 시기의 현토군에 해당하는 지역에 평
양성이 위치하고 있었던 것으로 설명하고 있다. 이는 연나라
진개의 공격으로 조선 세력들이 동쪽으로 1,000리 밀려나
기 이전과 이후를 모두 포괄하여 제시한 것으로 분석된다.

『위서』의 기록에는 아래와 같이 고구려 평양성이 요수 동
남쪽 1,000여 리(遼東南一千餘里)에 위치하고 있다고 했다.

> {북위} 세조 때 고국원왕의 증손 장수왕이 처음으로 사신 안동을
> 파견하여 표를 올리고 방물을 바치면서 아울러 국위(國諱)를 청하
> 였다. 세조가 그 정성을 가상히 여겨 조명으로 제계의 이름 자를

그 나라에 내려 주고, 원외산기시랑 이오를 파견하여 장수왕을 도 독요해제군사 정동장군 영호동이중랑장 요동군개국공 고구려왕 에 배수하였다. 이오는 평양성에 가서 그 나라의 여러 곳을 방문 한 뒤 이렇게 말하였다. "[평양성은] 요수 동남쪽 1,000여 리에 있고, 동쪽으로는 책성, 남쪽으로는 소해에 이르고, 북쪽은 옛 부 여에 이른다. 민호의 수는 이전 위(魏)나라 때보다 3배가 많았다. 그 땅은 동서가 2,000여 리이며 남북은 1,000여 리이다.

世祖時 釗曾孫璉始遣使者安東奉表貢方物 幷請國諱 世祖嘉其誠款 詔下帝系名諱於其國 遣員外散騎侍郎李敖拜璉爲都督遼海諸軍事·征 東將軍·領護東夷中郎將·遼東郡開國公·高句麗王. 敖至其所居平壤 城, 訪其方事, 云: 遼東南一千餘里, 東至柵城 南至小海, 北至舊夫餘 民戶參倍於前 魏時 其地東西二千里 南北一千餘里.

더 구체적으로 평양성은 요수의 동남쪽 1,000여 리에 있 고, 동쪽은 책성, 남쪽은 소해에 이르고 북쪽은 옛 부여에 이 른다고 했다. 여기서 소해는 황하를 가리킨다. 중국 사서에 서 소해는 황하와 양자강, 대해는 발해와 황해를 가리키는 것으로 나타난다. 이에 따르면 요수가 황하의 하류와 만난다 는 것을 알 수 있다. 북쪽의 부여는 현토군 북쪽에 위치한 부 여를 가리키는 것으로 해석된다.

평양성은 고수 전쟁의 영웅 을지문덕 장군의 살수대첩으 로 유명한 곳이다. 수양제의 군대는 요동성에 가로막혀 오도 가도 못한 상태에 처하자 우중문과 우문술을 중심으로 별동 대를 구성하여 평양성을 공격하려 하였다. 이때 을지문덕이 항복하는 척 이들을 요수를 건너 평양성 일대로 유인한다. 『삼국사기』「고구려본기」에는 다음과 같이 기록되어 있다.

을지문덕은 우문술의 군사에게 굶주린 기색이 있음을 보았으므로, 그들을 피곤하게 하고자 싸울 때마다 번번이 달아났다. 우문술은 하루 중에 일곱 번 싸워 모두 이겼으므로 누차 승리한 것을 믿고 또 여러 사람들의 논의에 쫓겨, 이때 마침내 동쪽으로 나아가 살수를 건너 평양성에서 30리 떨어진 곳에 산을 의지하여 진영을 쳤다. … 23년{서기 612년} 가을 7월에 살수에 이르러 수나라 군대가 반쯤 건너자 아군이 뒤에서 그 후군을 공격하였는데, 우둔위장군 신세웅이 전사하였다. 이 때 여러 군대가 함께 무너져 걷잡을 수 없게 되어 장수와 사졸이 달아나 돌아갔는데, 하루 낮 하룻 밤만에 압록수에 이르렀으니, 행군한 것이 450리였다. 장군 천수 사람 왕인공이 후군이 되어 아군을 공격하여 물리쳤다. 내호아는 우문술 등이 패하였다는 것을 듣고 역시 〔군대를〕 이끌고 돌아왔으며, 위문승 1군만이 홀로 온전하였다. 처음에 아홉 개의 군이 요수에 도착했을 때 모두 30만 5,000명이었는데, 요동성으로 돌아온 이는 오직 2,700명이었다.

文德見述軍士有饑色 故欲疲之 每戰輒走. 述一日之中 七戰皆捷 既恃驟勝 又逼群議 於是遂進東濟薩水 去平壤城三十里 因山爲營. … 秋七月 至薩水 軍半濟 我軍自後擊其後軍 右屯衛將軍辛世雄戰死 於是 諸軍俱潰 不可禁止 將士奔還 一日一夜, 至鴨淥水, 行四百五十里. 將軍天水王仁恭爲殿, 擊我軍却之. 來護兒聞述等敗, 亦引還, 唯衛文昇一軍獨全. 初九軍到遼 凡三十萬五千 及還至遼東城 唯二千七百人

수나라군이 살수를 건너 평양성에서 30리 떨어진 곳에 진영을 쳤다는 것은 이들이 백하를 건너 패수 건너편에 진을 치고 있었다는 것을 의미한다. 평양성은 패수와 남쪽으로 닿아 있으므로 평양성 지척까지 진군했다는 것이 된다. 이때 을지문덕은 수차례 패하는 척하다가 수나라군의 군량이 다 떨어지고 추격에 지쳐 움직이지도 못할 지경에 처하게 되자 공로를 치하하는 시를 보내 우중문과 우문술의 간담을 서늘하게 만든다. 이들은 속았다는 사실을 알고 이제 앞 뒤 가릴 것 없이 백하 하류, 즉 살수를 향해 내닫는다. 그러나 요수와 백하가 만나는 곳은 물살이 거세고 무서울 지경이다.

수나라군이 강을 절반쯤 건넌 상황에서 고구려군이 노도처럼 수나라군을 쓸어 버린다. 그 결과 수나라군은 추풍낙엽처럼 강물 속으로 사라져갔다. 수나라군 30만 5,000명 중 2,700명을 제외하고 모두가 살수의 물속으로 사라졌다. 역사상 이렇게 참혹하게 침략군이 응징을 당한 경우를 찾아보기 어려울 정도였다.

이상과 같이 살수는 고구려 평양성 남쪽의 백하 일대를 가리킨다. 살수(薩水)의 살은 보살, 즉 햇살의 살로서 밝다는 것을 의미한다. 박지원의 『열하일기』 중 '일야구도하기(一夜九渡河記)'가 바로 을지문덕이 살수대첩으로 대승을 거둔 살수의 위치를 설명해주고 있다. 박지원은 우연히 그 곳을 간 것으로 보인다. 그런데 그가 건넌 곳이 바로 과거 고구려군이 수나라 대군을 수장시킨 곳이다. 누군가 박지원에게 백하 일대가 옛날의 전쟁터여서 강물 소리가 무섭게 들린다고 말했다. 조하와 백하가 만나는 시점은 무려 9개의 물길이 만나는 곳이어서 배를 타고 하루 밤 사이에 하나의 강을 아홉 번이나 건넜다고 한다.

강물은 두 산 사이에서 나와 바위에 부딪쳐 풍랑을 일으키며 거세게 흐른다. 그 솟구치는 파도와 성난 물결, 슬퍼하며 원망하는 여울이 놀라 부딪히고 휘감아 거꾸러지면서 울부짖는 듯, 포효하는 듯, 고함을 내지르는 듯 사뭇 장성(長城)을 부셔 버릴 기세다. 전차 1만대, 기병 1만, 대포 1만문, 전고 1만개로도 그 우르릉 꽝꽝 무너뜨리고 짓누르고 압도하는 듯한 물소리와 견줄 수 없을 정도다. 모래벌 위 거대한 바위는 한쪽에 우뚝하게 서있고, 강둑의 버드나무 숲은 아득하다. 물 귀신과 하신(河神)이 다투어 나와서 사람을 놀리는 듯하고, 양 옆에선 교룡과 이무기가 사람들을 물속으로 끌어들이려는 듯하다. 어떤 사람은 이렇게 말했다. "여기는 옛날의 전쟁터인 탓에 강물이 저렇게 우는거야." 하지만 사실은 그 때문이 아니다. 강물소리는 듣기 여하에 달려 있다. … 지금 나는 깊은 밤에 강 하나를 아홉 번이나 건넜다. 강은 새외(塞外)로부터 나와서 장성을 뚫고 유하(楡河)와 조하(潮河)·황하(黃花)·진천(鎭川) 등의 여러 물과 만난 뒤, 밀운성 밑을 지나 백하(白河)가 되었다. 어제 배로 백하를 건넜는데, 이곳은 그 하류 지역이다.

河出兩山間 觸石鬪狼 其驚濤駭浪憤瀾怒波哀湍怨瀨 犇衝卷倒 嘶哮號喊 常有摧破長城之勢. 戰車萬乘 戰騎萬隊 戰砲萬架 戰鼓萬坐 未足諭其崩塌潰壓之聲. 沙上巨石屹然離立, 河堤柳樹, 窅冥鴻濛, 如水祗河神爭出驕人, 而左右蛟螭試其挐攫也. 或曰此古戰場故河鳴然也, 此非爲其然也. 河聲在聽之如何爾. … 今吾夜中一河九渡 河出塞外穿長城 會楡河 · 潮河 · 黃花 · 鎭川諸水 經密雲城下爲白河 余昨舟渡白河 乃此下流

천리장성의 위치 비정

수나라의 여러 차례에 걸친 침공을 방어하기 위하여 고구려는 영류왕 14년{서기 631년}에 천리장성을 축조하기 시작하였다. 천리장성은 동북쪽의 부여성에서부터 동남쪽의 비사성까지 요수에 맞닿은 고구려 성들을 서로 연결시켜 놓은 것으로 분석된다. 『삼국사기』「고구려본기」에는 다음과 같이 천리장성에 대해 기록하고 있다.

[14년(631)] 봄 2월에 왕이 많은 사람을 동원하여 장성(長城)을 쌓았다. 장성은 동북쪽 부여성으로부터 동남쪽 바다에 이르기까지 1,000리(里) 남짓이었다. 모두 16년 만에 공사를 마쳤다.
春二月 王動衆 築長城 東北自扶餘城 東南至海 千有餘里. 凡一十六年畢功

[그림 19] 고구려 천리장성(부여성~비사성)과 장성 내 주요 성의 위치 비정

천리장성은 고구려가 천혜의 요새로 여기는 요수 일대를 따라 북쪽에서 바다와 연결되는 남쪽까지 축성[東北自扶餘 城 東南至海 千有餘里]된 것이었다. 『한원(翰苑)』에 따르면, 마자수(=엄수, 압록수, 요수)는 고구려 안에서 가장 물결이 맑고 나루터에는 모두 큰 배를 모아 두었다고 한다. 고구려 는 요수에 의지하여 천연의 요새로 삼는다고 했다. 이에 따라 요수 일대에 위치한 고구려의 주요 성들의 위치를 비정하면 [그림 19]와 같다.

먼저, 『신당서』「열전 권36 장검(張儉)」에 따르면, 장검은 영주부(營州部)를 공격해오는 고구려군을 격파하여 영주도 독으로 임명된다. 장검이 고구려를 침공하고자 요서(遼西)에 이르렀는데 물이 불어나 오랫동안 건너지를 못하였다. 이에 장검은 당태종에게 소환당했는데, 요수 일대의 수초와 지세 등에 대해 자세히 보고했다.

이에 황제가 기뻐하여 {장검을} 행군총관에 임명하고, 그로 하여금 여러 번(蕃)의 기병들을 이끄는 6군의 선봉대장으로 삼았다. 이때 고구려에 보낸 첩자가 말하기를 막리지 연개소문이 영주에 온다고 하였다. 황제가 장검을 시켜 신성(新城)의 길로 나가 고구려 군대를 공격하게 했다. 그러자 고구려 군대가 감히 나오지 못하였고, 장검이 마침내 요수를 건너 건안성으로 달려가 고구려 군대를 격파하고 수천 명을 참수하였다.
帝悦 拜行軍總管 使領諸蕃騎 爲六軍前鋒. 時高麗候者言莫離支且至 帝詔儉自新城路邀擊 虜不敢出. 儉進度遼 趨建安城 破賊 斬數千級

　위의 「장검열전」을 통해 영주에서 가장 가까운 곳에 신성과 건안성이 위치하고 있었다는 것을 알 수 있다. 신성을 둘러싸고 여러 차례 중원세력과 전투가 벌어졌다. 『삼국사기』에 따르면 고국원왕 9년(339)에 전연(前燕)이 신성까지 침공하였다. 『자치통감』에는 "모용황이 고구려를 공격해서 병사들이 신성{신성은 고구려의 서쪽 변방으로 서남쪽에 방산이 있고, 동북쪽으로는 남소성, 목저성 등과 접한다.}에 이르니 고구려왕 쇠(釗){고국원왕}가 동맹을 맺자고 사정하여 마침내 돌아왔다.[皝擊高句麗, 兵及新城, {新城, 高句麗之西鄙, 西南傍山, 東北接南蘇·木底等城.} 高句麗王釗乞盟, 乃還.]"고 했다. 그리고 『자치통감』에 따르면 광개토왕 9년(400)에는 후연(後燕)이 남소성과 신성을 빼앗았다가 물러갔으며, 영양왕 24년(613)에는 수나라와 전투를 벌이기도 하였다. 서기 645년 당태종이 요동성을 공격했을 때 국내성과 함께 요동성을 구원하기도 하였다. 서기 667년 2월, 당나라 이적(李勣)은 신성 공격에 앞서 "신성은 고구려 서쪽 변방의 요충지이니 이 성을 먼저 함락시키지 못하면 다른 성을 쉽게 빼앗지 못할 것이다.[新城　高麗西邊要害　不先得之　餘城未易取也.]"라고 하였다.

　다음으로, 비사성은 수양제와 당태종의 침략 시기에 모두 등장하는데, 614년과 645년에 각각 수나라와 당나라에 모두 점령당했다. 『자치통감』「수기6 양황제」에는 다음과 같이 기록되어 있다.

대업 10년{서기 614년} 가을 7월 계축일에 황제의 수레가 회원진에 도착하였다. 이때 천하가 이미 어지러워 징발된 병사 대부분이 기일을 어기고 도착하지 못하였으며, 고려{고구려} 역시 피폐하였다. 내호아가 필사성{즉 비사성이다. 등주와 래주에서 바닷길로 평양성에 갈 때 먼저 비사성에 도달하게 된다. 당나라 정관 말년에도 정명진 역시 그 길을 경유했다.}에 이르자 고려{고구려}가 군사를 일으켜 맞아 싸웠는데, 내호아가 이를 격파하고, 평양으로 향하려고 하니, 고려{고구려}왕 원이 두려워하여, 갑자일에 사신을 보내 항복을 청하고, 죄수 곡사정을 송환하였다. 이에 황제가 크게 기뻐하여, 절부를 가진 사신을 보내 (내)호아를 소환하였다. (大業十年{614}) 秋 七月 癸丑 車駕次懷遠鎭. 時天下已亂 所徵兵多失期不至 高麗亦困弊. 來護兒至畢奢城 {卽卑沙城. 自登·萊海道趨平壤 先至卑沙城. 唐貞觀末 程名振亦由此道.} 高麗擧兵逆戰 護兒擊破之 將趣平壤 高麗王元懼 甲子, 遣使乞降 囚送斛斯政. 帝大悅 遣使持節召護兒還.

『수서』에는 고구려가 죄수 곡사정을 보내오자 전쟁을 중단한 것으로만 기록되어 있다. 곡사정은 서기 613년 수양제의 병부시랑이었는데, 고구려 원정에 나섰다가 양현감이 반란을 일으키자 그와 내통하였으며 수양제가 이를 눈치채자 고구려로 투항했다. 곡사정이 투항하자 수양제는 회군하지 않을 수 없었다. 서기 614년 수양제는 양현감의 반란을 진압한 후 다시 고구려 원정에 나섰는데, 내호아의 수군이 비사성의 고구려군을 제압한 후 평양성으로 내달리려 하였다. 이때 고구려 영양왕이 화친을 요구하며 곡사정을 송환하자 수나라 군사가 모두 지친 상태여서 퇴각의 명분을 찾던 수양제는 이를 받아들여 철군을 결정하기에 이르른다. 곡사정으로 인해 두 번의 전쟁이 커다란 교전없이 종료된 셈이다.

이 과정에서 비사성을 점령하였는데, 『자치통감』에서는 '바닷길을 통해 평양성을 가려면 반드시 비사성을 거쳐야만 한다'고 했다. 이 경우 만일 평양성이 한반도의 평양이고, 비사성이 대련(大連)에 위치하고 있었다면 군사전략상 이러한 설명은 타당치 않게 된다. 왜 수군이 비사성에 착륙하여 다시 거의 1,000여 리 떨어진 평양까지 걸어서 가야만 한다는 말인가? 평양은 비사성이 아니더라도 여러 수로를 통해 훨씬 더 가까이 접근할 수 있다. 평양성이 한반도가 아니라 요하의 동쪽에 있었다고 하더라도 수군이 반드시 비사성을 거쳐 갈 필요는 없다. 발해만으로 우회가 가능하기 때문이다. 따라서 비사성은 어떤 경우에도 대련에 위치한 것으로 비정할 수 없다.

비사성은 고대 요동에 위치하고 있었다. 『자치통감』의 기록에 따르면 당태종의 고구려 침공시에도 개전 초반 장량의 해군이 비사성(卑沙城)을 기습 공격했다. 비사성은 사면이 절벽이나 오직 서문으로 오를 수 있었는데 정명진이 밤에 군사를 이끌고 가고 왕대도가 먼저 올라서 5월 기사일에 함락시켰다고 했다. 고구려인 8,000명을 포로로 잡았고, 총관 구효충에게 군사를 따로 주어서 압록수에 불을 환하게 밝히도록 했다. 『자치통감』에는 다음과 같이 기록되어 있다.

〔4년(645) 4월에〕 장량(張亮)이 수군을 거느리고 동래(東萊)에서 바다를 건너 비사성(卑沙城)을 습격하였다.46) 〔비사〕성은 4면이 깎아지른 듯 험준하였고, 단지 서문(西門)으로만 오를 수 있었다. 정명진(程名振)이 군사를 이끌고 밤에 도착하니, 부총관 왕대도(王大度)가 먼저 〔비사성에〕 올라갔다.

張亮帥舟師, 自東萊度海, 襲卑沙城. 城四面懸絶, 惟西門可上, 程名振引兵夜至, 副總管王大度先登.

비사성은 고대 요동 해안가의 성이고, 평양성으로 가기 위해서는 반드시 거쳐야 한다. 따라서 비사성의 위치는 이러한 두 가지 조건을 모두 충족해야 한다. 이 당시 평양성은 요수의 상류에 위치하고 있었으므로 비사성은 대방군 또는 낙랑군의 남쪽 요수로 진입하는 해안가에 위치한 것으로 비정된다.

당태종의 신하들이 안시성에서 말하기를 장량(張亮)의 수군이 사성(沙城)에 있으니, 부르면 이틀밤(信宿; 兩夜)에 올 것이라고 했다. 안시성에서부터 사성의 장량을 부르러 가고 군대가 배타고 오는데 단 이틀이면 되는 압록강은 지금의 압록강이 될 수 없으니 응당 지금의 조백하 일대 이외에 가능한 곳이 없다. 결론은 비사성은 압록강 하류에 있었고 그 압록강은 요수다.

{4년(645)} 여러 신하도 다음과 같이 말하였다. "장량의 군대가

─────────────

46) 요수의 고구려를 공격할 때에는 항상 산동의 동래나 등주를 배로 건너서 가는 것으로 나오는데, 이는 조한 전쟁, 고수 전쟁, 고당 전쟁 시기에 항상 동일한 패턴을 보였다. 그것은 요수의 하류가 요택과 연결되어 육로로는 접근이 어려웠기 때문이다. 그래서 산동에서는 요동으로 가려면 바닷길을 이용하는 것이 일반적인 현상으로 자리잡았던 것이다.

사성(沙城){비사성}에 있으니, 그를 부르면 이틀 밤에 도착할 수 있습니다. 고구려가 두려워하는 틈을 타서 힘을 합쳐서 오골성을 함락시키고, 압록수를 건너면 곧장 평양을 빼앗을 것이니, 〔전쟁의 성공이〕이 거사에 달려 있습니다." 황제가 이를 따르려고 하였는데, 유독 장손무기만이 다음과 같이 말하였다. "천자가 친히 정벌하는 것은 여러 장수와 달라서 위험을 무릅쓰고 요행을 바랄 수 없습니다. 지금 건안과 신성의 오랑캐 무리는 가히 10만 명입니다. 만약 오골(烏骨)로 향한다면 모두 우리의 뒤를 밟을 것입니다. 먼저 안시성을 격파하고, 건안성[47]을 빼앗은 연후에 멀리 달려 나가 전진하는 것이 낫습니다.

개모성은 육군이 요수를 건너서 맞이하는 첫 번째 성으로 보인다. 그리고 요수의 맨 아래 해안가에 비사성이 위치하고, 그 위에 건안성, 그리고 개모성이 위치한 것으로 비정된다. 그리고 안시성 동쪽 100여 리 지점에 오골성(烏骨城)이 있었다. 요동성은 개모성을 도모한 이후에 진군한 것으로 보아 개모성 후미에 위치했다는 것을 알 수 있다. 이에 대해서는 아래와 같이 『구당서』「고구려조」를 참조할 수 있다.

[정관 19년(645)] 여름 4월에 이적의 군대가 요수를 건너서 개모성으로 진격하여 성을 빼앗고, 포로 2만 명을 생포하였다. 그 성에 개주를 설치하였다. 5월에는 장량의 부장 정명진이 사비성을 공격하여 빼앗고, 남녀 8,000명을 생포하였다. 이날 이적의 군대가 요동성으로 진군하였다.{『구당서』「고구려조」}

---

47) 『자치통감』의 기록에 따르면 "요동성 서쪽으로 300리를 가면 건안성에 다다른다.[自遼東城西行三百里至建安城]"고 했다.

5장

고구려의 건국지와 건국 시기 비정

제5장 고구려의 건국지와 건국 시기 비정

고구려의 건국지 비정

고구려는 언제 어디에서 건국하였을까? 고구려의 건국지와 건국 시기에 대해 여전히 수많은 논란이 진행되고 있다. 여기서는 먼저 고구려가 어디에서 건국했는가 하는 건국지 문제를 살펴보고, 그 이후 건국 시기에 대해 밝혀 보고자 한다. 고구려의 경우 건국지 문제보다 건국 시기 문제가 더욱 복잡하게 얽혀 있기 때문에 건국지가 먼저 밝혀지면 중원의 세력관계 변화에 비추어 건국 시기를 추정할 수 있을 것으로 판단된다.

먼저, 고구려의 시조 및 건국과 관련하여 가장 오래된 기록인 「광개토왕비문」을 살펴보면 고구려의 시조 추모왕은 북부여에서 출자하여 남쪽으로 내려가 부여의 엄리대수를 거쳐 비류곡 홀본 서쪽 산 위에 성(城)을 쌓고 도읍을 세웠다고 했다.

옛적에 시조 추모왕께서 나라를 세우셨다. 북부여에서 출자하셨으며, 천제의 아늘이고 어머니는 하백의 따님이셨다. … 말을 타고 순행하시다가 남쪽으로 내려가는데, 부여의 엄리대수를 거쳐 가게 되었는데 왕께서 나룻가에 이르러 말씀하셨다. "나는 황천의 아들이요 어머니는 하백의 따님인 추모왕이다. 나를 위하여 갈대

를 연결하고 거북을 띄우라." 말이 끝나자마자 갈대가 연결되고
거북 떼가 물 위로 떠올랐다. 그 후 강물을 건너가서 비류곡 홀본
서쪽 산 위에 성을 쌓고 도읍을 세웠다.

惟昔始祖鄒牟王之創基也. 出自北夫餘 天帝之子 母河伯女郞. … 命
駕巡幸南下 路由夫餘奄利大水 王臨津言曰. "我是皇天之子 母河伯女
郞 鄒牟王. 爲我連葭浮龜." 應聲卽爲連葭浮龜. 然後造渡 於沸流谷
忽本西 城山上而建都焉

『삼국사기』「고구려본기」에서도 주몽이 부여 남쪽 압록강
일대의 졸본천에서 고구려를 건국했다고 기록했다. 주몽은
부여에서 탈출할 때 엄사수(淹㴲水)라는 강을 건넜으며, 졸
본에 이르러 나라를 세웠다는 것이다.

마침내 그 능력을 살펴 각기 일을 맡기고 그들과 함께 졸본천에
이르렀다. {『위서』에는 "흘승골성에 이르렀다."라고 하였다.} 그
토양이 기름지고 아름다우며, 자연 지세가 험하고 단단한 것을 보
고 드디어 도읍하려고 하였으나, 궁실을 지을 겨를이 없었기에 단
지 비류수 가에 초막을 짓고 살았다. 나라 이름을 고구려라 하였
는데 이로 인하여 고(高)를 성씨로 삼았다. {혹 말하기를, "주몽이
졸본부여에 이르렀는데, 왕이 아들이 없었다. 주몽을 보고는 보통
사람이 아님을 알고 딸을 아내로 삼게 하였다. 왕이 죽자 주몽이
왕위를 이었다."라고 하였다.}

遂揆其能 各任以事 與之俱至卒本川 {魏書云 "至紇升骨城."} 觀其土
壤肥美 山河險固 遂欲都焉 而未遑作宮室 但結廬於沸流水上居之.
國號高句麗 因以高爲氏 {一云 "朱蒙至卒本扶餘 王無子 見朱蒙知非
常人 以其女妻之. 王薨 朱蒙嗣位.}"

이상의 『삼국사기』 기록에 따르면 주몽은 엄사수라는 큰

강을 건너 졸본천 또는 흘승골성에 이르러 토양이 기름지고, 지형도 험해 나라를 세울 수 있는 곳으로 판단하고 비류수 가에 머물면서 나라를 건국했다는 것이다. 이를 「광개토왕비문」과 비교하면 졸본(卒本)과 홀본(忽本)은 같은 곳을 가리키는 것으로 해석된다. 다만, 「광개토왕비문」이 부여를 탈출할 때 건넌 강이 엄리대수와 엄사수로 약간의 차이가 있다. 여기서 중요한 것은 '엄'인데 두 곳에서 모두 이를 사용하고 있어 같은 곳이라는 것을 알 수 있으나 중원의 각종 사서에서 고구려가 대수(大水)에 자리잡았다고 한 것에 비추어보면 엄사수는 다소 모호한 측면이 있다. 그리고 도읍한 곳이 「광개토왕비문」에서는 비류곡 홀본 서쪽 산 위에 성을 쌓아 도읍했다고 한 반면 『삼국사기』는 비류수 가에 초막을 지었다고 했다.

『삼국사기』에서는 또 다른 이설을 제시하고 있는데, 주몽이 졸본에 왔을 때 그곳에는 이미 졸본부여라는 나라가 있었으며, 그 왕이 후계자가 없어 주몽을 사위로 삼아 왕위를 잇게 했다는 것이다. 이는 「광개토왕비문」의 성을 쌓았다는 것과 맥락이 닿은 것으로 보인다. 단순히 몇 명이 모여 성을 쌓았을리는 없기 때문이다. 따라서 주몽이 독자적 힘으로 고구려를 건국한 것이 아니라 기존 세력과 연계해 건국한 것으로 해석된다. 그 이유는 원래 주몽은 해모수의 아들 또는 후손으로 해씨였다. 그런데 고구려를 세우면서 성씨를 고씨라고 했다고 한다. 이는 주몽이 졸본부여의 고씨 계통 왕위를 이으면서 해씨에서 고씨로 성씨를 바꾸었다는 것을 보여준다. 『삼국유사』「제1 기이」 '고구려'에는 고구려의 건국지의 위치와 주몽의 개성(改姓)을 알 수 있는 기록이 등장한다.

고구려는 곧 졸본부여다. 혹자는 말하기를 "지금의 화주 또는 성주 등이다."라고 하는데 이는 모두 잘못이다. 졸본주는 요동지역에 있다. 이에 [주]몽은 오이 등 세 사람과 동무가 되어 엄수(淹水){지금은 어딘지 자세하지 않다.}까지 와서 물에게 말하기를 "나는 천제의 아들이요 하백의 손자인데 오늘 도망을 가는 길에 뒤따르는 자가 쫓아 닥치니 이 일을 어찌할 것인가?"라고 하였다. 이때에 고기와 자라들이 나와 다리가 되어 물을 건너게 하고 나서 다리는 풀려 버려, 추격하던 말 탄 자들은 물을 건널 수가 없었다. 그는 졸본주{현토군의 지역이다.}까지 와서 드디어 여기에 도읍을 하였다. 미처 궁실을 지을 사이도 없어 그저 비류수 가에 초막을 짓고 살면서 나라 이름을 고구려라 하고, 따라서 고씨로 성을 삼으니 본래의 성은 해씨였는데 이제 천제의 아들로서 햇빛을 받고 낳았다 하여 자신이 높을 고자로 성을 삼았다. 당시의 나이가 열두 살이요, 한나라 효원제 건소 2년 갑신에 즉위하고 왕으로 일컬었다. 고[구]려의 전성시대에는 210,508호였다.

高句麗即卒本扶餘也. 或云 "今和州又成州等", 皆誤矣. 卒本州在遼東界. 於是蒙與烏伊等三人爲友行 至淹水{今未詳}告水曰, "我是天帝子河伯孫 今日逃遁追者垂及奈何." 扵是魚鼈成橋得渡而橋解 追騎不得渡. 至卒本州 {玄菟郡之界} 遂都焉. 未遑作宮室但結廬扵沸流水上居之 國號高句麗 因以高爲氏 本姓解也. 今自言是天帝子承日光而生 故自以高爲氏. 時年十二歲 漢孝元帝建昭二年甲申歲即位稱王. 高麗全盛之日二十一万五百八户.

위의 『삼국유사』 기록에 따르면 주몽이 본래 성이 해씨였
는데 이유 여하를 막론하고 고씨로 성을 바꿨다는 것이 분명
하게 적시되어 있다. 여기서 고구려의 나라 이름은 구려족이
세운 고씨 나라라는 뜻으로 해석된다. 고(高)도 씨족 명이고
구려도 씨족 명으로 분석된다. 이병도(1976: 367)는 고구려
의 국명이 수릿골 또는 솔꼴의 역(譯)이라고 주장했는데, 필
자가 보기에 이는 고씨 성을 인정하지 않으려는 어거지 해석
에 불과한 것으로 보인다. 이병도(1976: 51~52)는 고(高)를
성씨가 아니라고 주장했다. 그리고 『삼국사기』 「고구려본
기」 '시조 동명성왕조'의 "국호를 고구려라 하였는데 이로
인해 고를 성씨로 삼았다.[國號高句麗 因以高爲氏]"는 기록
을 전면 부정한데서 더 나아가 『진서』 「모용운전」과 『삼국
사기』 「고구려본기」 '광개토왕조'의 고구려의 왕성과 북연
왕 고운이 전욱 고양의 먼 후손이라는 주장은 날조라고 주장
했다.48)

　이병도(1976)를 계승한 강단학자들은 아직까지도 한민족
이 오랫동안 성씨 없이 살다가 서기 6세기에 가서야 중원의
한자를 수입해서 가짜 성씨를 사용하기 시작했다고 주장하

48) 이병도(1976: 51~54)는 "고조선의 한성(韓姓)은 교묘히 우리 말(한)을 보
존하면서 동음인 중국식의 씨성(韓)을 차래(借來)(빌려 왔다는 뜻)한 것이라
고 보아야 하겠다."고 주장했다. 한국의 싱씨는 중국의 한문을 빌려와서 사
용했다는 것이다. 따라서 청주 한씨가 기자(箕子)를 원조(遠祖)로 삼은 것이
나 행주 기씨, 태원 선우씨는 모두 날조에 날조를 가한 것이라고 폄훼한다.
그리고 신라인들이 소호 금천의 후손이라고 한 것이나 『삼국사기』 「김유신
전」의 헌원의 후예라든가 하는 것도 모두 모화사상에서 조작된 설화라고
주장했다.

고 있다(이수건, 2003; 박홍갑, 2014). 중원에서는 성씨가 없는 사람들을 천한 존재로 여겼다. 따라서 오랫동안 성씨 없이 살았다는 것은 한민족이 천한 민족이라고 주장하는 것과 같다. 중원 세력과 맞붙어 있고, 중원의 제후국이었던 고조선과 그 이후 한민족 구성원들이 성씨 없이 살았다는 것은 황당무계한 주장에 불과하다. 사실 이는 성씨를 해체해버린 일제의 논리를 답습한 것으로 분석된다. 『일본서기』 '윤공천황 4년조'에서는 성씨를 속이는 일이 많아 신에 맹세한 후손을 열탕 등에 넣어 상처가 나는지 여부로 죄를 가리는 맹신탐탕(盟神探湯)을 했다는 기록이 있다. 이후 열도에서는 아예 성씨를 해체해버린다. 일제는 한민족의 뿌리를 잘라 뿌리없는 민족이라는 논리를 전파하는데 주력했는데, 이병도(1976)의 주장은 이것과 맥락이 닿아 있다.

어쨌든 고구려는 치우의 후손인 구려족과 고씨들이 주축이 되어 건국한 나라로 분석된다. 고(高)가 성씨를 의미한다는 것은 『삼국사기』나 『삼국유사』에 이미 기록되어 있고, 『송서』, 『진서』, 『북사』, 『자치통감』, 『수서』, 『구당서』, 『신당서』 등 중원의 수많은 사서에서도 고구려가 고씨의 나라라는 점을 분명하게 기록하고 있다. 특히 『자치통감』에는 "고구려가 스스로 말하길 전욱 고양씨의 후손이어서 고를 성씨로 삼았다.[高句麗 自云高陽氏之苗裔 故以高爲氏]"고 기록하고 있다. 전욱 고양 임금은 오손{까마귀의 자손} 축융족(祝融族)의 시조이다. 전욱 고양 계열의 축융 계보는 다음과 같이 정리할 수 있다. 전욱 고양 → 칭 → 노동 → 중려·오회 → 육종 → 번 등 6남. 육종의 여섯 아들이 축융팔족의 시조 가 되었다. 『사기』「대완열전(大宛列傳)」에는 오손에 대한 기록이 다음과 같이 등장한다.

신이 흉노 땅에 있을 때 들은 바로는 오손왕(烏孫王)은 이름이 곤막(昆莫)인데, 그 아버지는 흉노의 서쪽 변방에 있는 작은 나라의 왕이었습니다. 흉노가 쳐들어와 그 아버지를 죽여 곤막은 태어나자마자 초원에 버려졌습니다. 그런데 까마귀가 고기를 물고 와서 그 위를 날고 늑대가 와서 그에게 젖을 먹였습니다.
臣居匈奴中 聞烏孫王號昆莫 昆莫之父 匈奴西邊小國也 匈奴攻殺其 父 而昆莫生棄於野 烏嗛肉蜚其上 狼往乳之

이러한 『사기』의 기록에 따르면, 오손족은 서기전 3세기 경에야 처음으로 역사 기록에 등장한다. 그러나 이들은 상고 시대부터 천산산맥 북쪽 기슭을 거점으로 활약한 유목민이 었다. 오손족의 최고 통치자는 곤막(昆莫), 곤미(昆彌, 昆靡) 등으로 불리웠다. 이들이 중원으로 이주해와 하나라를 뒷받 침했다. 고구려가 삼족오(三足烏)를 숭배하는 이유는 바로 자신들의 시조를 살려준 까마귀가 태양의 전령이라고 믿었 기 때문이다. 그리고 어머니 늑대를 토템으로 삼아 맥족(貊 族)으로 부른 것으로 보인다. 『일본서기』에서는 고구려를 박 (狛)이라고 했는데, 이는 고마[koma]로 발음되어 곰과 연관 된 것으로 해석된다. 맥(貊)은 고구려족이 곰과 늑대 등의 야 생동물을 토템으로 삼았다는 것을 의미한다.

다음으로 구려라는 명칭의 문제이다. 『삼국사기』에서는 고구려가 서기전 37년에 건국되었다고 했는데, 『한서』 「지리지」에 따르면 한사군 중 하나인 현토군이 설치되던 기원전 107년에 고구려(高句驪)라는 지명이 이미 존재했던 것으로 나온다. 따라서 고구려는 기원전 107년 이전에 고조선 내부의 방국으로 존재하던 나라였다는 것을 알 수 있다. 『구당서』 '고구려조'에는 고구려에서 기자(箕子)를 신으로 섬긴다는 기록이 등장하고 있어 고구려가 기자조선과 깊은 연관이 있다는 사실을 보여주고 있다. 아울러 주성왕 시기에 고이(高夷)가 성주지회에 참석한 것으로 나온다. 『일주서』에 대한 공조의 주석에서 "고이는 동북의 동이 고구려족이다. [高夷, 東北夷高句驪]"라고 했다.

『수서』 「배구열전」과 『구당서』 「배구열전」에는 고구려의 땅이 본래 고죽국(孤竹國)으로 주나라 시기에 기자가 봉해졌다고 했다. 따라서 고구려는 고조선에 속한 고이와 구려족, 그리고 고죽국 등 다양한 세력들이 참여해 건국한 나라였다는 것을 알 수 있다. 그중 구려는 치우의 후손인 것으로 분석된다. 『사기』의 탁록대전에 대한 주석에서 『사기정의(史記正義)』는 "구려족 임금의 칭호가 치우이다.[九黎君號蚩尤]"라고 했다. 이때 치우족은 현재의 북경 북서쪽에 위치한 탁록에서 벌어진 황제족과의 전쟁에서 패해 유주(현재의 북경 일대)로 이동한 것으로 분석된다(김호림, 2012: 21 참조). 황제나 치우 모두 동이족이므로 전쟁의 승패보다 중요한 것은

치우족이 이후 이산(夷山), 즉 연산산맥 일대에 자리잡았다
는 사실이다. 그리고 구려(九黎)와 구려(句驪)는 한자로는 상
이하지만 음이 동일하다. 고구려가 건국된 북경 일대라는 공
간적 일치성과 동이족 수령 치우라는 역사적 맥락의 동일성
등을 고려해보면 고구려는 치우의 후손인 것으로 분석된다.
치우가 전신(戰神)으로 불리웠다는 점도 고구려의 불퇴전의
용맹성과 일치한다.

구려(九黎)의 려(黎) 발음은 중국어로 '리[li]'이다. 『원화성
찬』 등 여러 사서에 따르면, 상나라 제후국인 려국(黎國)은
지금의 산서성 상당(上黨) 호관(壺關)에 있었다. 당초 산서성
장치시(長治市) 서남쪽에서 건국되었고, 춘추시기에는 지금
의 산서성 려성현(黎城縣) 동북쪽으로 옮겼으며, 그 지역은
나중에 진(晋)나라에 편입되었다. 산동성 운성현(鄆城縣){지
금의 산동성 하택시} 서부에는 별개의 려국이 있었다. 『풍속
통의』에 따르면, "두 개의 려국은 모두 옛 부족인 구려(九黎)
의 후손"이었다.

구려(九黎)는 먼 옛날 황하 중하류 지역과 장강 유역 일대
에 거주하던 부족연맹이었다. 여기에는 산동성, 하북성, 하
남성, 강소성 등이 포함된다. 구려족의 수령은 치우(蚩尤)였
다. 치우 임금에게는 81명의 형제가 있었는데, 모두 구려의
추장이었고, 치우는 대추장이었다. 치우의 동모 아우 8명과
함께 모두 려씨라 하고 구려라 칭하였다. 치우 임금의 이름
은 려탐(黎貪)이다. 염제 강유망(姜楡罔) 시대에 동정서토(東

征西討)하여 같은 복희의 후예 구려국의 영지를 빼앗아 구려 임금의 호를 치우라 하였다.

『상서』에는 "서백(西伯){주문왕 희창}이 려국과의 전쟁에서 승리했다.[西伯戡黎]"고 기록하고 있다. 『사기』「주본기」에 "상주왕 때 서백이 기국(耆國), 즉 려국을 패배시켰다."고 했다. 산동성의 려국은 상말 주초에 주무왕 희발(姬發)에게 멸망당했다. 전욱 고양씨에서 유래된 성씨로 전욱 임금의 손자인 중려(重黎)의 이름을 본따 성씨로 삼았다. 옛날 구려족의 후예로서 선조의 이름을 따서 씨로 삼았다. 구려족은 이후 두 개의 세력으로 분화하는데, 하나는 하북성 일대의 구려족이고, 다른 하나는 중국 남방 토착민족의 하나로 묘족이 되었다.

고구려의 건국자 주몽은 당대에 송양의 비류국을 정벌하고, 행인국을 복속시켰으며, 북옥저를 멸망시키는 등 정복군주로서의 역량을 유감없이 발휘했다. 이는 주몽이 졸본부여의 고씨 왕위를 이어 고구려를 건국했기 때문에 단기간에 엄청난 국력을 갖게 되었다는 것으로 해석할 수밖에 없다. 고구려는 『삼국사기』에 주몽의 아들로 기록된 유리왕 33년{서기 14}에 병력 2만 명으로 서쪽의 양맥(梁貊)을 쳐서 그 나라를 멸망시키고, 병력을 내어 보내 한(漢)의 고구려현을 습격하여 빼앗을 정도였다. 고구려현은 현토군에 속하고 있었다.

어쨌든 주몽은 엄사수를 건너 졸본천 일대에 이르렀고, 비류수 가에 머물면서 건국을 했다. 먼저, 엄사수는 어디를 가리키는가? 「광개토왕비문」에는 주몽이 엄리대수(奄利大水)를 건너 "비류곡 홀본 서쪽 산 위에 성을 쌓고 도읍을 세웠다.[沸流谷忽本西 城山上而建都焉.]"고 했다. 또한 『삼국지』 「위서 동이전」 '고구려조'에는 "{고}구려는 대수 유역에 나라를 세워 거주했는데, 서안평현 북쪽에 남쪽으로 흘러 바다로 유입되는 작은 강{소수}이 있어 {고}구려의 별종이 소수에 의거해 나라를 세워 그 이름을 따서 소수맥이라 하였다.[句麗作國 依大水而居 西安平縣北有小水 南流入海 句麗別種依小水作國 因名之爲小水貊]"고 했다. 고구려는 대수 유역에 건국된 것이다. 『위서(魏書)』 '고구려조'와 『북사』 「고구려조」에는 모두 주몽이 대수를 건너 도읍한 곳을 흘승골성(紇升骨城)이라 적고 있다.

먼저 엄사수(淹㴲水), 엄리대수가 어디인가를 분명하게 밝혀둘 필요가 있다. 『삼국사기』에서는 엄사수를 {고려 시대의} 압록강 동북쪽으로 비정했다. 그런데 『한원(翰苑)』에서는 "『고려기』에서 이르기를, "마자수는 고려{고구려}에서 일명 엄수(淹水)라고도 하며 지금 이름은 압록수다. 그 나라에 내려오는 이야기에 따르면, '강물은 동북쪽의 말갈국 백산으로부터 나온다. 물의 색이 오리 머리와 닮았기 때문에 흔히 압록수라 부른다'고 한다. 요동에서 500리 떨어져 있으며, 국내성 님쪽을 지난다."고 했다.

「광개토왕비문」에서는 '엄리대수(奄利大水)'라 하였고, 『삼국사기』「고구려본기」에는 엄사수, 『삼국유사』 '고구려조'에서는 '엄수(淹水)'라고 했다. 모두 물에 담그다는 뜻의 '엄(淹)' 자가 들어간다. 따라서 고주몽이 건넌 강은 압록강, 즉 요수(遼水)로 분석된다. 그리고『삼국지』「위서 동이전」 '고구려조', 『위서(魏書)』'고구려조', 『북사』「고구려조」에 등장하는 대수는 모두 요수를 가리키는 것으로 분석된다. 서안평은 유주로 진격하는 요동의 거점 지역이다. 서안평의 북쪽에서 소수가 흘러온다. 이 소수 일대에 있었던 맥족을 소수맥 또는 양맥(梁貊)이라고 부른다. 태행산맥과 연산산맥으로 둘러싸인 북경 일원의 고대 조선·요동에는 영정하(永定河), 조백하(潮白河), 온유하(溫楡河, 하류는 北運河), 구하(泃河), 거마하(拒馬河) 등 5대 수계가 흐른다.[49]

이 중 구하가 소수(小水) 또는 대량수로 비정되고 대수(大水)는 요수를 가리키는 것으로 비정된다. 소수 또는 대량수(大梁水)는 장성 밖의 하북성 흥륭현(興隆縣) 모산향(茅山鄉)에서 발원한다. 그리고 청송령(青松嶺), 계현(薊縣)의 니하촌(泥河村)에서 평곡(平谷)현 경내로 유입되며, 삼하시 고성(三河市故城) 등을 거쳐 하류에서 계운하(薊運河)와 합류한다. 전체 길이는 206킬로이다.

고대 시대에 요수가 압록강이라는 기록은 『삼국유사』에 나온다. 『삼국유사』 권3 「흥법」조에는 "살펴보건대 고구려 때의 도읍 안시성(安市城)은 일명 안정홀(安丁忽)로서 요수(遼水)의 북쪽에 위치해 있었고, 요수는 일명 압록(鴨淥)으로

49) https://baijiahao.baidu.com/s?id=1714503015209450802&wfr=spider&for=pc, 검색일 2022. 10. 3.

지금은 안민강(安民江)이라고 한다.[按麗時都安市城 一名安
丁忽在遼水之北 遼水一名鴨渌今云安民江 豈有松京之興國寺
名]"고 했다.

그리고 황하 유역 하백의 딸이었던 유화부인이 동생들과
놀고 있었던 곳은 압록강 인근이다. 해모수는 북경의 북쪽에
있었던 북부여의 군주이다. 압록강 일대의 졸본이 어디인가
를 살펴보기 위해서는 『삼국사기』 자체를 면밀히 검토할 필
요가 있다. 주몽의 모친인 유화부인은 금와왕을 만나면서 다
음과 같이 말했다.

저는 하백의 딸이고 이름은 유화입니다. 여러 동생들과 함께 나가
서 놀고 있었는데, 그때 한 남자가 있어 스스로 말하기를 천제의
아들 해모수라 하고 저를 웅심산 아래 압록강 인근의 방 안으로
꾀어 사통하고 곧바로 가서는 돌아오지 않았습니다. 부모는 제가
중매도 없이 다른 사람을 따라갔다고 꾸짖어 마침내 우발수에서
귀양살이를 하게 되었습니다.
我是河伯之女 名柳花 與諸弟出遊 時有一男子 自言天帝子解慕漱 誘
我於熊心山下 鴨渌邊室中私之 即徃不返 父母責我無媒而從人 遂謫
居優渤水

여기서 유화부인은 하백(河伯)의 따님이라고 했다. 그런데
하백은 고대 황하의 수신(水神)을 가리킨다. 백도백과에 따
르면 하백은 고대 사화에 등장하는 황하의 수신으로 원래 이
름은 풍이(馮夷)이고, 빙이(冰夷), 풍수(馮修)라고 쓴다고 한
다. 동진(東晉) 시기 역사가인 간보(干寶)가 편찬한 설화집

『수신기(搜神記)』에는 그가 황하를 건널 때 물에 빠져 죽자 천제(天帝)가 하백으로 임명하여 황하를 관리하도록 했다고 한다. 하백은 태산부군(泰山府君)의 사위도 되었다.

옛날 황하 일대의 화음(華陰){지금의 섬서성 위남시} 동향(潼鄉)에 풍이(馮夷)라는 사람이 있었는데, 농사를 짓지 않고 오로지 신선이 되고자 하다가 황하를 건너는 도중 산 채로 물에 빠져 죽었다. 풍이가 죽은 후 억울한 원망으로 이를 갈며 황하를 미워하자 천제는 풍이에게 황하의 수신이 되어 황하를 다스리라고 했다. 그렇게 해서 하백이 된 것이다. 하백은 태호 복희의 딸 복비(宓妃)와 혼인했다고 한다.

「광개토왕비문」에 주몽은 북부여에서 나왔다고 했다. 북부여는 고씨들이 단군이었던 나라이다. 따라서 고씨 주몽의 고구려가 건국된 곳은 모두 황하 하류와 요수 인근 지역인 것을 알 수 있다. 비류수도 현재의 북경 동쪽을 흐르던 백하를 가리키는 것으로 해석된다. 유화부인은 원래 북부여 일대에 있었던 금와의 부여가 동쪽으로 이동함에 따라 동부여로 끌려 갔는데, 주몽이 동부여를 탈출하여 북부여로 되돌아 왔으나 북부여 내에서 변란이 발생하여 남쪽으로 탈출한 것으로 보인다.

더 구체적으로 살펴보면 고구려의 건국지는 북경 북동쪽을 흐르는 어양의 백하 하류로 파악된다. 백하가 바로 비류수이다. 『삼국유사』「기이(紀異)」고구려조에서 "고구려는 곧 졸본부여이다. 혹은 말하길 '지금의 화주(和州) 또는 성주

(成州) 등이다.'라고 하지만 모두 잘못된 것이다. 졸본주는 요동의 경계에 있다.[高句麗即卒本扶餘也 或云 今和州又成州 等 皆誤矣 卒本州在遼東界]"고 하였고, 또한 『삼국유사』에서 "{주몽이} 졸본주{현토군의 경계이다-일연주}에 이르러 드디어 여기에 도읍을 정하였다. 하지만 궁실을 지을 겨를이 없어서 비류수 윗쪽에 오두막을 짓고 살며 국호를 고구려라 하였다.[至卒本州玄菟郡之界 遂都焉 未遑作宮室但結廬扵沸流水上居之 國號高句麗]"고 했다([그림 20] 참조).

[그림 20] 고구려의 건국 도읍지 졸본의 위치 비정

이뿐만 아니라 연개소문의 셋째 아들 연남산(淵男産, 639

~702)의 묘지명에도 주몽의 건국지가 패수라고 적혀 있다.

> 옛날 동명은 하늘의 기운에 감응하여 사천을 넘어 나라를 열었고,
> 주몽은 광명으로 잉태되어 패수에 임하여 도읍을 열었다.
> 昔者 東明感氣踰㴲川而開國 朱蒙孕日臨浿水而開都

　패수는 고구려 평양성의 서쪽을 흐르던 강으로 중원과의 국경이다. 중원과의 국경 지대에 고구려가 건국된 것이다. 「연남산묘지명」에서는 동명과 주몽이 별개의 인물로 등장한다. 동명은 부여의 건국자이고, 주몽은 북부여에서 독립하여 고구려를 건국한 것이다.

　『사기』 「화식열전」에 따르면 서기전 3세기 무렵 부여는 연나라의 북쪽에 있었다. 『한서』 「지리지」에서 "고구려현은 유주의 현토군에 속한 3개 현 중 하나였다.[玄菟郡 武帝元封 四年開 高句驪 莽曰下句驪 屬幽州]"고 하였고, 『삼국사기』 「고구려본기」와 『자치통감』 등에서 "왕망이 크게 기뻐하며 조서를 내려 고구려를 {비하하기 위해} 하구려라고 고쳤다. [莽大說下書更名高句驪爲下句驪]"고 하여 이 기록에 입각해 보면 여기에 나오는 고구려(高句驪)가 바로 주몽이 건국한 고씨의 나라 고구려(高句麗)라는 것을 알 수 있다.

　『한서』 「지리지」에서 유주(幽州)의 위치는 현재의 북경으로 비정된다. 특히 유주 남쪽의 탁군, 계(薊) 등에서 중원 세력들이 고구려로 자주 침공을 해오고, 고구려도 반대로 산서성 태원까지 공격을 하기도 한다. 이처럼 고구려와 중원 세

력이 전쟁을 벌인 곳은 북경 일대이고 고구려의 주몽도 이곳과 가까운 졸본에서 도읍하였다.

그런데 이병도(1976)는 유주가 현재의 북경 일대 탁군 또는 계라는 일반적 주장과 완전히 다르게 유주의 치소50)가 무려(의무려)현에 있다고 주장했다. 즉 "동방4군{상곡, 어양, 우북평, 요서}을 관할하던 주는 즉 유주니, 유주의 치소(주청소재지)는 요동군의 무려(의무려)현에 있어, 동방4군뿐만 아니라 요동·요서·우북평·어양·상곡·대군 등 제군을 통속하고 있었다."는 것이다. 이러한 유주 치소에 대한 주장은 『한서』「지리지」의 유주에 대한 설명에 의거한 듯하다. 즉 『한서』「지리지」 '유주'에는 "동북쪽을 유주라고 한다. 그 산을 의무려산(醫巫閭山)[사고(師古)는 "요동에 있다."고 말했다.]이라고 하고 큰 늪지를 혜양택(獂養澤)이라고 하며, 큰 내를 황하, 제수(濟水)라 하고 큰 연못을 치수(淄水) 시수(時水)라고 한다."라고 했다. 여기서 유주에 의무려산이 있다고 했는데, 이는 『한서』「지리지」를 기록할 때 9주의 대표적 산과 하천을 설명한 것을 치소로 착각한 것이다.

즉, 양주는 회계산, 형주는 형산, 예주는 화산, 청주는 기산, 연주는 대산, 옹주는 악산, 기주는 곽산, 병주는 항산이라고 했던 것이다. 이들 산이 각 주의 치소가 아님은 누구나 알 수 있다. 더구나 『한서』「지리지」에서 무려는 고대 요동

---

50) 유주의 치소는 계현(薊縣)이다. 『한서』「지리지」에서 의무려산은 유주를 대표하는 산으로 기록하고 있으며, 북경 동쪽의 요수 인근 요동에 위치하고 있었던 것으로 비정된다.

에 위치하고 있는 것으로 나온다. 현재의 의무려는 요나라 이후 지명 이동으로 옮겨진 곳이다.『한서』「지리지」'요동군' 무려(無慮)현에 대한 주석에서 "응소가 말하길 려(慮)의 음은 려(閭)라고 했다. 안사고가 말하길 이른바 의무려(醫巫閭)라고 했다."고 기록하고 있다. 이병도(1976)는 요나라 이후 중원의 지명이 동쪽으로 이동한 사실을 이해하지 못하고 고대 요동과 현재의 요동을 같은 곳으로 혼동하였던 것이다.

의무려산은 고구려를 건국한 주몽이 최초로 도읍한 졸본(卒本)에서 가까운 곳으로 고구려의 역대 왕들이 시조인 주몽에게 제사를 지내던 곳이다.『삼국사기』「잡지」'지리4 고구려조'에는 고구려 초기 도읍 홀승골성과 졸본과 관련하여 다음과 같이 기록하고 있다.

살펴보건대『통전』에서 말하길, "주몽이 한(漢) 건소 2년(기원전 37년)에 북부여로부터 동남쪽으로 가서 보술수를 건너 홀승골성에 이르러 자리를 잡고 국호를 구려라 하고 '고(高)'를 성씨를 삼았다"라고 하였다. 고기에서 이르기를 "주몽이 부여로부터 난을 피해 도망하여 졸본(卒本)에 이르렀다."라 하였으니, 곧 홀승골성과 졸본은 같은 곳이다.『한서지』{『후한서』「군국지」}에서 이르기를 "요동군은 낙양에서 3,600리 떨어져 있으며, 속한 현으로서 무려가 있다."고 했다. 곧『주례(周禮)』에서 보이는 북진(北鎭)의 의무려산(醫巫閭山)이며, 대요(大遼) 때에 그 아래에 의주(醫州)를 설치하였다. {또『후한서』「군국지」에서} "현토군은 낙양에서 동북으로 4,000리 떨어져 있고, 속한 현이 셋이며, 고구려가 그중 하나이다."라 하였으니, 곧 이른바 주몽이 도읍한 곳이라고 말하는 홀승골성과 졸본은 아마도 한(漢)의 현토군의 경계이고,

대요국(大遼國) 동경의 서쪽이며, 『한지』{『한서』「지리지」}의 이른바 현토의 속현 고구려가 이것일 것이다. 옛날 대요가 멸망하지 않았을 때에 요(遼) 황제가 연경에 있었으니, 곧 우리의 조빙하는 사신들이 동경을 지나 요수(遼水)를 건너 하루 이틀에 의주(醫州)에 이르러, 연계(燕薊)로 향하였기 때문에 그렇다는 것을 알 수 있었다.

按通典云, "朱蒙以漢建昭二年, 自北扶餘東南行, 渡普述水, 至紇升骨城居焉, 號曰句麗, 以高爲氏." 古記云, "朱蒙自扶餘逃難, 至卒本." 則紇升骨城·卒本似一處也. 漢書志云, "遼東郡, 距洛陽三千六百里, 屬縣有無慮." 則周禮北鎮醫巫閭山也, 大遼於其下置醫州. "玄菟郡, 距洛陽東北四千里, 所屬三縣, 高句麗是其一焉." 則所謂朱蒙所都紇升骨城·卒本者, 蓋漢玄菟郡之界, 大遼國東京之西, 漢志所謂玄菟屬縣高句麗是歟. 昔大遼未亡時, 遼帝在燕景, 則吾人朝聘者, 過東京涉遼水, 一兩日行至醫州, 以向燕薊, 故知其然也.

위의 기록에 입각하면 주몽이 도읍한 흘승골성(紇升骨城)과 졸본(卒本)은 같은 곳이다. 이곳은 한(漢)의 현토군의 경계이고, 현토의 속현 고구려를 가리킨다고 했다.『한서』「지리지」와 『후한서』「군국지」에는 모두 요동군에 무려(無慮)가 있다고 기록하고 있는데, 이는 곧 『주례(周禮)』에서 보이는 북진(北鎮)의 의무려산(醫巫閭山)을 가리킨다고 한다. 이는 고구려와 가까운 곳에 위치한 것으로 보인다. 고려의 사신이 연경, 즉 지금의 북경에 갈 때 요수를 건너 하루 이틀이면 의주에 도착한다고 했으니 의무려산은 북경과 멀지 않은 곳에 위치하고 있었다는 것을 알 수 있다. 『삼국유사』「제1기이」 '북부여(北扶餘)조'에도 다음과 같이 고구려 건국지 흘승골성이 의주(醫州) 지역에 있다고 했다.

『고기(古記)』에 이르기를 "『전한서』에 선제 신작 3년{서기전 59
년} 임술 4월 8일 천제가 다섯 마리 용이 끄는 수레를 타고 흘승
골성{대요(大遼) 의주(醫州)지역에 있다.}에 내려와서 도읍을 정하
고 왕으로 일컬어 나라 이름을 북부여라 하고 자칭 이름을 해모수
라 하였다. 아들을 낳아 이름을 부루라 하고 해(解)로써 씨를 삼았
다. 그 후 왕은 상제의 명령에 따라 동부여로 도읍을 옮기게 되고
동명제가 북부여를 이어 일어나 졸본주에 도읍을 세우고 졸본부
여가 되었으니 곧 고구려의 시조이다."라고 하였다.
古記云 "前漢書宣帝神爵三年壬戌四月八日天帝降于訖升骨城 在大遼
醫州界. 乗五龍車立都 稱王國號北扶餘自稱名解慕漱 生子名扶婁以解
爲氏焉. 王後因上帝之命移都于東扶餘 東明帝継北扶餘而興立都于卒
本州爲卒本扶餘 即高句麗之始

또한 『삼국유사』 「제1 기이」 '말갈과 발해'에 따르면, "또
『동명기(東明記)』에 이르기를, "졸본성은 땅이 말갈{혹은 이
르기를 지금의 동진이다.}에 연접하고 있다.[又東明記云 "卒
本城地連靺鞨{或云今東真}."]"라고 하였다. 『수서』 '말갈조'
에도 "말갈은 고려{고구려}의 북쪽에 있다. 읍락마다 추장이
따로 있어 하나로 통일되어 있지 않다. 모두 7종이 있다. 그
첫째는 속말부51)로서 고구려와 인접하여 있는데, 정병이 수

---

51) 『삼국유사』 「제1 기이」 '말갈과 발해'에서는 "『통전(通典)』에 이르기를 "발
해는 본래 속말말갈(粟末靺鞨)로서 그 추장 조영(祚榮)에 이르러 나라를 창
건하고 자칭 진단(震旦)이라 부르더니 선천(先天) 연간{현종(玄宗)의 임자
(壬子)년이다.}에 비로소 말갈이라는 이름을 버리고 오로지 발해라 불렀
다."고 한다. 고구려와 연접한 말갈은 이후 고구려를 계승한 대조영의 발해
국의 기반이 된 나라이다.

천 명으로 용감한 병사가 많아, 늘 고구려를 침입하였다.[靺
鞨在高麗之北 邑落俱有酋長 不相總一. 凡有七種: 其號粟末部
與高麗相接 勝兵數千 多驍武 每寇高麗中]"라고 기록하고 있
다. 이에 따르면 고구려가 현토에 위치하고 있고, 말갈은 그
북쪽에 위치하고 있었다는 것을 알 수 있다.

이처럼 졸본 또는 흘승골성 등 고구려의 건국지가 북경 일
대에 있었다는 것이 『삼국사기』와 『삼국유사』, 그리고 중원
의 각종 사서에 분명하게 기록되어 있다. 그럼에도 불구하고
이병도(1976: 355~356)는 고구려의 건국지와 관련하여 다
음과 같이 환인(桓仁)이 「광개토왕비문」의 홀본, 즉 졸본이
라고 비정했다([그림 21] 참조).

지리상으로나 역사상으로 보아, 압록강(그 지류인 혼강까지 포함)
방면에 있어서의 고구려의 중요도시는 두 곳이 있었다. 하나는 지
금 혼강(동가강) 유역의 환인지방이요, 하나는 압록강연안의 통구
평야이다. 환인은 고구려 최초의 수도요, 또 후일의 별도로서, 광
개토왕릉비에 이른바 홀본(즉 졸본), 위지 고구려전에 이른바 句
麗別種 依小水作國 因名之爲小水貊 {고구려의 별종으로 소수에 의
거해 나라를 세웠다. 이로 인해 소수맥이 된 것이다.}이 즉 그것이
다. 여기 이른바 소수(小水)는 지금 혼강의 謂(이름)이니와, 作國이
라 한 것은 별도(別都)를 너무 과장시킨 것이라고 하겠다.

[그림 21] 이병도(1976)의 고구려 건국 위치 및 한사군 위치 비정

[자료] 이병도(1976)에 근거하여 필자가 그림

　이상과 같은 이병도(1976: 355~356)의 고구려 건국지 위치 비정은 『삼국사기』와 『삼국유사』 등 국내 사서는 물론 『한서』「지리지」, 『자치통감』 등 중원의 사서 기록들과 비교해 전혀 엉뚱한 곳이다([그림 21] 참조). 이는 특히 요나라를 기점으로 명나라, 청나라 시기에 집중적으로 이루어진 중원의 지명이동 및 정치군사적 역학관계, 고대 사회의 정치경제에 대해 이해하지 못한 결과라고 평가할 수 있다. 특히 고구려의 중심인 국내성이 있었다고 비정한 환도는 현재의 길림 집안(集安) 지역으로 광개토왕릉비와 장군총 등 약 1만 2,000여 개의 고구려 고분들이 있지만 고구려가 도읍

한 곳이라고 볼 수 없다. 집안시는 바이두나 구글의 위성 지도에서 보면 모두 험준한 산악지대로서 가까운 곳에 평야지대가 거의 없어 도읍지와는 거리가 먼 곳이다. 일종의 고구려 왕실과 귀족들의 공동묘지라고 표현하는 것이 맞다.

이는 「광개토왕비문」에도 정확히 기록되어 있다. 「광개토왕비문」 일대의 묘지를 지키는 수묘인에 대한 기록을 보면 다음과 같다. 환인 지역은 고구려의 왕이나 귀족의 묘를 사용한 지역으로 삶과 죽음의 지역을 구분한 고구려인들의 유적이다. 여기서 39세로 사망한 광개토왕은 수묘인의 중요성에 대해 유언하고 죽는다. 「광개토왕비문」 중 아직도 주목을 받지 못한 부분을 살펴보면 다음과 같다.

국강상광개토경평안호태왕은 살아 있을 때 교(敎)를 내려 말씀하시기를, "선조 왕들께서 단지 원근에 사는 구민들에게 묘를 지키며 소제를 맡게 하셨다. 나는 이들 구민들이 점점 쇠락하게 될 것이 염려된다. 내가 죽은 후에 수묘인을 정할 때에는 내가 몸소 다니며 약취해 온 한예(韓穢)인들만을 데려다가 무덤을 수호·소제하게 하라."고 하였다. 왕의 말씀이 이와 같아서 그에 따라 한예(韓穢)의 220가를 데려다가 수묘케 하였다. 그런데 그들이 수묘의 예법을 잘 모를 것이 염려되어, 다시 구민 110가를 더 데려왔다. 신·구 수묘호를 합쳐, 국연(國烟)이 30가이고 간연(看烟)이 300가로서, 도합 330가이다. 선조 왕들 이래로 능묘에 석비를 세우지 않아서 수묘인 연호를 설치하고 관리하는 데 착오가 있어 왔다. 따라서 국강상광개토경평안호태왕께서 선조 왕릉에 비석을 세우고 그 수묘인 연호를 새겨 착오가 없게 하라고 명하였다. 또한 왕께서 수묘인 규정을 제정하시어, '이후로는 수묘인을 다시 서로 팔아넘기지 못하며, 비록 부유한 자가 있을지라도 또한 함부로 사들이지 못할 것이니, 만약 이 법령을 위반하는 자가 있으면, 판 자는 형벌을 받을 것이고, 산 자는 자신이 수묘하도록 하라.'고 하였다.

國岡上廣開土境平安好太王 存時 教言 祖王先王 但教 取 遠近舊民 守墓 洒掃 吾慮 舊民 轉當 羸劣, 若 吾 萬年之後 安守墓者 但取 吾躬巡所 略來 韓穢 令備 洒掃. 言教如此 是以如教 令 取 韓穢 二百二十家 慮 其不知法 卽 復取 舊民 一百十家 合 新舊守墓戶 國烟三十 看烟三百 都合三百三十家 自上祖先王以來 墓上不安石碑 致使守墓人烟戶 差錯 唯國岡上廣開土境平安好太王 盡爲祖先王墓上立碑 銘其 烟戶 不令 差錯 又制 守墓人 自今以後 不得更相轉賣 雖有富足之者 亦不得才亶買 其有 違令 賣者刑之買人 制令守墓之.

이처럼 광개토왕이 왕들의 묘를 지키는 사람을 별도로 지정했던 이유가 무엇이겠는가? 그곳이 고구려 왕과 귀족들의 무덤이었기 때문이다. 만일 국내성이 그곳에 있었다면 수묘인 제도는 참으로 이해할 수 없다고 할 수 있다. 고구려인들은 환인 지역에 집단적으로 적석묘를 조성했다. 그곳은 고구려의 중앙이었으며, 산악지대였다. 그곳은 죽은 자들의 세상이었다. 그런데 산 자들은 중원세력과 싸워야 했다. 환도는 수묘인들이 고구려 왕이나 귀족들의 무덤을 지키는 곳이었다. 험준한 산악지대에서 1만 2,000여 기의 무덤과 국가의 도읍이 공존하는 것이 타당한 일인가?

식량조달도 힘든 이러한 곳에서 어떻게 고구려가 400여 년 이상 도읍을 할 수 있었단 말인가? 『구당서』의 기록에 따르면 고구려는 동서 3,100리, 남북 2,000리 등 방 5,100리의 넓은 땅을 보유한 나라이다([그림 22] 참조). 그런데 백성들이 살 수조차 없는 집안시에 도읍을 한단 말인가? 지형지

세도 살펴보지 않고 광개토왕릉비와 장군총 등 수많은 적석
총들만 보고 그곳을 도읍지로 비정하는 것은 이해할 수 없는
일이다.

[그림 22] 『구당서』에 기록된 고구려의 강역

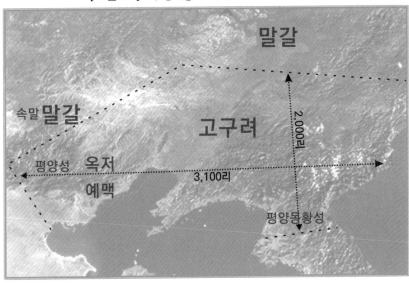

자료: 『구당서』 「고구려조」에 근거하여 필자가 그림
주: 『구당서』에 고구려는 그 강역이 동서 3,100리,
　　남북 2,000리라고 기록되어 있음.

　　더구나 고구려가 중원과 맞대고 수시로 전쟁을 하는 상황
속에서 국경도 아닌 산악지대에 도읍하고 있었다면 고구려
는 수나라나 딩나리와 싸위 이길 수 없었을 것이다. 『자치통
감』의 기록에는 수나라와 당나라가 모두 현재의 북경 일대
에서 병력을 집결하여 고구려를 침공한 것으로 나온다. 그렇
다면 수양제와 당태종이 거의 3,000리 가까운 지역까지 원

정을 했다는 말인가? 더구나 고구려의 입장에서도 머나 먼 변방의 장수들이 무엇을 믿고 죽기 아니면 살기로 전투를 하겠는가? 정치군사적 관점에서 보면 고구려의 중심축은 중원과의 최전선 지대에 위치할 수밖에 없었다. 그래서 신라와 같은 소국에도 자주 침범을 당했던 것이다.

이병도(1976)는『삼국사기』나 중원의 각종 사서에 등장하는 압록강을 이름이 같다는 이유만으로 현재의 압록강으로 간주하고 고구려가 그 일대의 오녀산성에서 건국한 것처럼 주장했다. 그런데 현재의 압록강은 고대 국가가 성립할 수 있는 비옥한 땅, 온화한 기후, 사람들이 쉽게 모여들기 좋은 곳 등의 조건을 전혀 갖추지 못하고 있다. 압록강은 하류에 삼각주가 형성되기보다 커다란 강물을 이루고 있고, 그 중류에도 평야지대는 거의 없다. 고구려 관련 사서 기록에서 압록은 물이 오리 머리처럼 맑다고 해서 붙여진 이름이다. 만일 고구려가 해발 800미터 높이에 이르는 절애(絶崖)의 고지인 요녕성 환인현의 오녀산성에 도읍하였다면 얼마 지나지 않아 멸망하고 말았을 것이다. 오녀산성 일대는 고대 국가가 성장할 수 있는 어떠한 조건도 갖추지 못하고 있기 때문이다. 따라서 오녀산성은『삼국사기』를 비롯한 여러 사서에서 말하는 고구려의 졸본성이 될 수 없다.

오녀산성은 깎아지른 절벽 위에 있어 외부인이 들어올 수 없을 정도로 천연의 요새인데, 이는 고구려인의 입장에서도 접근하기 어려운 곳이라는 것을 의미한다. 이러한 곳에서는 나라의 확장성을 담보할 수 없다. 백성들과 머나 먼 거리를 둔 곳에서 무슨 수로 백성들을 확보할 수 있다는 것인가? 그리고 이곳은 쌀을 비롯한 각종 식량을 확보할 수 있는 방법이 없다. 고구려가 처음부터 흉노와 같은 수탈경제라고 하더라도 인근에는 수탈할 곳조차 별로 없다. 수탈한 식량을 운반하는 것조차 어렵다. 고대 시대의 정치경제에 대한 아무런 고려없이 평양에 맞추어 고구려 건국지도 비정해버린 것이다.

그런데 『삼국사기』「고구려본기」에 따르면 주몽은 당대에 이미 비류국, 행인국, 북옥저 등을 정복했다. 그리고 제2대 유리왕 시기에는 병력 2만 명을 거느리고 서쪽으로 양맥(梁貊)을 쳐서 멸망시키고, 한의 고구려현도 습격해 빼앗을 정도였다. 여기서 양맥은 『삼국지』와 『후한서』에 등장하는 소수맥과 같은 세력이다. 그런데 『삼국지』 '고구려조'에서는 "서안평현 북쪽에 소수가 있어 남쪽으로 흘러 바다로 들어간다.[西安平縣北有小水, 南流入海]"고 했다. 위의 [그림 21]과 같이 소수를 혼강으로 비정할 경우 서안평은 현재의 압록강 하류 일대에 있을 수밖에 없게 되고, 바다로 흘러 들어가는 것이 아니라 바다와는 멀고도 먼 압록강 중류로 흘러든다는 것을 알 수 있다. 즉 혼강은 '남류입해(南流入海)'와는 거리가 먼 강이나.

고구려의 건국 시기 비정

『삼국사기』는 고구려의 건국 시기를 서기전 37년으로 기록하고 있다. 그런데 「광개토왕비문」에는 광개토왕이 주몽의 17세손으로 『삼국사기』의 왕위 대수보다 5대가 더 많은 것으로 나타나고 있다.

> {추모}왕은 홀본 동쪽 언덕에서 용의 머리를 밟고 서서 하늘로 올라가셨다. 세자로서 유명을 이어받은 유류왕은 도로써 나라를 잘 다스렸고, 대주류왕은 왕업을 계승하여 발전시켰다. 17세손에 이르러 국강상광개토경평안호태왕이 18세에 왕위에 올라 연호를 영락이라 하였다.
> 王於忽本東[岡] 履龍首昇天. 顧命世子儒留王 以道興治 大朱留王 紹承基業. 遝至十七世孫 國[岡]上廣開土境平安好太王 二九登祚 號爲永樂大王.

고대의 1대를 30년에서 40년으로 보면 5세손에 해당하는 최소 150년에서 200년의 역사가 삭제된 것으로 분석된다. 그런데 이를 뒷받침하는 수많은 기록들이 등장한다. 무엇보다 『사기』 「조선열전」에서 위만의 영역이 수천 리가 되었다고 한 것에 대해 『사기정의』에서 주석하기를 "괄지지에 이르기를, 조선, 고려{고구려}, 맥, 동옥저 등 5국의 땅을 가리킨다. 나라의 동서는 1,200리, 남북은 2,000리이다."라고 했다.[正義: 括地志云 朝鮮高驪貊東沃沮五國之地 國東西千二百里 南北二千里]." 이에 따르면 효혜·고후{서기전 195~180} 시기에 이미 조선, 즉 한(韓) 세력만이 아니라 고구려가 존재했다는 것을 알 수 있다.

사실 고구려는 주성왕 시기{서기전 1055년 ~ 1021년}의 성주지회에 참석한 고이(高夷)의 후손국으로 분석된다. 고이에 대해 공조는 "동북의 고구려"라고 주석했다. 고구려가 백이·숙제의 고죽국 후예라는 주장도 제기되고 있다. 고구려는 조선에 포괄되어 성립된 나라로 매우 오래전부터 존속해 온 것이다. 그런데 여기서의 초점은 추모왕이 고구려라는 이름의 나라를 건국한 시기가 언제인가 하는 것이다.

『환단고기』「북부여기」에 따르면 북부여는 해모수가 서기전 238년 창건한 이후 여러 고씨들이 대를 이어온 것으로 되어 있다. 그런데『삼국사기』에는 주몽이 해모수의 아들로 되어 있는 반면『환단고기』에는 주몽이 해모수의 4대손으로 되어 있다. 그리고「북부여기」의 해모수와 모수리(慕漱離) 단군 이후의 4명의 모든 단군은 고씨이다.

백도백과에 따르면 고구려가 건국된 북경시 어양(漁陽)과 요동(遼東) 등이 고씨들의 핵심 군망으로 나타난다는 점에서 이미 오래 전부터 고씨들이 북경시 북동쪽에 자리를 잡고 있었다는 것을 알 수 있다.『춘추좌전』「양공 29년(서기전 544년)」에는 "가을 9월, 제나라 대부 공손채(公孫蠆)와 공손조(公孫竈)가 대부 고지(高止)를 북쪽의 연나라로 쫓아냈다. 고지가 제나라를 떠났다."라고 기록하고 있다. 제나라의 유력 씨족인 고씨들이 어양과 요동 일대에 근거를 갖게 되면서 이후 주몽이 고구려를 건국할 수 있는 기반을 갖춘 것으로 보인다.

고구려의 건국 시기를 파악하는 데서 가장 근거있는 기록은 『신당서』이다. 고구려를 멸망시킨 기록을 전하는 『신당서』에는 "『고구려비기』에서 말하기를, '900년이 되기 전에 팔십 대장이 멸망시킬 것입니다. 고씨가 한(漢)대에 나라를 세워 지금 900년이 되고, [이]적의 나이가 80입니다.'[且高麗祕記曰: 不及九百年 當有八十大將滅之. 高氏自漢有國 今九百年 勣年八十矣.]"라고 기록하고 있다. 그리고 『삼국사기』「고구려본기」 마지막 사론에는 "고구려는 진한(秦漢) 이후부터 중국의 동북 모퉁이에 끼어 있어, 그 북쪽 이웃은 모두 천자의 관아가 있고 어지러운 시대에는 영웅이 특별히 일어나 분에 넘치는 이름과 자리를 가졌으니, 두려움이 많은 땅에 살았다고 할 수 있다.[高句麗自秦漢之後 介在中國東北隅 其北隣皆天子有司 亂世則英雄特起 僭竊名位者也 可謂居多懼之地]"고 했다. 『삼국사기』의 이 기록에 따르면 고구려는 진한(秦漢) 교체기에 건국된 것으로 분석된다.

『삼국사기』「신라본기」 '문무왕조'에도 안승(安勝)을 고구려왕으로 책봉하면서 책문(冊文)에서 말하길, "함형(咸亨) 원년(670) 경오 가을 8월 1일 신축에 신라왕이 고구려의 후계자 안승에게 명을 내린다. 공(公)의 태조 중모왕(中牟王)은 덕을 산처럼 쌓고, 공을 남쪽 바다만큼 세워, 위엄 있는 풍모가 청구에 떨쳤으며, 어진 가르침이 현토를 덮었다. 자손이 서로 이어져 뿌리와 줄기가 끊어지지 않았고, 땅은 1,000리

(千里), 햇수는 거의 800년이나 되었다.["維咸亨元年歲次庚
午秋八月一日辛丑 新羅王致命高勾麗嗣子安勝. 公大祖中牟王
積德比山 立功南海 威風振於靑丘 仁敎被於玄菟. 子孫相継本
攴不絶 開地千里 年將八百."라고 했다.

이는 모두 『삼국사기』「고구려본기」에서 말한 서기전 37
년이 고구려의 건국 시기가 아니라는 사실을 보여준다. 그리
고 고고학적으로도 고구려 초기의 무덤군인 적석총이 서기
전 3세기의 것으로 밝혀졌다고 한다. 이상의 여러 사료와 고
고학적 유물의 시대검증에 입각해 북한학계는 『삼국사기』에
서 말하는 갑신년[時朱蒙年二十二歲 是漢孝元帝建昭二年 新
羅始祖赫居世二十一年 甲申歲也]이 서기전 37년이 아니라
서기전 277년이라고 밝혔다.

필자가 보기에 주몽은 북부여에서 출자한 해모수의 아들
로 파악된다. 그렇다면 고구려의 건국 시기는 『삼국사기』에
서 기록하고 있는 진한(秦漢) 교체기인 서기전 220년 무렵
으로 추정된다. 고구려 건국 시기는 진개의 조선 공격이 이
루어진 시점과 연계하여 파악하는 일이 중요하다. 왜냐하면
고구려의 고이들은 이미 오래전부터 조선 내부에 세력을 이
루고 있었기 때문이다. 서기전 296년 조선 요동 세력이 진
개의 공격으로 난하 동쪽의 하북성 창려현 일대로 후퇴하자
고이들도 그곳으로 퇴각할 수밖에 없었던 것으로 보인다. 이
때 조선과 한은 나라를 그대로 유지하고 있었다. 물론 고이
들도 나라를 이루고 있었던 것으로 보인다. 필자가 보기에는

고이들이 세운 나라가 북부여다. 북부여는 자신들의 근거지인 어양군 일대의 고토회복을 위해 꾸준히 연나라와 갈등을 벌인 것으로 보인다. 그런데 서기전 222년 연나라가 멸망하기 이전까지 고이들은 연나라 장성 북쪽에 머물고 있었던 것으로 보인다.

 주몽이 졸본으로 도망쳐 온 시기는 연나라가 멸망한 이후 요동에 힘의 공백이 발생한 시기와 맞물려 있었던 것으로 보인다. 이 시기에 고이들이 어양군 일대로 내려와 졸본부여를 건국한 것으로 보인다. 그런데 고이 왕실에 왕통 공백이 발생하자 북부여에서 출자한 해주몽을 사위로 삼고 성씨를 고씨로 하여 고구려를 건국하도록 한 것으로 분석된다. 이에 따르면 해모수의 북부여 건국 시기가 서기전 238년 경이고, 해모수 이후 북부여에 변란이 일어나 그 아들인 주몽이 도망을 칠 수밖에 없었다고 본다. 해모수 이후 북부여의 단군은 모씨이다. 대체로 이 시기에는 부자세습이 일반적이었는데 갑자기 모씨 왕이 등장한다. 북부여에 변란이 발생한 것이다. {이후 북부여의 변란을 수습하고 다시 고씨 단군이 들어선다}, 대략 주몽이 북부여에서 서기전 220년 무렵에 엄리대수{압록강}를 건너 졸본 일대로 이주한 것으로 보인다. 마침 이곳의 고이(高夷) 왕의 대가 끊기는 상황에서 주몽을 고씨로 삼아 고구려를 건국하게 된 것이다. 고구려의 건국 시기는 중원의 사서인 『한서』「지리지」에서는 한나라 시기 또는 그 이전으로 기록하고 있고, 『신당서』에는 고구려 역사가

900년에 약간 못 미쳤다고 기록하고 있다.

　이상과 같은 해석에 입각해 필자는 주몽이 고구려를 건국한 시기는 서기전 220년이라고 본다. 연나라가 필사적으로 조선과 요동 지역을 장악했던 시기에는 고구려가 연나라에 진출하기 어려웠던 것으로 분석된다. 주몽은 북부여의 적장자였으나 변란이 발생해 도망칠 수밖에 없었고, 요수를 건넜다. 그리고 백하 유역에 나라를 건국했다. 이 시기는 연나라가 붕괴하고 요동 전체에 권력공백이 발생한 시기이다. 고구려의 건국은 진나라가 성립·멸망하던 시기에 이루어졌던 것이다. 고고학적으로도 고구려 초기의 무덤군인 적석총이 서기전 3세기의 것으로 밝혀지고 있다.

참 고 문 헌

『고려사』, 『관자』, 『괄지지』, 『구당서』, 『구당서』「지리지」, 『당서지전통속연의(唐書志傳通俗演義)』, 『독사방여기요』, 『독이지(獨異志)』, 『맹자』「이루장구 하」, 『무경총요』, 『북사』, 『사고전서』, 『사기』, 『사기삼가주』, 『사기색은』, 『사기정의』, 『사기집해』, 『산해경』, 『삼국사기』, 『삼국유사』, 『삼국지』, 『삼국지연의』, 『삼국지』「위서 동이전」 '한조', 『상서』, 『속한지』, 『송사』「외국열전」, 『수경(水經)』, 『수경주(水經注)』, 『수서』, 『신당서』, 『양직공도』, 『염철론』, 『요사』「지리지」, 『원화성찬(元和姓纂)』, 『위서』, 『위씨춘추(魏氏春秋)』, 『일본서기』, 『일주서』, 『자치통감』, 『전국책』, 『주례』, 『주서』, 『진서』, 『진서』「지리지」, 『천부광기(天府廣記)』, 『초백서』, 『춘추좌전』, 『통전』, 『풍속통의』, 『한서』, 『한서』「지리지」, 『한원』, 『후한서』, 『후한서』「군국지」, 『후한서』「동이열전」

「광개토왕비문」, 「대청광여도」, 「연남산묘지명」, 「연산도(燕山圖)」

구글지도, 바이두지도, 백도백과

김산해(2021), 『최초의 역사 수메르』, ㈜휴머니스트출판그룹.

김성호(2000), 『씨성으로 본 한일민족의 기원』, 푸른숲.

김호림(2012), 『고구려가 왜 북경에 있을까』, 글누림.

리지린 지음(이덕일 해역)(2019), 『리지린의 고조선연구: 대륙 고조선을 찾아서』, 도서출판 말

박동(2022), 『제(齊)나라가 마한이고 대륙백제다』, HIGHCLASS

박지원(고미숙·길진숙·김풍기 옮김, 2021), 『세계 최고의 여행기: 열하일기』, 북드라망

박홍갑(2014), 『우리 성씨와 족보 이야기』, 산처럼.

송준길, 『동춘당선생별집(同春堂先生別集)』

신채호{1998}, 『조선상고사』, 일신서적출판.

심백강{2021}, 『잃어버린 상고사 되찾은 고조선』, 바른역사.

앤드류 조지 편역(공경희 옮김){2021}, 『인류 최초의 신화 길가메시 서
　　　사시』, 현대지성.

안경전{2019}, 『환단고기』, 상생출판.

이수건{2003}, 『한국의 성씨와 족보』, 서울대학교출판문화원.

이병도{1976}, 『한국고대사연구』, 박영사.

제카리아 시친(이근영 옮김){2009}, 『수메르, 혹은 신들의 고향』, AK.

苗威{2010}, ""良夷"解釋"『民族史研究』, 東北師範大學歷史文化學院